克里奥译丛

Charles-Quint:
Son Abdication,
Son Séjour Et Sa Mort Au Monastère De Yuste

退而不休的皇帝
查理五世最后的岁月

[法] 米 涅 著

尚 慧 译

上海社会科学院出版社

Charles-Quint: Son Abdication, Son Séjour Et Sa Mort Au Monastère De Yuste
François Auguste Marie Mignet
Paris, Paulin, Lheureux et Cie，1854

本书根据巴黎 Paulin, Lheureux et Cie 出版公司 1854 年版本译出

查理五世像

米 涅 像

克里奥译丛出版说明

克里奥(Clio)是希腊神话中九位缪斯女神之一,司掌历史。在西方艺术中,她往往头戴桂冠,手持书卷,美丽高雅。在后世的作家笔下,克里奥居于缪斯女神之首,并引申为历史的代名词。

西方史学源远流长,恢宏博大,从古典史学到现当代史学,名家辈出,名著迭现。本译丛旨在选取未曾在中国大陆出版的西方史学名著,其中多数著作完成时期为15—19世纪,出版时期为19—20世纪初。这些著作的引进和翻译,将为中国读者打开了解世界历史的一扇窗,从不同角度了解西方历史的进程。

上海社会科学院出版社历史编辑室
2017年7月

前　言

本书记述了查理五世主动退位及之后他隐居在埃斯特雷马杜拉修道院中，度过他生命中最后两年的历史。这本书主要围绕一个事件展开，可以这么说，该事件让历史上一位强大君主走下宝座，进入单调孤独的无所事事和认真虔诚的宗教修行中，并终此一生。可是用一整本著作的篇幅来记述这样一个事件，是不是有点儿太多了呢？

首先，这本书是关于一位伟人的，他在国际政治舞台上叱咤风云40年后，以一种最不同寻常的方式退隐，放弃了广袤的统治领地。其次，即使他成为一名虔诚的隐遁者，直到去世，他一直都作为一位卓越的政治家而存在。但是他真正的想法和末年的活动却鲜为人知，甚至完全被我们之前3个世纪的历史学家所曲解[1]。因此这本书的写作是颇有意义的，因为它解释了这位君主退位的动机及其伟大之处，同时记述了他在隐居修道院的生活，重现了他隐居修道院期间对外界保持的影响力，以及他私下饶有趣味的隐居生活。

这位掌握第一个广布世界的君主国王权的统治者是如何自愿走下王位的？为什么他不再领导德意志帝国，不再统治西班牙、意大利

---

[1] 此处是指作者所处时代之前的3个世纪，即16世纪、17世纪、18世纪的历史学家。——译注

和尼德兰，不再在地中海各岛称雄，不再占据非洲北方海岸及不再掌控美洲各大领地广阔的属地，而是选择在圣哲罗姆派教士们的身边，在修道院旁修建的小宫殿里度过余生？拥有雄心壮志的他在那个时代是何时萌生了这样独特的想法？他很早就有了这个想法，为何却很晚才将其实现？他是否真的像人们所断言的那样很快后悔他的退位决定，或者是对退位选择一直怡然自得并安然惬意于清静时光？他在尤斯特修道院过着怎样的生活？是像我们长期以来认为的那样对世界事务漠不关心，还是事实正好与之相反，对他所处时代频发的政治事件和军事行动，他一直都知晓其中大部分并且对它们进行决策，以作出应对准备或者给予建议？他的精神已经因繁重的工作和长期的疾病而疲乏不堪，它是否因查理五世潜心宗教而越发萎靡？或者他依然保有真知灼见、远见卓识和君王气度？正是因为目前史学家们可以查阅数量众多且真实可靠的文献，如今我们才可以准确地澄清这段史实。同时，披露这段史实也非常有意义。这些文献中有几本已经在最近出版，剩下的仍然未被发表。

其中最主要的文献是从锡曼卡斯的西班牙语文献中找到的唐·托马斯·冈萨雷斯（don Tomás Gonzalez）的一部手写著作。这部著作包括了查理五世的隐退计划，他在尤斯特修道院的居住、日常消遣，他生活的各种细枝末节，他病弱的身体情况以及他最后的疾患与死亡。该著作又名《查理五世大帝于尤斯特修道院的退隐、生活与死亡实录》。唐·托马斯·冈萨雷斯补充副标题《历史关系著作》。这其实是一段由非常重要且贵在真实的章节所构成的史实。这些史实源于信件，其中有查理五世自己的，他儿子腓力二世（Philippe II）的，他女儿唐娜·胡安娜（Dona Juana）公主（当腓力二世不在西班牙时，胡安娜公主曾代他统治过西班牙）的，以及一直跟随他到修道院的几位历史人物的，包括王室总管路易斯·基哈达（Luis Quijada）的，他的贴身男仆拉绍领主让·德·普佩（Jean de Poupet）的，他的秘书马丁·德·卡斯特鲁（Martin de Gaztelú）的，他的医生亨利·马特仕

(Henri Mathys)，该医生一直跟随他到修道院；还有曾经常去修道院拜访他的阿尔坎塔拉骑士团长路易·阿维拉·祖尼加(don Luis de Avila y Zúñiga)和在查理五世弥留之际到访的托莱多大主教巴托洛梅·德·卡兰萨(Bartolomé de Carranza)。最后，还有西班牙首席国务大臣胡安·巴斯克斯·德·莫利纳(Juan Vasquez de Molina)，他从帝都巴利亚多利德向查理五世汇报一切他所知的事件和经他审议的事务。这些信件或全篇呈现或节选插录在这本简短却公正中肯又极富意义的著作中。它们构成了一本名副其实的查理五世晚年起居录，给这段至今仍充斥着错误揣测的历史提供确凿的史实。

唐·托马斯·冈萨雷斯的著作有266张或者说532页，另外附有121张的附录(241页)。其中包括11个部分，这11个部分涉及了查理五世留给腓力二世关于如何统治的教导、他的退位、他的遗嘱、他的追加遗嘱、他在修道院的家具和珠宝的财产清单；还有关于腓力二世、教皇保禄四世(Paul IV)和法国国王亨利二世(Henri II)之间的战争，这场战争在查理五世隐居于修道院期间爆发并持续。这11个章节中的7个章节已经在桑多瓦尔出版。只有四个章节是未被发表的——查理五世死后整理的财产清单节选，一些关于腓力二世和教皇保禄四世之间战争的信件与声明。

以上史料不为人知，对于历史却又是不可或缺的。唐·托马斯·冈萨雷斯在收集这些史料方面有着得天独厚的优势。他是距离尤斯特修道院不远的普拉森西亚的法政牧师，他聪明又识字，曾经被斐迪南七世(Ferdinand VII)委托负责整理西班牙的历史和政治档案。这些档案在1808年因法国入侵而被运到巴黎，1815年以后被重新放回到锡曼卡斯。这些丰富的文献真实重现了查理五世的伟大统治。冈萨雷斯认为，其中一些看法和行为，被一些本国或外国最富权威的历史学家忽略或者曲解。这让他萌生了根据确凿事实来写作，全面重现这段统治历史的想法。但是他很快在这个浩大的任务面前退缩了，转而仅仅再现最不为人所知的一段——查理五世生命中的最后几年。

这份手稿由作者在去世时留给他的兄弟唐·曼努埃尔·冈萨雷斯(don Manuel Gonzalez)，他在1825—1836年间担任锡曼卡斯档案保管员。这份手稿也曾被呈给欧洲多个政府以待出售。但是由于这份著名手稿的卖价曾高达1.5万法郎，尽管后来降至1万法郎，也长期无人问津。最终在唐·曼努埃尔·冈萨雷斯将这份手稿价格降到4 000法郎之后，才由法国政府于1844年4月购入。从此，它便被存放在外事档案中。

这份手稿被法国购买之后对历史研究大有裨益。最近刚刚在巴黎和伦敦出版发行的2本有关该时期和主题的书，它们的作者也曾查阅了这份手稿。它是斯特灵先生(M. Stirling)创作《神圣罗马皇帝查理五世的隐修生活》的主要依据，该书引人入胜，自1852年出版后，已经在英国再版3次；它同时也是阿梅代·皮肖先生(M. Amédée Pichot)最近刚出版的《查理五世私人生活与政治生活编年史》的写作基础。这份手稿使得历史学家们可以了解历史事实，最终让大众得以知晓历史真相。

这份未发表过的手稿如今由一份同样珍贵的印刷书籍补充完整。该著作由比利时王国文献学家查盖先生(M. Gachard)完成，他已经在当代发表了诸多重要的学术成果和历史著作。目前他将一些公函和文件（这些资料是他于1843和1844年在锡曼卡斯浩渺的史料库里被允许复印的），汇编了这本名为《查理五世在尤斯特修道院的隐居与去世》书中。在这部史料丰富的著作中，第一卷即包含了237份文献。其中第一份是1556年9月29日，即查理五世到达西班牙第二天从拉雷多写的信，而最后一份是基哈达于1558年12月13日也就是查理五世去世后不到3个月的时候写给腓力二世的信函。

我们可以将这一卷新颖的著作看作对唐·托马斯·冈萨雷斯的手稿在某些方面的补充，同时该书第二卷也即将出版。除了这份手稿中缺失的几份极具价值的文件，盖查先生还全文收录了一些信件，其中包含了来自皇帝本人、王室总管、他的秘书、医生以及国务秘书胡安·巴斯克斯(Juan Vasquez)等人的信，而对于这些信件，唐·托马斯·冈萨雷斯通常只是以节选或以分析的形式将这些信件插录在他的手稿中。但是另一方面，唐·托马斯·冈萨雷斯的手稿中也包含了盖查先生没有在其著作第一卷里收录的一些文件。而这两本著作都出现在了本书的引用中，因为本书充分吸取了两本著作的内容：唐·托马斯·冈萨雷斯的手稿已经于1844年起可供我们查阅使用，而盖查先生则非常愿意在文选内容出版后将他的书稿交于我们阅览。对于这点，我们务必谨记查盖先生长期以来给予我们的礼遇，对此我们向他表达无尽的谢意。

这两本著作对于想要著述查理五世退位后历史的人来说，也同样必不可少，但是它们并非当今唯一可以满足大众对于这位伟大君王与这个伟大时代的好奇心的文献。各种类型的文献，包括国书、政治或者私人信函、外交谈判、官方文件，还有敏锐且精明的观察者所著的实录被欧洲不同的档案馆公开进而被印刷出版，如莱比锡的《查理五世大帝的信函》、维也纳的《费迪南一世史》、马德里的《西班牙史未出版文献集》、佛罗伦萨的《威尼斯外交官见闻实录》、巴黎的《枢机主教格朗维尔国家文书》。

这些饱含一定政治色彩的文献明晰了查理五世生活的各方面以及他的性格，除了这些文献以外，4年前在布拉班特封建宫廷档案里还偶然发现了一份新的详细记载了他在尤斯特修道院的宗教生活的实录，这份实录由该修道院的一名教士所著。这位无名圣哲罗姆派教士的著作比修道院院长马丁·德·安古洛修士(fray Martin de Angulo)的记述更加全面且详尽，尽管后者是桑多瓦尔著作《查理五世大帝尤斯特修道院的生活实录》的唯一引用文献。马丁·德·安古洛修士只见证了查理五世大帝在尤斯特修道院的最后4个月时光，而这名无名修士在查理退隐尤斯特修道院之前一直到其死后都生活在那里，并且当查理五世的遗体于1574年被安葬到埃斯科里亚尔修道院(l'Escurial)时，他也一直追随左右。腓力二世时代的约瑟夫·德·西贡萨修士（fray Joseph de Siguenza）参考查理五世时代的两人（即无名修士和尤斯特修道院院长）留下的实录，写作圣哲罗姆教派历史中关于皇帝在尤斯特修道院定居那部分——巴卡岑先生（M. Bakhuizen van den Brink）用法语对他发现的这篇手稿进行了详尽的分析，同时这篇手稿的西语全文将会由盖查先生在他文集的第二卷中出版。我也曾经参考了这篇手稿以及桑多瓦尔引用过的马丁·德·安古洛修士和约瑟夫·德·西贡萨修士的手稿。但是，我认为对于它们的借鉴应当有所保留。因此，当查理五世身边教育程度更高和经考证真实存在的仆人的见证实录与这些修士的记录有出入时，我更愿意相信前者。

在这些新发现的文件与之前的旧有文档的基础上，我尝试用我的方式，重新梳理这段伟大生命中不同寻常的最后一段时光。我能够确定查理五世萌生退位的具体时间点，绝不是依靠那些语焉不详的道听途说，而是依据查理五世的金口玉言。早在 35 岁时，他就已经决意要遁世退隐。彼时他是富甲天下、权倾一时的君王，尚未经历鳏居和败北之苦。该考证也印证了此后葡萄牙大使洛伦佐·皮雷斯·德·塔沃拉（Lorenzo Pirez de Tavora）写于 1557 年 1 月 16 日的从未发表过的快信内容。这通快信是在查理五世退位归隐到尤斯特修道院前 20 天，葡萄牙大使与查理五世在哈兰迪利亚（Jarandilla）城堡会谈后写出的。此处特别感谢圣塔伦子爵先生（M. Vicomte de Santarem）在与我沟通中对我的提点，他通过敏锐的判断力来运用他所掌握的关于葡萄牙与欧洲各国的通信，尤其与西班牙的通信。

查理五世退位前夕以及从他退位到去世的这段历史，已经有几篇在 1852 年 11 月到 1854 年 3 月发表在《学者杂志》（*Journal du savants*）[①] 上的文章中有所涉及。目前我已经对这段历史进行了新的

[①] 世界上最早的期刊，也是最早的科学技术期刊，于 1665 年 1 月 5 日由法国议院参事戴·萨罗律师（Denys de Sallo）创办于巴黎的《学者杂志》（*Journal des Scavans*）。——译注

扩展并且确定了终稿。尽管退出了政治舞台,查理五世并没有从历史中淡出,即使他归隐到修道院,他仍被事务缠身,这位权倾一时的人物也因为这些事务而未得一刻真正的清静。在退隐修道院后,他仍然关心战争,为西班牙内部受到威胁的宗教正统性而不安,同时政治计谋也使他无法平静。教皇、法兰西国王、葡萄牙国王、纳瓦拉(Navarre)国王、西班牙国王、英格兰女王、卡洛斯(Carlos)王子、阿尔伯公爵和吉斯公爵(les ducs d'Albe et de Guise)、萨瓦公爵埃曼努埃莱·菲利伯托(le duc Philibert Emmanuel de Savoie)、法国陆军统帅安内·德·蒙莫朗西(le connetable Anne de Montmorency)、艾格蒙特伯爵(le comte d'Egmont)和泰尔姆元帅(le Maréchal de Thermes)都曾以各种方式到访修道院,同时这段历史中也提及了奥地利的唐·胡安(don Juan d'Autriche)短暂而辉煌的一生。同时很多的谈判和重大事件都是在尤斯特修道院里完成和准备的。意大利战争和法国战争,圣康坦(Saint-Quentin)和格拉沃利讷(Gravelines)的战役,加莱(Calais)和蒂永维尔(Thion-ville)围城战以及土耳其人的海军成就都在修道院有所回响,即使身处这里,查理五世对其中之事也有所知晓或是给予建议,他对世界舞台上所上演的一切并非一无所知。这部记述查理五世在修道院生活的著作,总体来说是对查理五世私人生活的研究,同时本书还以身处修道院中的,当时最伟大的政治家的角度和判断,勾画了该时期的整幅历史宏图。

  1854 年 6 月 24 日

目　录

克里奥译丛出版说明 ··· 1

前言 ··· 1

第一章 ··· 1

查理五世初次萌生退位想法。/迫不得已的事使他很长一段时间内无法将此付诸实践。其统治下的所有国家；其广袤的疆域/他在意大利的安排部署；在非洲进行远征；在匈牙利抵抗土耳其的入侵；对法国持续进行的战争；支持与德意志新教派的宗教纠纷。/这一系列如此广泛复杂的事务让一个人来完成是困难重重。/他的身体体质；他的脾气秉性；他的头脑思维；他的情感体验；他的经验习惯；他的身残体弱。/当他在实现了多个计划之后，他认为他可以执行其最后的也是最冒险的一个，将德意志收入麾下并使其改信天主教。/他在多瑙河流域易北河流域的征战与胜利。/德意志暂时归顺。/西班牙王子的游历，查理五世打算让位于他，甚至包括帝国皇帝的皇位。/奥地利王室两支在此问题达到一致。/但是该计划和查理五世在帝国的统治一齐在德法联合进攻下（曾经归顺的德意志新教派王公们的反叛与法国国王入侵洛林）而覆灭。/查理五世身处险境;逃离因斯布鲁克。/帕绍谈判;日耳曼各公国政治与宗教重获独立。/查理五世在梅斯的失利。/他的精神状态与身体残疾使他决定退位和归隐。/他与教士的关系,其中他最喜欢圣哲罗姆教派教士。/西班牙的圣哲罗姆教士;他们的教规,教义,教会。/在埃斯特雷马杜拉的尤斯特修道院。/查理五世下达密令,在尤斯特修道院旁边修建了住所,以供他在退位后度过晚年。

第二章 ·· 35

使查理五世延期退位的原因。/1553—1554年对法战役。/西班牙王子腓力二世与英格兰玛丽一世的婚姻,使他成为那不勒斯国王和米兰公爵。他离开帝都巴利亚多利德;他到访尤斯特修道院,督促为其父王建造行宫;他在拉科鲁尼亚登陆;他到达英格兰与玛丽一世完婚。/皇帝的死敌、教皇保禄四世的登基,并且为了从西班牙手中夺回那不勒斯王国和米兰公国,教皇与亨利二世结成同盟,西班牙在意大利的统治因此面临的重重危机。/与法国议和。/庄严放弃尼德兰低地国家的主权。/查理五世演讲中重新回顾了他一生的重大事件,并且告知了使他决定放弃权力的种种原因。/查理五世陆续让出了卡斯蒂利亚、莱昂、格拉纳达、阿拉贡、撒丁岛和西西里岛的权力。/查理五世在写给安德烈亚·多利亚庄重感人的信中,提到了关于退位并要归隐修道院。/西法之间在沃瑟尔缔结了五年的休战协议。/亨利二世的大使们向西班牙的腓力二世要求对停战协议宣誓。/在查理五世退位的布鲁塞尔公园的小房子里,这些大使们参见了他。/秘密的会见。/查理五世身处的环境使他不得不继续坐在帝国皇位上,他不久之后才退位。/查理五世动身去西班牙的准备。/尤斯特修道院服侍的随从:王室总管基哈达、秘书卡斯特鲁、男仆冯·马勒、医生马特仕、机械师胡安尼托等。/查理五世登陆泽兰省。/在他退位之后,一位威尼斯大使对他的评价。

第三章 65

查理五世的动身。/穿过泽兰省去西班牙/在拉雷多登陆。/迎接他的准备工作由腓力二世和胡安娜公主安排;准备工作执行不力。/皇帝的不满。/横穿卡斯蒂里亚老城的旅行。/进入布尔戈斯。/关于纳瓦拉的谈判,安托万·德·波旁派遣埃斯屈拉,要求将米兰公国升为伦巴第王国给他,以作为纳瓦拉王国的交换。/查理五世与他的孙子卡洛斯王子的会面,王子在卡韦松见到了他祖父;这位年轻王子的性格,皇帝对他的评价。/查理五世到达帝都巴利亚多利德并在此逗留。查理五世动身去埃斯特雷马杜拉。/通过托尔纳瓦卡斯山脉,穿过新门到达普拉森西亚的拉贝拉;皇帝在隘口的最高点说话。/查理五世在哈兰迪利亚城堡暂住了3个月;他接见的来访;从四面八方送来的供给和礼物。/查理五世和神父弗朗西斯科·波吉亚的会面。/关于埃莉诺王后的女儿、玛丽亚公主到西班牙,与葡萄牙王室的谈判;查理五世向洛伦佐·皮雷·德·塔沃拉表达了,没有像之前计划的那样,在德意志实现胜利之后再退位的遗憾,即在获得德意志胜利之后再退位的遗憾。与埃斯屈拉重启关于纳瓦拉王国交换事宜的谈判。/意大利战争。法国破坏沃瑟尔休战协议。/阿尔瓦公爵在教皇国的军事胜利;阿尔瓦公爵对教皇保禄四世停火;皇帝对此不满;查理五世明智且有远见的建议。/查理五世痛风发作。/查理五世的康复,他遣散了一部分侍从,与剩下仆从出发去尤斯特修道院。/进入修道院;修士们对他的接待。

第四章 96

查理五世在尤斯特修道院的宫殿：内部结构、在修道院的通信、他的晒台、他的花园。/皇帝的家具、银具、藏画、地图、数学工具、藏书和回忆录。/官吏和侍从的数量，他们所住的房子，或是在修道院的钟楼里，或是在邻村夸克斯里。/查理五世在尤斯特修道院的生活，每日安排。/与教士们的关系：他的忏悔神父胡安·雷格拉、3位讲道神父、朗读者、唱诗班成员。/他对修道院的清静和安宁感到满意。/2月24日在尤斯特修道院的庆生，庆祝他的加冕和帕维亚胜利。/他确定下自我供养的2万杜卡托金子。/洛伦佐·皮雷·德·塔沃拉再到尤斯特修道院，重启谈判。谈判之后，查理五世使得若昂三世同意玛丽亚公主到西班牙。

第五章 116

查理五世被错误地认为对退位感到后悔/意大利战争和尼德兰国家边境的战争。/腓力二世的困难和危险。/腓力二世命他的宠臣鲁伊·戈麦斯·席尔瓦去尤斯特修道院，乞求皇帝离开修道院来帮助他，并继续保留皇帝头衔。/查理五世的拒绝，但是通过给予他的建议和施加自己的影响力来协助他。/招兵筹饷。/从美洲到塞维利亚的西班牙印度群岛等地贸易馆的款项；此款被挪用。/查理五世的怒火；他写的信；他规定的措施。他有效促成了腓力二世对西班牙主教和贵族的强制借款；在与塞维利亚大主教通信中的激烈言辞，因为后者拒绝出钱，并且不参与此事。/为意大利战争和法兰西战争送去必要的军费。/吉斯公爵入侵那不勒斯王国，却在奇维泰拉遭遇失败，阿尔瓦伯爵迫使他回到教皇国家内。/皮卡第战役。/圣康坦之围和战斗。/腓力二世写给他父皇的，关于西班牙人取得胜利的信。/查理五世对此非常高兴，但是他也对腓力未能亲临战场表示遗憾。/他怀着西班牙军队一直进攻到巴黎的希望。/皇帝在尤斯特修道院的情况。/他在修道院食堂的晚餐。/拜访:阿拉贡海军上将桑乔·德·卡多纳;/卡斯蒂利亚国会议长胡安·德·韦加。/塞普尔韦达历史学家。/路易斯·阿维拉骑士团团长。/查理五世对史实的尊重。/重启与纳瓦拉的谈判。/若望三世的去世。/未成年的国王塞巴斯蒂昂一世,查理五世的外孙,查理五世在他享有王国行政权的妹妹、卡特琳娜王后和他希望监护年幼国王的女儿、胡安娜公主之间进行的调解。/法兰西王后埃莉诺和匈牙利王后玛丽来到埃斯特雷马杜拉,在皇帝身边等待葡萄牙公主的到来。/她们参观了修道院。/查理五世的乐趣与消遣。

第六章 ·················· 140

查理五世在1557—1558年冬天的状态。/意大利事务:阿尔瓦公爵的军事胜利;吉斯公爵被亨利二世召回法国;西班牙与教皇缔结和约。/查理五世得知合约条件感觉受辱,对此不满。/玛丽亚公主将到巴达霍斯;两位王后告别皇帝去见公主。/曾被查理五世委派秘密任务去里斯本的弗朗西斯科·波吉亚神父到达尤斯特修道院。/他们的交谈。/夸克斯法官和普拉森西亚市长萨帕塔·奥索里奥之间的司法裁判争端,奥索里奥监禁了皇帝的侍卫,而皇帝使他停职。/查理五世在尤斯特修道院箱子失窃;他拒绝对嫌疑人进行严刑拷打。/皇帝对法兰西战役的见解;他的建议。/吉斯公爵围困并且占领了加莱。/这个消息传到尤斯特修道院,引起皇帝深深的忧伤。/他的痛风发作。/送钱给腓力二世。/查理五世隐退修道院一周年;模拟初修期满立誓仪式。/圣哲罗姆修会主要人物到访;查理五世与他们的谈话和关系。/玛丽亚公主与埃莉诺王后在巴达霍斯相见;她们的分别。/埃莉诺王后的疾病;她的去世。/查理五世哀恸不已;值此之际他悲伤的预言。

匈牙利王后回到尤斯特修道院，查理五世这次让她住在了皇帝住所中。／皇帝想要让匈牙利王后加入西班牙政府，用她的精明老练帮助他儿子腓力。／胡安娜公主拒绝这个提议，并仍然希望由她掌握葡萄牙权力。／法兰克福帝国选举会议：查理五世放弃皇位的请求于2月28日被接受，1558年3月12日费迪南多加冕成为神圣罗马帝国皇帝。／查理五世的话和他成为"平民"之后所下的命令。

第七章 …………………………………………………………… 164

在帝都巴利亚多利德和塞维利亚发现了两起新教教徒。／通过奥古斯丁·卡萨利亚和康斯坦丁·彭塞·德·拉富恩特，两位曾经作为神甫和传教士跟随查理五世到德意志的修士，路德教义传播到卡斯蒂利亚老城和安达卢西亚。／信众的数量和身份。／当得知这个发现时，查理五世愤怒又心烦。／他写给胡安娜公主和腓力二世的信。／他对宗教裁判所总法官巴尔德斯的请求。／查理五世催促卡萨利亚，康斯坦丁·彭塞·德·拉富恩特和其他信众诉讼案件结案。帝都巴利亚多利德和塞维利亚异端裁判所的判决。／玛格达莱娜·德·乌路亚和查理五世的私生子唐胡安安顿在夸克斯。／查理五世关于胡安先生出世的秘密声明；他为胡安的安排。／胡安的教育，他在夸克斯的居住和他对尤斯特修道院的拜访。／女摄政官胡安娜公主希望去修道院对父亲行吻手礼，并且希望将西班牙王子卡洛斯留在他身边以便可以管教他。／查理五世挂虑吉斯公爵向低地国家的进发，以及有土耳其舰队出现在地中海的事。／他给出的建议和预防措施。吉斯公爵拿下蒂永维尔和阿尔隆；泰尔姆元帅入侵佛兰德沿海；土耳其人蹂躏梅略卡岛。／格拉沃利讷战役；艾格蒙特公爵击败泰尔姆元帅。／查理五世倍感欣喜。／这次战役的各种后果。／在赛尔康开启谈判并且在卡托-康布雷齐城堡结束谈判,谈判达成了和平,西班牙占了上风,但是查理五世却无法看到这个结果了。

第八章 ·· 186

1558年夏末埃斯特雷马杜拉的高温和查理五世危重的高烧。/皇帝为了降温在夜里大敞着窗子入睡,又使得在这个季节罕见的痛风发作。/加尔希拉索·德·拉·维加带着腓力二世的任务来到尤斯特修道院。/查理五世立刻劝说让匈牙利王后重掌低地国家政权。/根据圣哲罗姆修士们的说法,查理五世在他生前模拟了他的葬礼,这种说法的纪录和考证。/他最后患病的地点、时间和原因。/他病重和危险之中的感受。/他的宗教活动;他的追加遗嘱,他同基哈达关于将他的遗体放在皇后身边的谈话。/匈牙利王后的回复,她同意返回低地国家;皇帝收到这个回复后非常高兴。/对查理五世隐瞒阿尔考德特伯爵非洲战败的消息,因为担心这个消息会加重他的病情,此时他的病情危重并恶化到极点。/胡安娜公主和匈牙利王后的担忧,同时要求去尤斯特修道院看望并侍奉他。/查理五世拒绝了她们。/生病18天之后,9月17日的发作使得他22个小时没有说话也没有动。/他的医生们和仆人们的担心与痛苦。/胡安·雷格拉给他进行临终涂油礼。/查理五世要求临终圣餐,在9月20日他神志清醒且非常虔诚地进行了临终圣餐。/他与基哈达最后秘密的会谈。/托莱多大主教卡兰萨到达修道院时为时已晚,他从佛兰德带来了腓力二世托付的,事关查理五世的任务。/弥留之际的皇帝接见了他,他给皇帝宗教的临终关怀。/查理五世的临终遗言。/他于1558年9月21日凌晨2点半去世,简单动人却带有宗教的庄严。/所有在场人的感叹;在场的人写给国王腓力二世和女摄政官胡安娜的信。/基哈达的悲痛。/查理五世在尤斯特修道院的葬礼。/皇帝所有在尤斯特修道院的随从和仆人的陆续离开。/在西班牙、意大利、德意志、低地国家举行的非常隆重的纪念查理五世的宗教仪式。/由弗朗西斯科·波吉亚神父在帝都巴利亚多利德致悼词。/基哈达和奥地利的唐·胡安的结局,胡安在其死后被葬在他父皇的旁边。/腓力二世到访尤斯特修道院。/1574年查理五世的遗体被从尤斯特修道院移送到埃斯科里亚尔修道院。/查理五世统治,退位以及其思想和性格的最后总结。

第一章

　　查理五世皇帝在 1556 年彻底退位，并在偏僻的修道院度过他的晚年，这个不同寻常的决定震惊了世人。显而易见，这个决定并不符合子孙后代的利益。老教皇保禄四世认为查理失去了理智，并且宣称他和他母亲一样疯了。新教教徒只将他的退位看作是他已经气馁绝望的行为。他们将此归因于查理五世在德意志遭受到的意料之外的败北，因为在此之前，这位几乎无所不能的君主曾经夸下海口，要在德意志重新实现天主教的统一，并将王权统治扩张至德意志。但那些曾是其手下败将的路德教徒和已经对他俯首称臣的诸侯们团结一致，将他的宏伟蓝图突然推翻。很多天主教徒从腓力二世迫切继承大统，尽早取代他的野心中寻找他的父亲查理五世提早走下皇位的原因。

　　对查理五世作此决定的动机的各种猜测还扩展到了对他退位之后情绪感受的揣测。有些人断言他有过短暂的懊悔：他们声称查理会很快厌倦这种孤独寂寞而重新坐回王位，另一些人正相反，他们认为查理五世会在尤斯特修道院过上如修士一般清苦节制的生活：在他们看来，查理远非一个暗藏勃勃野心并会反悔的人。从他身上，他们看到了一个虔诚的宗教教规奉行者，他严守宗教礼仪，甚至会蹈矩循规地像修士们一样，同他们一起在教堂中唱诗。桑多瓦尔和罗伯逊(Robertson)，前者文笔浮夸，后者追求真实，两位历史学家尽管风格迥异，却在这位统治欧洲30年的伟大政治家退位后在尤斯特修道院的这段历史上达成了一致：在他们的著作中，查理五世在尤斯特，并非一个从世界事务中抽身，退居幕后的君主的姿态生活，而是过着真正隐居者的穷苦日子；查理五世对修道院以外的一切事务都无动于衷，对其曾经统治过的王国事务毫不知情。且基于对圣哲罗姆教派编年史作家的信任，人们相信查理五世是在奇怪的葬礼之后去世的，并认为他在世时给自己举行葬礼是出于他虔诚的修行和迷信怪癖的发泄。

查理五世是经过深思熟虑后才退位的。他对自己这个出于本心并且谨慎缓慢完成的行动从未有过一丝后悔。他非常睿智且经验丰富，尽管身处修道院，他仍然对西班牙王朝的所有事务了如指掌，并且对其中最重要、最棘手的问题，他的儿子都会来咨询查理的建议。他的儿子对他一直敬重且孝顺。在修道院中，他按照自己习惯，享有曾为君主的尊荣，与修士分开居住。尽管他对宗教极为虔诚，这位狂热的基督徒仍旧是一位最坚定的政治家。他希望他的儿子在意大利被教皇保禄四世袭击之后，不能像他当年宽恕教皇克莱芒七世(Clément Ⅶ)那样，再迁就这个野心勃勃的保禄四世。可是懦弱的腓力二世却于1557年9月，在他捷报频传时结束了这场毫无好处和尊严的战争，骄傲的查理五世觉得这场与罗马教廷的和平缔结得过于草率和仓促。最终让他备受折磨的旧疾毫无征兆地复发；他的生命就像之前所发生的一样，①如此简单地结束了，但是他的高贵令人敬仰和他的伟大与生俱来。这些真实的文献使我的研究得以推进并且成文纸上。

查理五世很早就有过交出权力并遁隐的想法。他第一次萌生这个念头是1535年远征突尼斯之后，这次远征顺风顺水，战绩辉煌。

---

① 指退位一事。——译注

他在归隐尤斯特之前几天，在哈兰迪利亚城堡一次秘密的会谈中曾经向葡萄牙大使洛伦佐·皮雷斯·德·塔沃拉证实了这种说法。同时当他来到尤斯特修道院居住时，也曾对这里的修士们提及此事。由此看来，这个计划一直萦绕在他忧伤的情绪周围长达近20年，直到他最终付诸实行。当他的妻子伊丽莎白皇后（L'impératrice Isabelle）在世时，他已经喜欢独处。查理五世对这位王后深怀柔情蜜意，当她于1539年早逝时，查理陷入了痛苦的深渊，而退位的愿望也更深入内心。当伊丽莎白王后的遗骸被从托莱多皇宫（Palais de Tolède）移驾安葬到格拉纳达的皇家礼拜堂（la chapelle royale de Grenade）时，这个教堂里还安葬着他的外祖父阿拉贡的费尔南多二世（Ferdinand d'Aragon）、他的祖母卡斯蒂利亚的伊丽莎白（Isabelle de Castille）、他的父亲"美男子"腓力一世（Philippe le Beau），它也将成为他所有家族成员的墓地，他自己却闭关在拉西斯拉（la Sysla）的圣哲罗姆派修道院中。

唐·弗朗西斯科·波吉亚（don Francisco Borja）当时为伦巴第侯爵（marquis de Lombay），不久后又成为甘迪亚世袭公爵（duc héréditaire de Gandia），并最终成为耶稣会（société de Jésus）的第三任会长。他曾是皇后——葡萄牙的伊丽莎白的侍卫，并被查理五世指派护送她的遗体到墓地。将他高贵美丽的女主人的棺材放入墓穴后，伦巴第侯爵让圣哲罗姆教派作为墓地的看守。她的面部轮廓因为死亡而扭曲，他甚至认不出棺木中的皇后。人类的美丽和权势如此迅速地被破坏，并且最终屈身于这样狭小的陋室之中让他对这些感到厌恶，正是此时他决意要投身宗教生活。在他护送皇后尸骨回来后，他将自己的打算告诉了查理五世，查理五世也将他将来退位的秘密告诉了他，这个秘密于1542年告知阿拉贡议会。

当他初次对至高权力感到厌烦时，他还不到40岁且正值权力鼎盛时期。他终结了西法之间为争夺意大利统治权从世纪初就已开始的战争,并且大获全胜。① 连续3场战争之后,他战胜了法国国王弗朗索瓦一世(François Ier),同时还打败了教皇克莱芒七世,攻占了所有的意大利独立邦国。国王和教皇都成了他的阶下囚,一个长期纷争的国家也被他驯服,听从他的安排。他在那不勒斯王国(le royaume de Naples)和米兰公国(le duché de Milan)建立了不可撼动的统治,他授予美第奇家族(les Médicis)佛罗伦萨统治权,并重新恢复了费拉拉公爵②在摩德纳(Modène)及雷焦(Reggio)的统治权,他还给予曼托瓦公爵(les marquis de Mantoue)兼并统治蒙菲拉托(Montferrat)的合法地位,这些安排加强了他与以上家族的关系。③他还获得了热那亚共和国,海军上将安德烈亚·多里亚(André Doria)在他的支持下领导了这次战役,后者在1528年联合西班牙舰队、那不勒斯舰队、西西里舰队光荣完成了解放热那亚的任务,使他的祖国实现了光复。这也使得查理五世称霸地中海。查理五世使得威尼斯共和国真正中立,教皇也慑于其威势之下听命于他,为了保证威势能够在其后代中延续,他力图促成了其私生女奥地利的玛格丽特(Marguerite d'Autriche)与教皇保禄三世(Paul Ⅲ)的孙子奥塔维奥·法尔内塞(Octave Farnèse)的联姻,奥塔维奥·法尔内塞起初为卡斯特罗公爵(duc de Castro),接着又被封为帕尔马公爵(duc de Parme)和皮亚琴察公爵(duc de Plaisance)。如此一来,查理五世就占领了意大利南部和北部面积最大的两个邦国,同时或通过许以利益,或加以威慑来统治其他意大利邦国。查理五世在意大利半岛建立的领土和政治秩序在以后延续了几个世纪。

---

① 即1494—1559年的意大利战争。——译注
② 即阿方索一世德斯特。——译注
③ 费德里科二世(Federico Ⅱ),1536年弗朗切斯科二世的继任者费德里科二世·贡扎加于1530年由查理五世封为曼托瓦公爵。1536年,费德里科二世透过与蒙费拉侯国的女继承人玛格丽塔·帕雷欧罗加的婚姻,被查理五世封为蒙费拉托公爵,帕雷欧罗加家族是被奥斯曼土耳其帝国消灭的拜占庭帝国巴列奥略王朝在意大利的分支。——译注

于另一方战场,他在德意志成功抵抗了土耳其的进攻威胁。他亲率大军击退了不可一世的苏莱曼二世(Soliman Ⅱ)向维也纳的进军,阻止了他的攻击。接着他向巴巴罗萨·海雷丁帕夏(Khaïr-Eddin Barberouss)进攻,查理五世在北非海岸袭击了这位勇敢无畏的海盗,他则成了阿尔及利亚和突尼斯的主人。希梅内斯枢机主教①(cardinal Ximenès)和天主教徒费尔南多②(Ferdinand le Catholique)将曾经的西班牙统治者驱逐到非洲海岸,而他则继续着在这片海岸的远征,同他的前辈们一样,远征战功赫赫且大有裨益。他的前辈们分别于1509年和1510年攻占了奥兰(Oran)③和贝贾亚(Bougie)④,在此基础上查理五世又占领了波尼(Bône)⑤、比塞大(Bizerte)⑥、苏塞(Sousa)⑦、莫纳斯提尔(Monastir)⑧,尤其是他还重新夺回了被巴巴罗萨在一场辉煌快速的战役中攻占的拉古莱特(La Goulette)和突尼斯。西起格拉纳达王国,东到西西里王国,西班牙所面对的主要的

---

① 弗兰西斯科·吉麦内兹·德·西斯内罗斯主教(Cardinal Francisco Jiménez de Cisneros),西班牙天主教枢机主教、政治家、宗教法庭大法官。1495年任托莱多大主教。由于决定让格拉纳达的摩尔人改信天主教而激起摩尔人的不满,并引起1499—1500年摩尔人叛乱。1506—1507年和1516年两次摄政卡斯蒂尔王国。1507年任宗教法庭大法官。1509年率探险队赴非洲,为西班牙夺得非洲的奥伦。主张改革整顿西班牙天主教、发展宗教教育,编纂了有数种语言对照的《圣经》。——译注
② 阿拉贡的费尔南多二世,查理五世的祖父。——译注
③ 又名"瓦赫兰",位于阿尔及利亚西北部地中海沿岸,是该国第二大城市,也是奥兰省省会。 译注
④ 现法语名为Bejaïa,占时为Bougie。阿尔及利亚地中海岸边的市镇,位于距离阿尔及尔180千米。——译注
⑤ 现阿尔及利亚安纳巴安纳巴是阿尔及利亚东北部港市,安纳巴省首府,位于地中海安纳巴湾西岸的山麓平原,塞布斯河口附近,东近突尼斯,西距阿尔及尔435公里。——译注
⑥ 突尼斯北部城市,为比塞大省首府。同时位处非洲大陆最北端。总人口114 371人。比塞大为突尼斯历史最悠久的城市,也是该国最欧洲化的城市。 译注
⑦ 位于突尼斯东部哈马马特湾畔,是苏塞省的首府。位于首都突尼斯以南140千米。——译注
⑧ 莫纳斯提尔是突尼斯共和国莫纳斯提尔省的省会。——译注

北非据点都在查理五世的占领之下,这既可以预防曾经给西班牙带来巨大痛苦的穆斯林再次对西班牙的入侵,同时也庇护了意大利地中海沿岸免受巴巴里海盗(bar bares ques)①的蹂躏,几乎所有地中海的西部群岛都归于他的统治之下。

此时的查理五世战无不胜。他还没有通过半政治半宗教的手段,来尝试对德意志进行更加密切的统治,并使德意志重新归顺天主教,但是后者的复杂和艰巨对于他来说困难重重且特别棘手。因此,在1535年和1539年,他没有对外表露任何要放弃王权的意思,他的信心还没有因为命运让他尝到失败的苦涩而动摇,他的力量还没有被病弱残疾所削弱。他承担起这个伟大的使命并不是因为精力充沛,也不是因为身强体健,更不是因为这是他永远追求的幸福快乐;他退隐清静之处的念头一直被抱负驱使,被必须去做的事打消,使留在王位。他是如此精明,不可能在他儿子还不能取代他时,随便地放弃祖先们和他的成就。

但是他天生的忧郁、深处的痛苦,还有(对宗教)炽热的虔诚,催生了他独特的秉性,而极度的身心疲惫使他的个性越来越专横。各种病痛让他不堪承受,也让他愈加衰老。他的体质和生活方式,数量繁多的国家需要管理,大批不停接踵而来的事务需要指导,四处重燃的战火总是让他身处险境,让他无法长期安顿在一处,他必须承受和领导所有这些事务的重担,这让他过早地耗尽精力。可以说他所付出的心血和纷杂的精力,都超出了常人的能力和天资,他其实是被如此的超负荷(工作)给压垮了。

因为他需要统治西班牙王国、尼德兰低地国家、那不勒斯王国和米兰公国,领导德意志帝国,还要保持意大利邦国们对他臣服或者友好关系;他还须不断和法兰西斗争;尽管与英格兰信仰不同而分离,

---

① 又名奥斯曼海盗,主要指活跃于北非沿岸的穆斯林海盗,其中最著名的就是"红胡子巴巴罗萨"奥鲁奇·雷斯,即下文中的"红胡子海盗"。——译注。

他又不得不通过利益关系与之重新结成同盟。他还要将土耳其人击退到匈牙利边境,要在非洲沿海地区遏制红胡子海盗的进犯。他不得不或是通过谈判,或是通过战争在全欧范围内巩固了他的政治体系,并且力图抵抗宗教改革的发展,因为新教企图推翻旧的天主教教廷在几个国家的统治,还对其他的国家的天主教统治地位也产生了威胁。他还实现了对美洲的征服与殖民统治。这项宏大的任务几乎全部凭他的一己之力完成;他的总督们、大臣们、元帅们、说客们,都只是为实现他的政治蓝图而选择的工具和实现他意愿的得力干将。查理五世从1529年开始独立处理麾下各个国家的浩渺的行政事务。在他的总理大臣——1521年接替谢尔夫(Chièvres)成为全权领导的加蒂那拉(Gattinara)死后,他再也不需要忍受总理的存在:他将他的王国们都置于他的绝对领导之下,并且实行谨慎的政治统治。他身边围绕着许多能干且听命于他的股肱之臣,他知人善任,对臣下绝不朝三暮四但也不会让他们一夜暴富这样才能够长久地为己所用,而且他判断的准确性和下定决心的魄力也远超所有人。

  1547年和1550年,查理五世的两位主政大臣上台了,这两位到他们去世都是那个时期查理五世的左膀右臂,他们分别是查理五世的秘书科沃斯(Covos)和掌玺及司法部部长格朗维尔。皇帝所有的信件总是在得到前者的签字确认和咨询过后者的意见之后才寄出。他称呼格朗维尔为他的首席顾问,做出最终决定之前,查理五世总是与格朗维尔讨论几个小时。在权衡利弊之后,他把得失都写在纸上以便看清楚应当作何决策。即使在作出决定以后,他常常将写有一旦发出便无法撤销命令的信件保留几天,使自己能冷静地再审阅最后一遍。但是没有什么能让他改变他的立场;他总是要对他的选择坚持到底,他会集中所有精力,拼尽全力将它实现。

  尽管查理五世所拥有的一切能够让这样范围甚广的管理容易一些,但是他一个人同时要管理如此多的国家,巡视如此广阔的领地,决策如此繁多的事务,准备如此多的措施,推行如此众多的法令,足以很快耗尽他所有的力气。他命他的各个王国保留他们原有的行政体系；每一个王国内部仍旧按照之前的旧体制进行管理，遵循它自己的法律，他只是安排了一个王权的最高代表来行使王朝主权。查理五世的弟弟斐迪南一世（Ferdinand I）成了"罗马人民的国王"[①]，负责统治德意志；她的妹妹匈牙利拉约什二世王后玛丽（reine douairière de Hongrie）成了低地国家（尼德兰）总督；他的儿子腓力王子从15岁起，就在一些谨慎的顾问的帮助下，开始掌管西班牙，这些顾问中就有塔韦拉主教（cardinal de Tavera）和阿尔瓦公爵（duc d'Albe）；在巴勒莫（Palerme）、那不勒斯，还有米兰都有杰出的总督坐镇。但是所有这些国家的总体事务都汇总到查理五世那里，最高决策权由他掌握，同时他也监督这些地方的行政管理事务：他为此组织了一种附属于他自己并随他而转的中央政府。除了他的部长们，他还有3位首相：一位德意志人、一位西班牙人、一位意大利人；他还从西西里人、伦巴第人、弗朗什-孔泰人、弗拉芒人、阿拉贡人、卡斯蒂利亚人中选出博士和法学家组建了一个顾问团，并交给掌玺和司法部部长格朗维勒的儿子阿拉斯主教（l'évêque d'Arras）领导，这位主教是当时最精明能干的政治家之一。这样查理五世就成了所有王国的中心与各国人民的纽带。他这些来自四面八方，风俗各异，爱好不同的子民们都归心于他。一位威尼斯大使评论道，其民族性中特有的明智又强硬的政治手腕，弗拉芒人和勃艮第人因为他仁慈亲切的政策而心悦诚服，意大利人因为他的才智与谨慎而俯首下心，西班牙人因为他的辉煌战绩与严厉措施而心服口服。

尽管他英明睿智与他个性中所带的各种品质，使他足以满足所有民众的利益与情感需求，但是他天生的体质与他的生活方式却注定了这一切都不能长久。他身材普通却很匀称，四肢强壮有力，因此在他年轻时可以参加体力活动并且出类拔萃；无论是在马上长矛比

[①] 实际指德意志国家的国王，一般通用于神圣罗马帝国时期，是一种虚衔。——译注。

武中、骑马套环比赛,还是近身械斗,他都无人能及;他是他那个时代最杰出的骑士。他热衷打猎,甚至自己走进角斗场与他曾经亲手击败的公牛角斗。然而这些他年轻时经常参加的有益身体健康的锻炼却被政治与战争的工作所取代。他那曾经展现在宽阔额头上的精神活力,洋溢在坚毅敏锐眼神中的勃勃生气,再也无法从有助于身体活动的消遣中找回:因为他不参加战斗时,他总是闭门不出,很少活动。

据一位与他同时代的外交官说,查理五世对于自己的一些癖好并不加节制:他到处和女人寻欢作乐,不管她们出身贵贱。在饮食上他更是不加节制、食如饕餮:每天他都进膳多次,每次都吃很多。他下颌面略有缺陷的形态不仅不美观更对他的健康造成了损害。他那太宽太长的下颌远远超过了上颌,以至于当他合拢嘴巴,却无法使牙齿咬合。他的上下颌之间的缝隙少见且有害,使得别人听不清他所说句子的结尾,而他也无法很好地研磨食物;他说话有些结结巴巴,消化也不好。也许是为了减少他外表缺陷带来的一些负面影响,或是为了让他吃的食物更加美味,他总是吃很辛辣的菜肴。

他甚至到了对什么都食之无味的程度,以至于他常常需要依赖饮用一种专门为他特制的番泻叶葡萄酒,即将一定数量的葡萄汁和番泻叶一起发酵而成。一天,他发现给他奉上的菜肴味道不够,他对他的一位管家蒙特法尔特奈男爵(baron de Montfalconnet)抱怨道,是他让厨师们只给他烹饪乏味的食物,从而毁了厨师们的口味。蒙特法尔特奈深得查理五世的喜爱,皇帝尤其喜欢他的伶牙俐齿,他知道查理五世对时钟的嗜好,因为皇帝曾经让著名的机械师胡安尼托(Juanello)为他制作了数量众多且形状各异的钟表,于是他借喻查理五世对钟表的狂热,诙谐地回答:"我不知道怎样才能讨好陛下了,至少我还不能用钟表来烹制一种新的炖菜。"皇帝因为这个玩笑而大笑不已,却还是仍然保持他的辛辣口味和对钟表的热爱。

查理五世的超量工作、饮食无度加速恶化并使他的身体愈加不适。但他从来也不曾拥有过完全健康的体魄。在他年轻时候，他就曾感到神经疾病的发作，类似于史学家塞普尔韦达（Sepulveda）称所说的癫痫。1518年年末和1519年年初，查理五世在两次疾病的发作时昏迷了过去，一次在他打网球时，另一次当他在萨拉戈萨（Saragosse）聆听大弥撒时。很多人都见证了他的第二次发作，其中法国大使在写给其宫廷的快信中写道，（发作时）查理五世扭曲的面部，几个小时都色如死灰。1526年从他这个可怕的疾病中解脱出来，但是在他与葡萄牙的伊莎贝拉公主结婚后，他却不停地受到头痛的困扰，以至于他不得不在1529年剪掉了他的长发。他的父辈们包括外公阿拉贡的费尔南多、祖父奥地利的马克西米利安一世（Maximilien d'Autriche）和他的父亲"美男子"腓力一世都蓄着这种发型，当他不得不牺牲掉这个代表着高贵却沉重的发型时，所有的贵族尽管不情愿却都纷纷效仿他，剪掉自己的头发，因此这样让他减轻痛苦的事对他人却变成了一种时尚潮流。

这些疾病很快变换了形式向他猛扑而来。在他30岁时，患上了痛风。痛风的发作越来越频繁，越来越严重，并且主要侵袭他的手和膝盖。他无法签字，前线参加战役时他无法上马，只能在担架上随军作战。痛风的侵袭、哮喘的折磨、重复的出血，让他筋疲力尽，他的右手和小腿皮肤过敏，头发和胡须全部花白了。他感觉到自己气力渐弱，对于实现自己的抱负已经是力不从心。

1546年时尽管他的病痛加剧，但他承诺要让德意志归顺并且在德意志扼制新教。这曾是他最后的愿景，但也是最不容易实现的一个。因此尽管他有着极强的控制欲和对天主教的热情，他却一再推迟这个计划。查理五世作为一名虔诚的天主教徒，一直对天主教保持着顺从且严谨的虔诚，按照最传统的方式参加宗教活动。每天他都聆听多场弥撒。每年重要的节日他都要领圣体。每天早上，他都要用1个多小时来进行宗教默祷。他自己编写祷告经文。他非常喜欢阅读《旧约》和《新约》；《诗篇》里的诗歌启发了他的想象力，震撼了他的心灵。天主教辉煌宏大的仪式,弥撒中感人肺腑的赎罪献祭,圣乐与祷告相互交织,教条的严苛之中却生出了艺术之美,教会赦免罪过,彰显了它的慈悲为怀,同时也更加凸显了人类的弱小与基督徒的忧虑,正是所有这些让查理五世狂热地沉迷在这种古老的祭祀仪式之中。他的政治策略同他的他的信仰一样都坚定不移。他是之前那些打败了穆斯林人,占领了伊比利亚半岛的天主教国王们的继任者;他也是以传统教廷和天主教教宗的所在地为中心的意大利大部分土地的拥有者;他是从查理曼大帝起到他为限,唯一一位被教皇加冕赋予的神圣罗马帝国皇帝[①],他被视为可以完成以下任务的人选:保护和捍卫其祖先和领土的原本信仰,保证其臣民忠于世代相传的宗教崇拜,维护其邦国领土的立国之本,以及使得他的庞大统治坚不可摧。

他一直孜孜不倦地完成作为当政君主和忠实天主教信徒的使命。无论是在西班牙各王国还是意大利的邦国中,他都毫不费力地抵御了新教的入侵,就连在低地国家,他都能将新教赶走。只有德意志避开了他的宗教行动。他几次都几乎要着手进行了,可是却又被拖入一些更加迫不得已的事务当中。当他1520年第一次去到德意志的亚琛教堂(Aix la Chapelle)加冕称帝时,他控制了德意志政局并且在1521年的沃尔姆斯帝国会议(diète constituante de Worms)上禁止宗教改革,尽管他将宗教改革家路德判定违法并驱逐出帝国国境,但是他无法在这个独立精神影响下的国家常住,也无法阻止新教改革的爆发。西班牙的卡斯蒂利亚地区起义,1521—1529年一直持

[①] 1438年后,除了卡尔七世属维特尔斯巴赫王朝外,其余的国王都来自哈布斯堡和哈布斯堡-洛林王朝。马克西米利安一世(1508—1519年为皇帝)和继承人再没有亲赴罗马接受教宗加冕为皇帝,因此,这些君主不能获得"罗马皇帝"头衔。马克西米利安一世自称"罗马皇帝当选人"(德语:Erwählter Römischer Kaiser)并获教宗认可;除了接受教宗加冕后的卡尔五世外,马克西米利安的其余继承人都只能使用这头衔。然而,在大部分情况下,都会忽略了头衔内必须出现的"当选人(Erwählter)"一词。——译注

续的意大利战争，让他在南欧逗留，直到西班牙人归顺他的统治，意大利人听从他的安排。他通过帕维亚之战（bataille de Pavie）和"罗马之劫"（sac de Rome）①让两大劲敌成为他的手下败将，落入其手，并且不得不接受查理五世的条件——法国国王弗朗索瓦一世放弃了米兰，割让法国佛兰德地区（Flandre）②；教皇克莱芒七世承认了查理五世在意大利半岛的最高统治权。

接着他又重回德意志。但是8年的缺席，一切都变了。在1521年仅是星星之火的一家之言到1530年已经成为大有燎原之势的一国之教。德意志7个选帝侯和24个自由市已经采用了路德派的《奥格斯堡信纲》（Confession Luthérienne d'Augsbourg），在莱茵河彼岸形成了一个基础强大的异端教派，对此他不得不接受或者说是不得不忍受。他根据实际需要调整并掩饰了对新教的态度。因为无论是对于在1531年"罗马人民的国王"的选举中，他的弟弟奥地利大公斐迪南一世能当选，还是集中全力在1532年击退苏莱曼的入侵来说，德意志的团结统一是必不可少的。

从这时起到之后的13年间，查理五世进行了针对巴巴里海盗的远征：1535年他夺回了突尼斯；1541年试图占领阿尔及尔；1537年第四次对法战争；1543年第五次对法战争；抵抗土耳其在东欧的进攻。这些战事使得他不得不与德意志的新教教徒和解，毕竟宽容可以让德意志民心归从，而迫害只能让他们与他为敌。因此他和德意志人民之间，在他的政治安排所需要的期间一直维持着和解状态。在1530年奥格斯堡（Augsbourg）、1541年雷根斯堡（Ratisbonne）、1544年施派尔（Spire），他曾经暂时性地允许宗教异端在德意志的存在，使得他自己能够在奥地利、意大利、非洲、匈牙利和法国完成

---

① "罗马之劫"发生于1527年5月6日，是神圣罗马皇帝查理五世属下的军队哗变后，在罗马进行的军事行动，当时罗马是教皇国的一部分。——译注
② 佛兰德地区（La Flandre française）范围主要是诺尔省，包含里尔、康布雷、杜埃、敦刻尔克和瓦朗谢讷等。——译注

其谋划。为了能让背离天主教的新教教徒重新皈依,他尝试通过举办自由讨论,即召开两派理论研讨会。在会上博士们永远争论不休,无法达成一致。他还召集了一个只有天主教教徒参加的会议,这个会议传达越来越严格的信仰信条,同时加强了天主教教会的集权。

但是当查理五世完满地解决了所有重大的政治与领土争端之后,他便改变了策略。卡斯蒂利亚地区起义使得从中世纪起在比利牛斯山南侧建立的君主专制王国被改变,但自起义遭遇决定性失败后,西班牙人民便完全被征服,成了他获得胜利,实现扩张以及在全世界进行统治的唯命是从、英勇善战的工具。低地国家的南部和北部都得到了扩张,它已经完全摆脱了对法国的附庸状态,并且查理五世通过1539年对根特起义的严厉惩罚,遏制了低地国家人民从前的反抗精神,并且实行反对宗教异端的恐怖条款,让低地国家避免受到任何新教教义的影响,这样查理五世就统一了低地国家,此时的尼德兰祥和、繁荣、强大。意大利似乎已经永远改旗易帜归从到他的君权之下,或者说屈服于他的淫威之下。查理五世与弗朗索瓦一世和解,后者也结束了他穷兵黩武的生涯以及丧失了他百折不挠的野心。最终,查理与苏莱曼休战媾和,让基督教免受向东欧进犯的土耳其人的影响。几乎在所有地方都获得了辉煌胜利之后,他不用再为邦国的混乱而担忧,不用再为边境狼烟而牵制精力,作为德意志人民的皇帝,他希望德意志人民能君命民从;同样作为天主教徒,他试图对路德教教徒重建宗教信仰统一。

在这个具有政治宗教双重性的圣战中,他有教皇保禄三世(Paul III)的助力,教皇从军队和资金上都给予查理五世巨大的支援。尽管他与教皇结成了同盟,并且圣战表面上是为了清除新的宗教信仰,但是一开始他并没有公开宣布与新教为敌。为了能更加容易地实现他的蓝图,在向《奥格斯堡信纲》开炮之前,他先军事攻击了施马尔卡尔登联盟①(ligue de Smalkalde)。这一机智且以胜利告终的行动,让他在军事上得到了一些贪婪且顺从的新教教徒的支持,如萨克森公爵莫里斯·冯·萨克森(duc Maurice de Saxe)、勃兰登堡-居斯特林边伯约翰(margrave Jean de Brandebourg Custrin)、勃兰登堡-库尔姆巴赫边伯阿尔布雷希特(margrave Albert de Brandebourg Culmhach);一些胆怯的新教徒保持了中立,如勃兰登堡选帝侯②(électeur de Brandebourg)和法尔茨选帝侯③(électeur palatin)。此后他主要遭遇的是以施马尔卡尔登联盟为首的非常激烈的抵抗,该联盟主要由萨克森选帝侯约翰·弗里德里希(électeur de Saxe Jean-Frédéric)、黑森伯爵、高尚的菲利普一世(landgrave de Hesse Philippe le Magnanime)和符腾堡公爵乌尔里希(duc Ulric de Wurtemberg)领导,他们拥有一支8万人的军队。查理五世宣布他们是异端并下令驱逐他们之后,带领着由西班牙人、弗拉芒人、意大利人和德意志人组成的军队在多瑙河和易北河流域袭击了该联盟的军队。并且在1546年的因戈尔施塔特(Ingolstadt)战役和1547年的米尔贝格(Muhlberg)④战役中痛击联盟的军队使之四分五裂、溃不成军,他还率领军队深入联盟的城市,占领了联盟的领土,俘虏了他们的头领。在这两次战役之后,他让敌方在他的武力下俯首称臣,并且成了

---

① 施马尔卡尔登联盟(德语:Schmalkaldischer Bund,拉丁语:Foedus Smalcaldicum 或 Liga Smalcaldica)是在16世纪中期由神圣罗马帝国中信仰路德宗的诸侯所组成的军事防御联盟。该联盟最初于宗教改革开始后建立,其目的是出于宗教动机,但此后其成员逐渐希望它能够取代神圣罗马帝国。这一联盟虽然并非同类首创,但与之前的联盟(如托尔高联盟)不同,施马尔卡尔登联盟有足够的军事实力来保卫其政治和宗教利益。联盟的名称来自图林根的城镇施马尔卡尔登。——译注
② 约阿希姆二世·赫克托尔(Joachim II Hector,1535—1571年)在查理五世反对基督教新教君主的历次战争中,站在查理五世一方。但在1555年签约前的一系列谈判中发挥了重大作用,使得德意志重建和平。——译注
③ 也许是弗里德里希二世,德语中p不发音,有的地方译为普法尔茨,但译为"法尔茨"应该更加准确。——译注
④ 因戈尔施塔特位于多瑙河沿岸,是德意志巴伐利亚州的一座城市。米尔贝格是德意志巴伐利亚州的一座城市。——译注

德意志北起汉堡,南至康斯坦茨,西自科隆,东到纽伦堡范围内的主人。

为了巩固战果并且延续他的影响力,他囚禁了战败新教军事联盟主要的两位首领萨克森选帝侯约翰·弗里德里希、黑森伯爵菲利普一世。查理五世将萨克森选帝侯的头衔转交给约翰·弗里德里希的表亲萨克森公爵莫里斯(Maurice);而查理五世忌惮黑森伯爵菲利普一世敢闯敢拼的性格。他剥夺了自由城市的特权,清剿了用于防守的大炮,其中5门被运到了其世袭王国内。他解除了所有落入他手中的领土的武装,并且向他们征收重税;他让意大利人、西班牙人驻防在其中几个最重要的地点,又让所有的邦国每月缴纳一笔钱用于帝国军费,这笔费用足以供养一支可以平息一次暴动或者击退一次入侵所需要的军队。在政治上,德意志不再保持之前的独立状态,查理五世实现了他计划的第一部分,之后他开始着手实施计划的第二部分,试图也剥夺其宗教上的独立状态。德意志已经对他从令如流,但是他仍希望让德意志重归于天主教的麾下。

作为平息信仰与教派分歧争端的唯一手段,长期以来他都要求教皇克莱芒七世召开总主教会议。而到了教皇保禄三世的时候,他从教皇手中夺走了召开会议的权力,并且在特伦托(Trente)召开了前几轮会议,这次会议并没有新教徒的出席,因为他们并不知道这次会议是否足够安全可以出席,是否足够自由可以参加讨论。1547年查理五世大获全胜让教廷警觉,并且教廷担心这位无所不能的教廷保护人会变成独断专权的教廷顾问,教皇保禄三世为了远离德意志主教会议,将会议改在博洛尼亚(Bologne)召开,然后完全中断了会议的进行。查理五世不能让这些障碍阻挡他的脚步,更何况这些绊脚石是原本他以为计划中最容易的部分。他不停要求召开大公会议,其实在等待会议进行决定的时候,他自己已经判定德意志的教派是异端。

根据他的命令,两位天主教的主教和一位路德派牧师草拟了著名的《奥格斯堡临时敕令》(Intérim d'Augsbourg):一种新旧信仰之间的交易,临时敕令从教义信条和宗教活动上使得新旧教派更加接近但是并没有让它们合二为一。路德教派的理论"因信称义"在天主教的赎罪作品的规定中得到了承认;新教教徒必须让步接受圣餐礼(面包与圣酒),并且要举行弥撒和承认七圣礼;新教教士可以结婚,但是同时天主教的所有机构都重新建立起来。查理五世在1548年的世俗会议上颁布了这项宗教法律。奥格斯堡帝国会议变成了另一种形式的大公会议,因为在这次会议上,不经讨论迫使曾经遵循《奥格斯堡信纲》的各个公国和数量众多的城市接受《临时敕令》作为临时的信仰与教派规定,还有500多位拒绝服从的大臣被驱逐。在将德意志全境都把控在他手中并且在所有地方都禁止新教信仰的活动之后,曾经被教皇保禄三世授予"最高贵"和"最强大"称号的查理五世似乎已经到了荣耀与权势的顶峰。帝国会议在他篡夺权力时保持缄默,教廷同意了他的越权行径,这些让他相信他的计划即将大功告成。他铺垫的这一切都是为了他的儿子能够成为他的继位者。

反对新教徒的战役之后,在1547年和1548年,他经历了两场大病,他未曾预想到疾病严重到将他击垮的地步。查理五世担心大病的影响或者病痛会卷土重来,他用简单却高深的话语口授了一份内容广博的教导令给他的儿子。其中包括了他的政治观点、他的经验建议、他包含温情的叮嘱,以及腓力在与教廷相处、对待欧洲众王公权贵、管理自己的王国和亲政时必须遵循的准则,查理五世试图通过它,向腓力传播他的思想并传授他的经验。阿尔瓦公爵(duc d'Albe)将皇帝的教导令带给了西班牙王子,并转达了他父皇要求他途经将要统治的领土到尼德兰,这样可以让王子能够了解他的子民,而他的子民也能认识他。

腓力王子那时21岁,查理五世急切地要培养他的头脑思维,养成他的性格秉性并教授他如何行使王权,同时还为他缔结了姻亲,因为查理五世希望立刻卸下所有压在他身上的各种事务重担和身为最高君主的辛劳。查理五世为腓力二世指派了一位高贵严肃且骁勇的人物——卡斯蒂利亚圣约翰骑士团团长唐·胡安·祖尼加(grand commandeur de Castille don Juan de Zuniga)作为摄政官；他还在腓力的身边安排了一位杰出的神学家，给予他人文和宗教学方面的指导，这个人就是唐·胡安·马丁内斯·西里塞奥大人（don Juan Martinez Siliceo），时任卡塔赫纳主教（évêque de Carthagène），之后又被任命为托莱多大主教（archevêque de Tolède）；查理还辅以两位精通希腊语和拉丁语的饱学之士：一位是巴伦西亚的奥诺拉托·胡安（Honorato Juan de Valence），之后成了卡洛斯王子的家庭教师；另一位是科尔多瓦的胡安·希内斯·德·西普维达（Juan Ginès Sepulveda de Cordoue），他之后是查理五世的历史学家，他的文风高雅考究。在腓力的孩提时代，查理五世已经让帝都巴利亚多利德（Valladolid）的卡斯蒂利亚议会对他宣誓效忠（使他成为卡斯蒂利亚国王），并于1542年颇费周折才在蒙宗（Monzon）召开的国会上使得阿拉贡、巴伦西亚和加泰罗尼亚全体人民对他臣服（成为这3个王国的国王）。为了让他开始熟悉国事的处理，查理五世在腓力15岁时就让他开始在一个顾问团的帮助下统治西班牙，这个顾问团的成员们都对腓力远超他年龄的处事谨慎和老练而赞叹不已。1543年，腓力同查理五世的外甥女葡萄牙的唐娜·玛丽①（dona Maria de Portugal）完婚，但是王后在为他诞下著名的"忧郁的唐·卡洛斯"（don Carlos）之后不久便香消玉殒。

按照查理五世的意愿，腓力第一次跟随一支由安德烈亚·多利亚率领、由58艘帆船组成的舰队离开西班牙，他途经意大利，巡视了伦巴第（Lombardie）并在蒂罗尔登陆德意志，最后由德意志到达尼德兰。他被一群奢华的扈从围绕着，众多的侍卫保护着，笼罩着高贵的光环，完成了这次巡游。同时这次巡游恰好结束在他的父皇大获全胜之后，这也标志着对战无不胜的统治可以狂热崇拜到何种地步。

---

① 葡萄牙的玛丽公主（1527—1545），葡萄牙国王若望三世和奥地利公主、葡萄牙王后卡特琳娜的女儿。奥地利公主卡特琳娜是查理五世的妹妹。——译注

所到之处，人们都在凯旋门下迎接他，在欢庆与奉承的气氛中，他收到了民众的贡礼，接受了他们的臣服，他看到的是跪拜在他面前的平民以及王公权贵，他听到的是他们在用"崇高伟大，战无不胜，贵若神明"的字眼来称呼他的父皇，人们都毫不犹豫地将他的父皇奉为"千古一帝"，远超于最著名的统治者们，并认为他可以与众伟人比肩。而对于腓力，人们将他视为"未来世界的储君"。"本世纪的希望"。1548年11月2日，腓力王子从巴塞罗那出发，1549年4月1日才到达布鲁塞尔。在那里，在父皇满意的目光中，腓力巡视了尼德兰地区各省，并且许诺以各省特权，而各省宣誓对他效忠。1549年的整个夏天，腓力都在进行政治性巡游，这也预示了查理五世父系遗产的归属。

用时近1年的第一次巡游并没有给王子带来有利于他的支持，也没有让人对他未来的统治有太大的期许。在此之前，腓力王子一直与西班牙人生活在一起，因此他沾染了西班牙人傲慢无礼的脾气和迟钝木讷的思维，因为自以为是而闭目塞听。他个子矮小，体质羸弱，长着跟他父皇一样的宽阔额头和蓝色智慧的眼睛，他下巴前凸，头发金黄，脸色苍白。他有着弗拉芒人的外形，却是西班牙人的性格。他沉默寡言，不苟言笑，自视甚高，傲慢无礼；胆小怯懦又执拗倔强；严肃庄重又独断专权；他生性喜静，对外却强施恐怖。据其同时代的历史实录："他颁行严苛且不宽容的措施，无法让意大利人喜欢，使得弗拉芒人极其不满，德意志人对他厌恶至极。"但是他的姑妈匈牙利女大公、尼德兰总督玛丽（lareine Marie de Hongrie, gouvernante des Pays-Bas）和他的父皇警告了他，如此厉政会带来危险，而且这也并不符合一位将要管理不同民族却同样信奉基督教的君主。

这一忠告颇有成果，毕竟没有其他人可以给他如此有益指导。尼德兰地区的领主们根据皇帝查理五世的命令为他安排了骑士操练，这与他在西班牙的喜好大相径庭；但是这并不能使王子更加灵活：在一场马上长枪比武中，他被击中头盔，摔下马并昏迷过去。他被抬回他父皇的宫殿后都没有恢复意识,从此之后他一直也没有成为一名灵活又大胆的运动健将。查理五世曾经想把他培养成一位能征善战的君王,但最终发现还是将他教育成政治家君主更容易。在查理五世将腓力王子留在身边的几年间,他每天都让儿子到他的房间待上两三个小时,对他进行处理重大事务的训练,或让他旁听查理五世顾问团的政事磋商,或者亲自一对一地教导他。在这个师资力量强大的学堂里,腓力王子学习自我约束并且为统治大业做着准备。

查理五世不仅想将世袭领地留给儿子,他还想让他来继承神圣罗马帝国帝位。因为在他看来,这个宝座对于捍卫尼德兰的统治,保留住意大利的领土必不可少。在退位之前,查理五世试图要实现那个难以完成的蓝图。在 1550 年夏天,在腓力陪伴下,他动身去德意志,至此德意志顺从了他的所有意愿已经有两年时间了,他要在奥格斯堡召开帝国会议。他提议在神圣罗马帝国建立起非指定继承人制,以便通过哈布斯堡家族两分支[1]的王子们提前约定好结果的选举,皇位继承人非此即彼,以此来保证他的家族对帝国皇权的把控。同时,这种非指定继承人制使得之前那个集众多王权于一身的情况消失了,取而代之的是王权分散在哈布斯堡家族两支,并且结成了紧密联盟。1531 年,他任命斐迪南为"罗马人民的国王",并于 1520 年慷慨地将奥地利诸邦、施蒂利亚公国[2](Styrie)、克拉尼斯卡公国(Carniole)[3]、卡林西

---

[1] 16 世纪中叶查理五世退位后,哈布斯堡家族分为奥地利与西班牙两个分支,前者占据神圣罗马帝国的帝位,称"奥地利哈布斯堡皇朝",后者则为西班牙国王,统治西班牙、西属尼德兰、意大利南部的那不勒斯王国、撒丁王国以及美洲新世界的广袤领土,称"西班牙哈布斯堡王朝"。——译注
[2] 施蒂利亚公国是一个曾经存在于现今奥地利南部与斯洛文尼亚北部地区的公国。在 1806 年神圣罗马帝国解体之前公国一直是帝国的一部分,之后公国成为奥匈帝国内莱塔尼亚的王冠领地直至 1918 年,随着奥匈解体公国亦同时灭亡。——译注
[3] 在奥匈帝国时期,克拉尼斯卡地区是一个公国,即卡尼鄂拉公国(Herzogtum Krain)。整个地区被分为三部分:上卡尼鄂拉,下卡尼鄂拉(与白卡尼鄂拉一起)和内卡尼鄂拉。公国的首府开始是在克拉尼(克雷恩堡),后来移到了卢布尔雅那(现在斯洛文尼亚共和国的首都)。——译注

亚公爵领地(Carinthie)①、蒂罗尔(Tyrol)②赠予他，1525年又给了他波西米亚王国(royaume de Bohême)③和匈牙利王国。从此，这两兄弟就永远地团结在了一起。查理五世促进斐迪南的利益，而斐迪南也为查理五世的各种计划效劳。斐迪南的长子马克西米利安大公与查理五世的女儿玛丽公主的联姻加强了两家原本就有的联系。皇帝查理五世在前一年，曾经派马克西米利安到西班牙，与他女儿成婚并代替了他的儿子腓力统治西班牙半岛。而斐迪南作为"罗马人民的国王"也取代查理五世，被任命为神圣罗马帝国皇帝，而已是波西米亚国王的马克西米利安，很有可能会接替他的父亲，成为"罗马人民的国王"。马克西米利安思想开放、性格温和、和蔼可亲、勇敢不屈，他对德意志人民亲切又温和。德意志人则对腓力王子非常厌恶，因为他的西班牙出身，高傲的作风，地狱般的措施，他的沉默也无法掩饰在不露声色中流露出的独断专行的思想。

查理五世费尽心机，通过他言听计从的家族成员，在已被控制的帝国内，使得腓力王子比马克西米利安王子更受欢迎。他打算重新调整之前关于马克西米利安的决定，在隆冬之中让他从帝都巴利亚多利德来到奥格斯堡，他先将他的计划告诉了斐迪南，但是斐迪南并不支持他的计划并且第一次反抗了他。查理五世曾两次传召他的妹妹尼德兰摄政玛丽王后，她出众的思想、果断的性格让她一直保持着

---

① 公元7世纪时为一独立王国，拉丁文名称为"Carinthia"。788年至843年为查理曼大帝的法兰克帝国之一部。公元899—927年属于巴伐利亚公爵，随后成为神圣罗马帝国直辖的领地。公元995年，阿达尔贝罗·埃本施泰因被封为卡林西亚边境总督，该家族统治卡林西亚地区至1122年，随后转归施蒂里亚公国。由于该家族男性后代绝嗣，1335年，该地区统治权转入哈布斯堡家族手中，称为卡林西亚公爵领地（Geschichte Kärntens, Duchy of Carinthia）。——译注
② 包括现在的蒂罗尔（北蒂罗尔和东蒂罗尔）和意大利的特伦蒂诺-南蒂罗尔区。——译注
③ 波西米亚王国是以前位于中欧的一个国家。其范围大致相当于现在的捷克。在历史上曾是神圣罗马帝国内独立的一员，许多国王皆兼为神圣罗马帝国皇帝，首都布拉格于14世纪末期曾为神圣罗马帝国中心。——译注

最大的影响力,从而可以作为两位哥哥和两位侄子之间的调解人。在长时间激烈的争论之后,查理五世最终如原以偿。

1551年3月9日,由阿拉斯主教(l'évêque d'Arras)起草并在他的房间里秘密达成了协议。斐迪南继承神圣罗马帝国皇帝头衔,西班牙王子将被选为"罗马人民的国王",而当腓力成为神圣罗马帝国皇帝之后,"罗马人民的国王"头衔将由马克西米利安继承。哈布斯堡家族两支的两位王子发誓将相互捍卫彼此的领土国家,同时他们也必须共同支持德意志事务,即反对那些通过政治动乱或宗教纷争,破坏帝国尊严和天主教信仰的人。作为"罗马人民的国王",腓力接管了斐迪南的一部分权力;作为帝国皇帝,在他不在时,德意志的全部行政工作将全部托付给马克西米利安。最后,为了更好地巩固两个家庭之间的联盟,该联盟通过轮流继承制的契约和父权邦国防御同盟建立起来,腓力必须再娶斐迪南的一个女儿,因为马克西米利安已经同查理五世的一个女儿联姻。

这样的安排,使得帝国皇帝的宝座在一定程度上为世袭并且提前锁定给了几位候选人,可这还需要德意志的批准。那些失去权力的德意志选帝侯们不能接受,更不打算忍受这样的安排。只有美因兹(Mayence)和特里尔(Trêves)选帝侯出席帝国会议并且坦率地表示他们绝不能同意,因为他们"发誓要保卫帝国法律,另外他们所有的选帝侯一致许诺不会再选一位西班牙出身的帝国皇帝了。"萨克森公爵莫里斯出于私利和勃兰登堡边伯约阿希姆(margrave Joachim de Brandebourg)灵活中立,都在不久前帮助查理五世取得了对新教教徒的胜利,而这两人在美因兹和特里尔选侯的鼓动下不再顺从查理五世;约阿希姆边伯甚至要求,如果他不想让整个德意志都厌恶他的话,请斐迪南放弃这个安排。

尽管德意志处于皇帝查理五世压迫的淫威之下,但实际上根本不打算让他的儿子来统治。德意志曾经的独立精神被压抑,它对新的信仰的狂热虽然被压制,但却一触即发,查理五世将会最终遭遇这些本质上可以被外力中断但不能被消灭的困难。查理五世在奥格斯堡提出他的计划并希望能够将其完成，之后他前往蒂罗尔大峡谷最后到达因斯布鲁克(Inspruck)。在那里他可以主持由教皇尤利乌斯三世召集的大公会议，1551年9月的第二次会议在特伦托举行。查理五世派腓力王子到西班牙并给了他所有的君权，陶醉在雄心勃勃的期待中。他计划要像对待德意志新教教徒一样，对天主教的意大利施加影响，在通过《临时协定》让德意志人屈服之后，再通过大公会议对意大利进行改革，这样最终在天主教世界，重建被破坏了的大一统。

这个无所不能的梦想不久便随风消散了。查理五世已经在莱茵河的一边作为专制皇帝，或者说像教皇一样进行了4年的统治。他的越权逐渐变得让诸侯、城市、新教教徒、天主教教徒无法忍受，他们在他身上只看到了一个僭越法律，为所欲为，篡夺教皇权力的暴君。一个秘密反对他的同盟形成了，之前战争中曾经为他服役的人加入了与他对抗的人的行列。萨克森公爵莫里斯和勃兰登堡边伯阿尔布雷希特之前曾经是查理五世主要的两个支持者，此时却成了反对他联盟的头领。他们与亨利二世联合，亨利二世效仿他父王弗朗索瓦一世的政策，即在意大利支持那些对查理五世不满的小国，在君士坦丁堡与苏利曼二世会盟，并且宣布成为莱茵河畔日耳曼自由的保护者，商定好向他们共同的敌人同时发起进攻。

突然间，选帝侯莫里斯、阿尔伯特边伯和黑森边伯的儿子们发出起义和战争的信号，从北向南前进，前锋部队所向披靡，他们要求收回被奴役的德意志的权力，释放被俘虏的路德派王公贵族，恢复所到之处被禁止的新教信仰，重新安置逃走的新教牧师回到他们的教堂，在城市中重新建立被剥夺权力的法官的行政管理，他们毫不受阻，一路通畅直达奥格斯堡。亨利二世从法国一侧出发，以解放者和占领者的身份，向德意志和尼德兰进发；他夺取了梅斯(Metz)、图勒(Toul)和凡尔登(Verdun)3个主教区，这3个地方从此永远并入法国;他还占领了洛林(Lorraine),入侵了卢森堡(Luxembourg)。与此同时,在法国人的帮助下,帕尔马公国①(duché de Parme)和锡耶纳共和国(république de Sienne)在抵抗西班牙人的斗争中占据了优势,他们也撼动了西班牙人在意大利的统治,贝尔格莱德总督帕夏②(pacha de Belgrade)和布达总督帕夏(pacha de Bude)在赛格德③击败了奥地利人,在特兰西瓦尼亚公国和匈牙利王国,成了蒂米什瓦拉(Terneswar)、利普波(Lippa)、维斯普雷姆州(Szolnok)、索尔诺克(Transylvanie)和匈牙利的主人。

查理五世被出其不意地围困。他当时没有军队也没有金钱。他弟弟斐迪南的军队在蒂萨河(la Theiss)与多瑙河流域苦苦地抵抗着土耳其军队;而他的大部分军队由于维持费用高昂,在德意志完全归顺之后便被解散了。除了留在法兰克福(Francfort)、奥格斯堡、乌尔姆(Ulm)、符腾堡的要塞和蒂罗尔防御要塞的几支驻军以外,曾经帮助他攻占日耳曼领土的西班牙和意大利旧部,被他派往帕玛森(Parmesan)和锡耶纳,前者脱离了他的联盟而后者不愿再忍受他的压迫而起义。突然面临如此多的进犯,查理五世此时因为疾病而身体衰弱,加之他之前的努力与成就耗尽了财富,丧失了军队,此时在联合敌人的袭击下,他只能眼睁睁地看着自己实现在望的伟业毁于一旦,他在尼德兰和意大利费心劳力巩固的权力岌岌可危,并且为了捍卫基督教在东欧而建筑的屏障已经再次被逾越。

---

① 帕尔马公国建立于1545年,由原米兰公国于波河以南,以帕尔马为中心的一带领土所组成,以作为教皇保禄三世的私生子皮埃尔·路易吉·法尔内塞的封地。保禄三世又帮助帕尔马公国扩大领土,进一步扩大为帕尔马-皮亚琴察公国,皮埃尔成为帕尔马公爵兼皮亚琴察公爵。(意大利语:Ducato di Parma e Piacenza)。——译注
② 帕夏,前称贝萧(土耳其语:paşa)是奥斯曼帝国行政系统里的高级官员,通常是总督、将军及高官。帕夏是敬语,相当于英国的"勋爵",是埃及共和时期地位最高的官衔。——译注
③ 匈牙利东南部的中心城市。塞格德位于毛罗什河河口以南的蒂萨河畔,接近匈牙利南部边境。原文Zegeb为拼写错误。——译注

在这种极端环境下,查理五世没有慌乱也没有软弱,他以一种令人难以想象的坚定精神来判断自己的处境。他衡量了他所有的资源,却不去在意缩水的财富和削弱的实力,他意识到继续留在因斯布鲁克危险重重。"我在这里逗留的时间越长,"在得知在奥格斯堡取得胜利的莫里斯要来因斯布鲁克的消息之后,他在1552年4月4日给他弟弟的信中写道,"我只会在这几天的某一个清晨,在我的床上被捉起来"。他研究了摆在面前的各种选择之后,站在俯视众人的自尊和思想的高度,精确把握人的判断的角度补充道:"无论我做什么,如果一切顺利,人们会将其归功于幸运;而如果事情不顺利,那就是我的错。"他决定去尼德兰,因为那里是最可能快速集结一支部队的地方,在那里他可以召集德意志的支持者、意大利的士兵还有西班牙的旧部,而且尼德兰位于亨利二世与莫里斯军队的中间,可以立刻与这两队敌军兵戎相见。这是最好的决定,但是也非常冒险。通往低地国家的道路已经封闭了,他将面临落入敌人之手的危险。然而他却没有丝毫犹豫。"我已经进行了面面俱到的考量,"他继续写道,"这使我可以看清我的处境,我将自己交托到上帝的手中,我宁愿下定决心,毅然决然,而不是让人们更觉得我是个老疯子,或是纠缠在往日之中不能自拔,而不去做我应该做的、超出我的实力的,以及软弱使我不敢去做的事。我必须选择是接受奇耻大辱还是孤注一掷,我更倾向于冒险,因为结果由上帝安排(还有成功的可能)而不是等待这(注定的)耻辱。"

于是他企图沿着博登湖(lac de Constance)通过上德意志地区去佛兰德。4月6日的晚上11—12时,在5名仆人的陪伴下,查理五世秘密地离开了因斯布鲁克,此事只有阿拉斯主教和拉绍内侍(chambellan la Chaulx)知晓,他们负责隐藏查理五世不在的事实,并说他的病情恶化了。他骑了一整夜的马绕道而行。第二天,他在山中穿行前进,到达了距离福森(Füssen)不远的地方。但是当他们靠近蒂罗尔桥的时候,他体力不支,敌人在阿尔卑斯的桥孔出现,发出的声响让他不得不原路返回。他夜间回到了因斯布鲁克,人们甚至不会怀疑他曾经试图逃走,他的尝试也因为病痛而非恐惧被迫中止了。在因斯布鲁克,他召集所有地方的军队,通过他弟弟——"罗马人民的国王"作为中间人与德意志的起义者谈判,借此他希望可以离间他们与法国人,从而使得他的敌人们分裂,并且他在1个多月的时间内,遭遇各种他早已预测到却无法避免的突发事件。

这些会谈很早就开始了,但是在查理五世与联盟成员之间却无法达成和解,毕竟查理五世给予的太少而联盟一方又要求得太多。在实现和平的停战协定达成之前,"林兹(Lintz)磋商"与达成《帕绍合约》之间很短的时间内,就在斐迪南去因斯布鲁克取皇帝指令,并且带来和解请求的时候,莫里斯采取了一个大胆的行动。他快速向阿尔卑斯进军并且进行了迅如闪电的进攻,他突然出现在福森,在罗伊特(Reutte)击溃了守卫蒂罗尔峡谷的帝国军队,占领了艾伦贝格(Ehrenberg)要塞,为了能够在那里迫使那个不久前好像已经成为世界统治者的查理五世接受他的规定,他快速地向因斯布鲁克进军。在5月19日晚上,得知了莫里斯出其不意的胜利和他的威胁手段之后,在莫里斯到达前几个小时,查理五世仓促逃走了。他生着病躺在担架上,火把照路,后面跟着混乱无章的侍臣,冒着恶劣的天气,逃往克恩顿州(Carinthie)。

在夜幕中,这位大胆的选帝侯莫里斯到达了因斯布鲁克,他本来可以亲自追击并且追上皇帝的,却放任他的士兵抢劫了查理五世的宫殿。梅克伦堡公爵(duc de Mecklembourg)建议他去追赶皇帝,但是莫里斯并不需要这样几乎唾手可得的巨大胜利。他说:"我还没有足够大的笼子来关住这么大的一只鸟。"让查理五世面对被俘虏的危险,让他经受逃跑的侮辱,将他逐出中心位置,并将他赶到克恩顿州,在那里查理五世不能再着手任何事情,只能眼见着联盟军队在他和德意志之间筑起一道屏障。

在这项大胆的壮举之后,莫里斯去到帕绍重启在林兹中断的谈判。皇帝明白他必须同造反的德意志人和解，但又拒绝屈服于他们。一切不会危及他的荣誉，统治权力以及不会违背他良知顾虑的事情，他都不在意。他本人释放了萨克森公爵约翰·弗里德里希后，在他要离开因斯布鲁克时，他又释放了黑森边伯，此人的延期羁押也是起兵的理由之一，但是他的释放是以联盟部队的提前解散为前提。他不仅要求联盟军队对法国国王进军，而且还要和他决裂，同时他绝不能容忍亨利二世参加帕绍谈判。他表现出已经做好了在德意志重新建立政治和解和宗教和平的准备，但他并没有任凭自己的皇权受到削弱，也没有明确地认可路德派。他宣布，无论是作为帝国皇帝的尊严，还是作为一名天主教君主的身份，都不允许他在这两点让步，当他被要求立刻为新教平反并对其宽容的时候，他宣布他希望先将所有的事情中断，他将重新把日耳曼公国集合到帝国会议，对他在合法行使权力方面达成一致；并且宣称通过大公会议或是国家主教会议解决宗教争端是实现共同信仰最适当的方法。

由于他的弟弟斐迪南苦苦哀求，同时面对匈牙利危机的威胁，加之莫里斯允诺将加入他前去匈牙利解围的队伍，使得查理五世同意了《帕绍和约》，并于8月2日签订。和约的条款由于查理五世的骄傲和严格而相当苛刻。然而，该条约最终承认了日耳曼独立和宗教和平，尽管是暂时的，但可以说是全体德意志的愿望得到了实现。在等待帝国会议对所有事务做出最终决定的过程中，《奥格斯堡信纲》信徒在和平领地和行使宗教权力方面不应被束缚；路德派国家不应该被排除在帝国枢密法院之外，并且后者应该一视同仁地对待所有宗教；帝国皇室法院（Reichshofrat）应该只由德意志大臣组成，对帝国的总体事务和各个公国的特别事务进行商讨。在帕绍和解之后，其中的条款在3年之后，通过奥格斯堡帝国会议议事录成了帝国基本法，对此查理五世充耳不闻。莫里斯北下匈牙利抵抗土耳其人的进攻；为了能从亨利二世手中夺回他曾经的领土，查理五世则带领8万人向法国进军。

他来到梅斯要塞,这个要塞的防御工事建筑得尤其坚固。里面被围困的是吉斯公爵(duc de Guise),少量士兵以及"法国皇室之花"。查理五世在1552年的最后几个月里冒着秋雨和冬寒围困着梅斯。但是英勇且警惕的吉斯公爵却成功抵挡住了他的进攻。就像在之前为他的儿子争夺帝国皇位和对德意志实施他的政治和宗教计划的时候失利了一样,这次他在进攻中再次遭遇失败。因为恶劣天气而损失了一半的兵力之后,他不得不从梅斯围城战中撤兵,正如他已经让西班牙王子退出皇帝选举,同时放弃了让整个德意志听命于他并且皈依天主教的计划一样。这接二连三的失败让他明白并相信,他计划的进程已经中止了,考虑到他那些走运的敌人们的年龄,他颇有深意地说:"幸运只垂青年轻人。"为了能够使得战争善终,他不能再继续打下去了。尽管他亲自参加了梅斯围城战,这场战役的领导权查理五世托付给了阿尔瓦公爵。他本人几乎总是在生病,在战场上他骑过几次马,不过他更经常躺在担架上去战壕。他甚至不能在1553年一场对他有利的战役中亲自指挥战斗。当被困在布鲁塞尔时,他下令包围占领了泰鲁阿讷(Thérouanne)和埃丹(Hesdin),并将它们夷为平地,因为这两地的驻军总是侵扰佛兰德地区。

他自知从此以后无法自己指挥军队,不能将他的事业付诸实践。他的疾病随着年龄增大以及没有节制的生活而更加恶化。这位伟人只知道根据他的喜好发号施令,而不知道应该克制自己的食欲;在命运的各个重要当口,他把控住了自己的内心,而在餐桌上他却把控不住自己的胃口。无论是他曾经的心腹对他良言劝解还是疾病对他严厉警告都不能让他改变混乱无度的生活习惯。在1550年到1551年的严冬中,他都在奥格斯堡热得像蒸笼一样的住处里度过,期间他只出过房门3次,分别是在圣安德烈日(11月30日)、圣诞节(12月25日)和主显节(1月6日)的时候,他走出房间并在他住处旁边的大厅里吃饭;此时他虚弱不堪以至于人们认为他将不久于人世,他的医生也认为他只有几个月的日子了,英国人罗杰·阿斯卡姆(Roger

Asham)曾经看到过查理五世的一餐,对他可以吃下的,尤其是喝下的东西感到震惊。煮牛肉、烤羊肉、炉烤兔、烹阉鸡,皇帝来者不拒。"他低了五次头去喝杯子里的酒,"阿斯卡姆说,"每次喝不少于四分之一加仑的莱茵河畔的酒。"

这次进餐的 2 年后,查理五世风趣且博学的男仆冯·马勒(van Male)充满风趣又语气宽容地描述了他的主人在围困梅斯时无法自抑而随心所欲地吃喝,医生却对他表现出百害而无一益的屈从态度。他给普拉埃领主(seigneur de Praet)佛兰德的路易二世(Louis de Flandre)写道,"胃和致命的贪婪是皇帝众多疾病最初的,也是最根本的源头。当他身体极差、深受病痛折磨的时候,他仍然屈服于它们(肠胃和贪婪),他不得不进食那些实际上对他有害的菜肴和酒水。您反复写信反对皇帝的暴饮暴食,反对医生的轻率、宽容和软弱。这是所有谈话的主题。皇帝讨厌吃肉吗?我们给他拿来。皇帝想吃鱼吗?我们给他吃。皇帝想喝啤酒吗?我们不得不让他喝。他讨厌喝葡萄酒吗?我们把酒拿走。医生变得对他百依百顺。皇帝想做的,他就开个一样的医嘱;皇帝拒绝的,他就禁止他做……如果饮品不是冰镇的,他不会喜欢……整夜暴露在空气中的啤酒非常冰冷,肯定不适合患有这么多疾病的人在天亮之前饮用。然而他早已习惯这样,从来没有担心自己会感染急性痢疾。我作为他的司酒官就是天明之前做这个的……我听到了他发出的呻吟声,证明他还是很痛苦的……我曾经跟他说过,在我看来应该停止饮用这种伤身的饮料,因为就算是我们中的谁,即使身强力壮、身体健康,在深夜和隆冬饮用这种冰镇啤酒,身体也会受伤;而他在这把年纪拖着被疾病、奔波和工作摧毁的身体,却完全不担心,依旧饮用着这种酒。听了这个有益的建议,皇帝终于同意不再将酒暴露在空气中。医生科内利斯·拜尔斯托夫(Corneille Baërsdorp)也不允许他晚餐和进膳时再饮用过于冰凉的酒。我不知道这能不能维持很久。我们经常抱怨匈牙利王后玛丽给他的亲切关怀:送来很多的鱼……最近,他接连两天将这些海鲜狼吞虎咽地吃光了,这(对身体)有极大危害。他让人送来比目鱼、生蚝和几乎所有海鱼,将它们生吃、煮或者烤着吃掉。"

在梅斯围城战后的那个夏天,查理五世感觉到自己身体每况愈下,尽管他依然信念坚定,但是却越来越力不从心,于是他准备将思虑良久的退位付诸实践。休息和有益身体健康的南欧气候在他看来,是治疗他由于事务带来的疲惫和因北部严酷的气温而不停加重的病弱的唯一良方。他于是选择西班牙作为他最终退休的地方,在西班牙位于埃斯特雷马杜拉,树木最繁茂的地区,名叫"普拉森西亚的拉贝拉"的迷人河谷,冬季时阳光可以将南坡晒得暖洋洋,夏季时郁郁葱葱的森林和众多的溪流则给这里带来凉意。他打算退隐到一个隐修院中。

查理五世总是对修士怀有好感。在遭遇重大困难时,在重要行动的前夜或者第二天,他经常到修士当中去,通过退省和祷告来汲取慰藉与力量。在法兰克福选举结束后,在 1520 年他动身去拉科鲁尼亚(la Corogne),然后经过这里去尼德兰和德意志时,他都曾虔诚地到访圣地亚哥·德·孔波斯特拉(saint Jacques de Compostelle)教堂[1],这里葬着的大雅各[2]是伊比利亚半岛的捍卫者,它的宗教庇护在 8 个世纪中,鼓舞了曾经的西班牙基督教徒参加国家军队各处征战,他们对战穆斯林人时大喊它的名字作为口号。为了能够取得伦

---

[1] 圣地亚哥·德·孔波斯特拉是一个被群山环抱的偏僻小城,西班牙语尊称为圣地亚哥(圣雅各的西班牙语式发音)。相传大雅各曾到西班牙传教 7 年,死后遗骨葬在西班牙。多年过去之后,他的墓地就无人知晓了。直到 813 年,一位农夫发现了大雅各的墓地。人们在此建立了一座小教堂,并将此地取名圣地亚哥·德·孔波斯特拉。德·孔波斯特拉是由拉丁语"Campus Stellae"(星之野)或者"Compositum"(墓地)演化来的。——译注
[2] 西庇太的儿子雅各(James, son of Zebedee),是耶稣十二门徒之一。天主教也称"大"雅格伯、圣雅各伯、长雅各伯宗徒,以区别于亚勒腓的儿子雅各,他是西班牙、士兵、朝圣者、骑手的主保圣人,相传其遗骨葬于圣地亚哥·德·孔波斯特拉,是朝圣热点。——译注

巴第的王位和神圣罗马帝国的帝位,查理五世在1529年动身前往意大利。在动身之前,他在萨拉戈萨的圣恩格拉西亚修道院(couvent de Sánta Engracia)待了几天。1535年当他准备登上舰队的船去远征突尼斯时,曾经去著名的蒙特塞拉特修道院(abbaye du Montserrat)朝圣,并且这是他人生中第9次穿过巴塞罗那伯国(comte de Barcelone)了,跪拜在这个受人敬仰的圣殿里的圣母像前,直到他临终他都一直保持着对这个圣像温柔的虔敬。1539年王后去世之后,他带着痛苦和悲伤来到距离托莱多2古里①的拉西斯拉修道院(couvent de la Sysla),1541年阿尔及尔的海军舰队被击溃以及被迫放弃他的进攻之后,他曾经闭关在距离奥尔梅多(Olmedo)不远的梅霍拉达修道院(monastere de Mejorada),也许是为了能在那里强化自己的意志,以对抗这些挫折。

查理五世在阿尔及尔经历的灾难性遭遇中曾跟修士们一起祷告,这更能体现他对天主教徒的顺从和对宗教的特别信任。这场本应让查理五世成为北非这个重要据点主人的远征,却在法国方面的突袭中过于匆忙地开始了。查理五世在10月的最后一周来到阿尔及尔海湾,此时正值秋分暴风雨时节。实际上在查理五世登陆的第3天,地中海岸的暴风雨就开始接连不断,而他虽已在目标城市的对面安营扎寨,却还没来得及让舰队里的400艘船和用来突袭目标城市的大炮上岸,也没来得及卸下军粮。狂风中,船锚相互碰撞或是被吹起撞击到岸上,大部分都被弄断了。同时滂沱的冷雨淹没了他的营地。在这种可怕绝境中,身处这个既无法生存也无法脱身的海岸上濒临死亡,查理五世披着一件白色长袍,走到西班牙贵族和骑士②中,对万物之主上帝倾诉,他反复说着这些宗教话语:"愿你的旨意行在

---

① 约合8公里,1法国古里=4公里——译注
② 中世纪西语中为cavalleros,现代西语为caballeros。——译注

地上 如同行在天上。"①突然在晚上接近11点30分的时候,暴风骤雨达到顶峰,他传召了几个有经验的船长,询问他们,舰队的船只还能经受多久这种暴风雨的打击。——2个小时,他们回答说——他于是想起来在他王国里的修道院,唱诗都是从午夜开始,他相信这种万能的基督教祷告能够传向天际,为他赢得上帝的助力,他的脸上因为希望而重新洋溢着生机:"你们放心,再过半个小时,西班牙所有的修士,修女都要起床为我们祷告了。"尽管他表现出了虔诚天主教徒的一面,他行动起来却像一名果断的舰长,他机智地命令向马提富角(Matifou cap)撤退,在那里还有舰队的一些残部,也是从那里他将他的军队带回了欧洲。

在修士当中,他对圣哲罗姆派隐修士更亲近。他们组成了基本仅存在于西班牙的修会,1373年该修会获得了教皇格列高利十一世(Grégoire XI)的授权,它由几位西班牙的隐修士成立,以圣哲罗姆为名,遵循圣奥古斯丁教令。他们的第一个修道院修建在瓜达拉哈拉(Guadalajara)附近的卢皮亚纳的圣巴尔托洛梅(San Bartholome de Lupiana),它位于卡斯蒂利亚老城一个凉爽的山丘上。从那里开始,他们很快地将其教派传播到托莱多平原:吉桑多(Guisando)的松树林、巴塞罗那和巴伦西亚(Valence)的香桃木树林里、塞哥维亚(Ségovie)的葡萄藤绿廊里、埃斯特雷马杜拉的栗子树林里。圣哲罗姆派的修道院选址在距离城市不远,环境宜人又僻静的地方,从格拉纳达到里斯本,从塞维利亚到萨拉戈萨,它们遍布在伊比利亚半岛。最初,他们致力于冥想与祷告。他们靠(信众的)施舍生活,从午夜到破晓,他们特别庄重地唱着对上帝的赞歌,一刻不停。整个教派由一名选举出来的总长领导,每一个修道院由一名任期3年的修士管理,而民众的捐赠和君主的恩惠使得圣哲罗姆教派很快富裕起来,他们将科学加入了祷告之中,同时在旧有的唱诗中加入了文学的新文化,

---

① 本书所有《圣经》引文均引用和合本翻译。——译注

（他们使得祷告更具科学性，唱诗更加文学化），同时，之前贫穷的教士们拥有了大片富饶的土地、大量牲畜和肥沃的葡萄园。西班牙从没有一个修会可以用圣哲罗姆如此壮观的气势来进行天主教礼拜，也无法像他们教堂中唱诗班那样唱出如此美妙的音乐，也无法像他们修道院那样在门口送出那么多的施舍，也无法提供他们修道院给行者那样慷慨的招待。瓜达卢佩圣母修道院（Notre-Dame de Guadalupe）曾是西班牙最受人敬仰，参观人数最多的三大圣殿之一，它的面积大如城市，防御工事安全稳如城堡，圣哲罗姆派将一笔可观的财宝保管在一座塔楼之内，这座塔楼的巨大的食物储藏室整日都是满满当当，美丽的花园里种满了橙树和柠檬树，临近的山上放养着大群的绵羊、奶牛、山羊和猪，在埃斯特雷马杜拉拥有5 000株橄榄树和大片的雪松，他们供本修道院人员吃饭和招待朝圣的餐厅宽敞且提供丰富餐食，主桌和客桌上每天都要换六七拨的食客。

查理五世正是想要退隐在这种热心祈祷和学习的圣哲罗姆派修道院内。并且他对该教派一直怀着特别的敬仰之情。这种敬仰来自家族传承，查理五世从家族那里接受了对该教派的崇敬，而他也将之传给他的儿子。他的外祖父费尔南多二世曾经在1475年的托罗（Toro）大捷和1492年征服格拉纳达之后，建起了两个该派的修道院，而其中一个是在卡斯蒂利亚的伊莎贝拉一世王后（reine Isabelle de Castille）死后，费尔南多二世曾经闭关的地方。当他自己感到生命将尽之时，他去到马德里加莱霍（Madrigalejo）一座属于圣哲罗姆教派的房子里，在那里去世，临死前他将这座房子赠予了皇家墓地的看守们。腓力二世则为纪念圣康坦（Saint-Quentin）战役建起了宏伟的埃斯科里亚尔（Escurial）修道院，他在那里生活并且死去。查理五世曾经多次造访圣恩格拉西亚修道院、拉西斯拉修道院、梅霍拉达修道院，最后决定在尤斯特修道院度过生命最后一段时光。

尤斯特修道院因为作为皇帝的居所而变得如此出名，它始建于15世纪初，修建在一条名叫尤斯特的溪水边，并因此命名。它身处埃斯特雷马杜拉一条沟壑纵横，树木葱郁，因为雪水融化而形成的溪流众多的山脉中。这个风景如画的地方位于塔拉贝拉（Talavera）平原的东面和阿拉纽埃（Arañuelo）平原的南面，俯视着铁塔尔河（Tietar）和塔霍河（Tage），此处还能远眺那些位于景色秀丽的普拉森西亚的拉贝拉盆地上，处于森林当中的美丽耕地和宜人村庄。同时也可以遥望瓜达卢佩蔚蓝的群山。在1402年时几个隐修士就已经在长满栗子树和核桃树的山坡上建起了几间小屋。1408年在费尔南多二世的大力支持以及教皇圣谕允许下，将这些简陋的小屋改建成为圣哲罗姆教派修道院。但是相邻修道院的修士们却扰乱他们的工程，普拉森西亚主教也反对建造这个修道院。尤斯特修道院请求更高级别的圣雅克大主教的支持，他曾是该地方的大主教并且支持圣哲罗姆教派，它的工程还获得了奥罗佩萨领主托莱多的加西亚·阿尔瓦雷斯（don Garcia Alvarez de Toledo，seigneur d'Oropesa）武装保护，此人的哈兰迪利亚城堡距离尤斯特2古里路程。哈兰迪利亚城堡堡主进驻了山里并且驱逐了新兴城镇中的入侵者，使得他的蓝银旗帜在这里飘扬。慷慨的托莱多家族并不只是用武器保护圣哲罗姆派教士，还给予他们财物支持。1415年，托莱多家族提供他们足够供养1位院长和12名修士的赠款，尤斯特修道院这些圣哲罗姆派教士对此怀着感激之情，并且使自己的修道院成为伯爵世袭的保护领地。从此时起，尤斯特修道院在捐赠和遗赠下逐渐富裕起来，同时加上吉桑多的大修会家族和瓜达卢佩圣母修道院的协助，修士人数增加，并且扩大了规模，增加了财富。他们整修了森林中的小教堂和隐修士住所；在修道院周围种植了成片的果树和橄榄树；他们扩大了收容所的规模，重建了教堂，使得教堂更加宽敞和坚固；最后在前尤斯特修道院小回廊的基础上增加了一个哥特式的更加宽敞的廊院，它规整且精致的线条使人想起当时刚刚由意大利引入西班牙的希腊罗马式建筑。

这便是查理五世选择的作为他退隐之所的修道院。该地气候宜人,有益于身体健康,且清静祥和,适合像他一样身体虚弱和精神疲惫的人。当退隐到尤斯特修道院的修士们中间时,尽管查理五世知道这些修士们学识渊博且对他们(对宗教的)虔诚规律非常尊重,但是他不想过同他们一样的生活,也不愿意因此打扰他们。他提议在修道院旁边为他建造一个毗邻却分开的建筑,他可以在那里自由地使用修道院的教堂同时当他需要时,可以有修士们的陪伴,这样他既保持了自己的独立性又能尊重修士们的生活。1553年6月30日,在退位前3年,而不是像罗伯逊说的那样,在其退位几个月前,写给他的儿子的亲笔信中,他下令"在尤斯特修道院旁建起一个,足够一位特殊情况的人士同他生活必不可少的随从们一起生活的住宅。他在高度保密的状态下告知了王子和国务秘书巴斯克斯·莫利纳(Vasquez de Molina)这个计划,并且将具体实施托付给了圣哲罗姆派的总院长胡安·德·奥尔特加(Juan de Ortega),查理五世对他非常信任。通过会计弗朗西斯科·阿尔马格罗(Francisco Almaguer),他给总院长提供按照他起草的计划来修建建筑所必须的钱,并且派给他西班牙最著名的建筑师加斯帕德·德·韦加(Gaspard de Vega)和阿隆索·德·科瓦鲁比亚斯(Alonso de Covarruvias)。尤斯特修道院旁边建起一个简朴的皇家府第之后,这个建筑让修士们惊奇却不知其用途,同时查理五世已经万事具备,可以从容地将统治权交给他的儿子。

第二章

尽管查理五世身体虚弱，精神疲惫，对于由他发展到如此之高，影响如此之远的权力，他仍不能放下，因为他的权力正遭受四面的攻击，受到八方的动摇。匈牙利和特兰西瓦尼亚（Transylvanie）由于土耳其人的入侵和民族党佐波尧·亚诺什（Jean Zapolya）的起义而战火重燃；神圣罗马帝国和尼德兰南部边境被法国国王的军队突破并蹂躏；西班牙通过半个世纪的努力和斡旋才攻占下意大利的北部和中部，后者却一直希望独立，这威胁着西班牙在此的统治。失败中的偃旗息鼓对查理五世来说是毫无尊严的，他不能在绝境之中退位，这会损害其众王国的利益，损害他的名誉。他必须要坚持到他更加走运的时节。

于是他终于等到了命运的最后一份厚礼：英格兰亨利八世（Henri VIII）的新教继承人爱德华六世（Edouard VI）去世，与查理五世有血缘关系和相同的宗教信仰、信奉天主教的阿拉贡的玛丽一世继承了英格兰王位。为了他的短暂联盟的利益和西班牙君主国永远的强大，他想要从这个巨变中分得一杯羹。他已经为了儿子腓力二世与葡萄牙的玛丽亚的第二次婚姻进行了几次商谈，玛丽亚是已故葡萄牙国王曼努埃尔一世（Emmaunel）的女儿、葡萄牙国王若昂三世（Jean III）的妹妹。这位公主的母亲埃莉诺王后将公主留在里斯本，而她到巴黎与弗朗索瓦一世成婚,她必然主张要给公主一笔巨额的嫁妆。她的嫁妆高达 100 多万埃居黄金。埃莉诺王后从她第二次寡居之后便离开法国,到她的哥哥查理五世身边生活,在她的促成下,玛丽亚公主和西班牙的腓力二世的联姻曾经在 1550 年就被提起过;但葡萄牙国王若昂三世却机智地推迟了它的达成,他不甘心给查理五世这样一笔巨额的陪嫁,使得他将这笔钱用于愈加庞大的战争开支,而这场战争若昂三世也被卷入其中。最终在 1553 年夏天,双方终于达成了协议,此时查理得知玛丽·都铎(Marie Tudor)登基的消息。他的想法立刻发生了改变,他的目光从葡萄牙处转移出来,因为他不确定能否从葡萄牙得到 100 万埃居的金子,便将视线投向了英格兰,他在那里看到了更加广阔的可以为其子谋划的王国,他写信给西班牙:"我得知了英格兰国王爱德华六世去世的消息;如果与葡萄牙玛丽亚公主的订婚还未达成,那么现在可以将其暂停了。"

于是订婚事宜并未谈拢,查理五世立刻给西班牙王子提议与英格兰的玛丽成婚。只有一事让他担心,那就是玛丽一世已经 38 岁了,而西班牙的腓力王子只有 27 岁,他担心年龄的差距使得腓力王子不愿意同意这门婚事。1553 年 7 月 30 日,查理五世写信给王子,信中提及了与葡萄牙联姻的缺陷和与英格兰联姻可以带来的好处。他对王子说:"我的儿啊,目前关于法国和这些王国方面,不能再出情况了;尽管我认为英国人会竭尽全力阻止他们的女王嫁到外邦,但是女王可能会用她的谨慎和机敏,通过公开或者间接的方式来议亲。如果这桩婚事要与英国以外的国家缔结,我认为英国人会更加乐意选择我,因为他们一直都对我毕恭毕敬。但是我可以向你保证,更多的王国数量和更广的领地面积并不能吸引我,也不能将我的注意力从我目前的计划中转移出来,且我的计划①与之完全不同。因此如果英国人向我提亲,我想建议你成为他们考虑的人选;这个计划接下来

---

① 指退位。——译注

就会有一个圆满的结局了。很多巨大且显而易见的好处和利益将会接踵而至,我就不再给你一一细数了。我仅仅是提出此事,希望你能考虑一下,考虑之后尽你最快的速度将你的想法告诉我,这样可以依照你的愿望,让你最满意,同时一定将此事高度保密。"

西班牙王子顺服于他父皇的打算。他在 8 月 22 日,从帝都巴利亚多利德给查理五世回信中,好像已经放弃了与葡萄牙公主的联姻的计划。他补充道,"关于英格兰,我必须说得知我的姑姑继承了王位,我非常高兴,因为这是她的权利,同时从法国和佛兰德领地方面考虑,这也是陛下您所期望的。如果您与女王能够联姻,是最好的。但是,鉴于陛下您坚持让女王与我通信并且让她与我联姻,她必是知晓我是一个完全听命于您的儿子,我只有与您相同的意愿,除此无他,尤其是在这样一件如此重要和意义非凡的事情上。因此,关于此事我完全听从陛下您的意思,悉听您认为最合适和最好的安排。"

一收到这封信,查理五世不等对方来提亲,立刻委派使臣西蒙·雷纳德(Simon Renard)去商谈西班牙王子与英格兰女王的联姻。这样的联盟使英国人深感不悦,却让女王欣喜不已,因为她从情感上对这桩婚事非常满意,而它还能为她的计划提供鼓励和促进。从她的母后与亨利八世离婚开始,母亲长期的痛苦以及她自己的不幸早已消磨掉了她对都铎家族和信奉新教的王子们的情感与期望。英格兰人民不喜欢外国人尤其厌恶西班牙人。但英格兰女王完全不顾她的人民一致极度危险的反对,秘密地发下与西班牙王子联姻誓言。10 月 30 日晚上,只有女王和西蒙·雷纳德在她的房间中,女王跪在圣体前起誓,虔诚地唱完古赞歌"求造物主圣神降临"(*Veni creator Spiritus*)后,她以所食圣餐为名发誓嫁给西班牙王子。在英国同意这桩婚事前很久的一段时间,西蒙·雷纳德就颇为肯定地给查理五世知会过此事了。但是这一切都要等到成功镇压这桩婚事引发的起义,逮捕囚禁他们的头领并将他们砍头,还要等到将她的妹妹伊丽莎白置于最严密的监视之下,甚至将她关入伦敦塔,并且将女王不幸的死敌简·格雷(Jeanne Gray)送上了断头台,最后狂热的玛丽在英格兰重新确立了过去的天主教信仰之后。等到这一切都完成,玛丽才开始着手迎接西班牙王子和准备嫁给他,西班牙王子将会成为欧洲天主教信仰的最主要的代表和最强大的后盾。

查理五世希望他的儿子以国王的身份去英国同它的女王结婚,因此他让出了那不勒斯王国和米兰公国到儿子的名下,并且做了大量的准备工作,以便给王子组建一个既是王室侍从又是皇家军队的随行队伍。他派艾格蒙特伯爵(comte d'Egmont)到西班牙,使他能在西班牙王子不在时,给他(在葡萄牙的)女儿胡安娜公主(doña Juana)助一臂之力来管理伊比利亚半岛,公主的丈夫葡萄牙王子不久前去世了,她变成了寡妇,这时她还怀着未来的葡萄牙国王塞巴斯蒂昂一世(roi dom Sébastien)。查理同时委托伯爵以他皇帝的名义邀请西班牙王子到葡萄牙的边境去看望他的妹妹。腓力王子在临走之前与胡安娜公主就王国最重要的事务进行了商谈,并且在途中绕到尤斯特修道院督促帝国归隐行宫的建设。按照他父皇的意愿,腓力于1554年5月12日从帝都巴利亚多利德骑马出发,只带了少量随从,并宣称他将出发去看望他的妹妹,在途中造访了位于塞哥维亚(Ségovie)森林、帕尔多(Pardo)及阿兰胡埃斯(Aranjuez)修建的皇家行宫。他于5月24日才到达尤斯特,当天正是基督圣体瞻礼节,他也参与庆祝了这个节日,并在尤斯特修道院住了一夜,仔细考察了整个修道院。离开时,他将皇帝的愿望告诉了建筑师加斯帕德·德·韦加(Gaspar de Vega)、总院长胡安·德·奥尔特加(Juan de Ortega)以及负责庞大又朴素的埃斯科里亚尔修道院施工的安东尼·德·比利亚卡斯廷(Antonio de Villacastin)修士——他还是所有工程的指挥者。腓力王子去会见他的妹妹,在阿尔坎塔拉(Alcantara)附近见到了她。他们一起进行了几日的会谈;然后他们就此作别,公主去往帝都巴利亚多利德,在那里她接管了政府,王子奔赴拉科鲁尼亚,他于6月30日到达,7月13日登船前往英格兰。

陪送王子前往英格兰的舰队阵容庞大：舰队由70艘船、20艘平底船组成，并由路易斯·德·卡瓦哈尔（Luis de Carvajal）统领。他随身陪同中有作为他的总管家的阿尔瓦公爵，护卫队队长费里亚伯爵（comte de Feria），他的贴身膳食总管鲁伊·戈麦斯·德·席尔瓦（Ruy Gomez de Sylva）；有一队人数众多由西班牙王公显贵组成的随从相伴，他们同时也充当军事护卫队；他另外还带了4 000名西班牙步兵。他于7月20日在汉普顿上岸，7月25日在温彻斯特大教堂与玛丽女王成婚。

尽管他认为在这次联姻中可以在1554年5月为西班牙或在谈判或在战斗中占据优势提供支持，但是事情的发展并不像查理五世皇帝期望的那样。无论在尼德兰国家还是意大利，西班牙与法国的战争比以往更加激烈，而且查理五世认为肯定不能在如此困境下放弃这些国家的统治权。查理五世为了他儿子能在英国立足，花费了大量金钱，这让他无力征募足够的军队来抵抗亨利二世的部队。同样，在1553年的战役中夺取了泰鲁阿讷和埃丹以后，1554年开始的战役便不再如此幸运。获胜了的亨利二世大军，开进了马林堡（Marienbourg），攻取了布汶（Bouvines），占领了迪南（Dinant），又开赴曾经侵扰过的阿图瓦（Artois），最后包围军事要地朗蒂（Renty），它位于两国的西部边境，守卫着一国的同时，却方便另一国的入侵。法国人位于阿尔卑斯山的另一侧，占领着皮埃蒙特（Piémont），在波河之上则靠帕尔马公爵奥塔维奥·法尔内塞（duc de Parme, Octave Farnèse）守卫皮亚琴察，这个城市曾经被西班牙人侵掠过。此外，法国人还拉拢费拉拉公爵埃尔科莱二世·埃斯特（duc de Ferrare, Hercule d'Este），他的妻子是法兰西的胡妮（Renée de France），他们还占领了意大利的中心锡耶纳，此地自1552年起义反对西班牙人。由此他们就可以在斯特罗齐（Strozzi）大元帅带领下进入托斯卡纳，斯特罗齐是科西莫·德·美第奇（Cosme de Médicis）的死敌，因为他流放了美第奇家族并且对佛罗伦萨进行压迫，在此对大公爵刚刚建立起的统治构成了威胁。

查理五世皇帝为重新恢复他的事业,不会忽略任何事。他加强了一小支军队的力量,这支军队曾经在埃曼努埃莱·菲利贝托·德·萨伏伊公爵(duc Emmanuel-Philibert de Savoie)灵活运用下阻击了亨利二世的将军们,让他们无法实现更大的成功,而查理五世趁着痛风稍稍缓解,便在担架上随军而行,成功解除了朗蒂的封锁。法国军队在一次西班牙占优势的战斗后,撤走了对朗蒂的包围,并且撤离到皮卡第(Picardie)。在那里法军被查理五世皇帝的军队追击,这一次轮到查理的军队劫掠皮卡第了。当他在尼德兰低地国家的边境获得了胜利之时,他在意大利获得了更使他安心的战果,他的将军马里尼亚诺侯爵(marquis de Marignano)和他的盟友科西莫一世(Cosme Ier)同心协力对斯特罗齐大元帅发起进攻并且使他在马尔恰诺(Marciano)和卢奇尼亚诺(Lucignano)溃不成军。马里尼亚诺侯爵和他的盟友科西莫一世还重新夺回了托斯卡纳的大部分地区,此地曾落入法国人之手。接着他们在锡耶纳前安营扎寨,锡耶纳当时则由顽抗的布莱斯·德·蒙吕克保卫。

1555年的战役对皇帝更加有利。尽管领导皮埃蒙特的布里萨克元帅曾经奇袭了意大利北部的卡萨莱城(Gasal)和中部的锡耶纳城,却也不得不在长达4个月的严密围城之后于4月2日投降。查理五世将这块领地给了他的儿子,这样腓力二世就拥有了米兰公国和那不勒斯王国之间的教皇领地上的城市皮亚琴察、托斯卡纳中间的邦国锡耶纳,这样意大利半岛全境更加服从于西班牙。同时在英国女王的斡旋下,法国也在格拉沃利讷(Gravelines)同西班牙开始了议和商谈,然而双方都没有什么实质性的进展。各方都坚持各自的立场,并且一直保持防御的状态;法国人使马林堡固若金汤,同时帝国方面也修建了菲利普维尔城(Philippeville)并且加固了查尔蒙特(Charlemont)军事堡垒。总体上,局部会战中查理五世的部队占据优势,因为他们已经主导了战局。在格拉沃利讷进行的协商会谈并没有达成任何结果。双方的诉求相差甚远。奥地利王室和法兰西王室觉得需要通过相互联姻来建立和保证他们的联盟,他们4年后在达成了《卡托-康布雷齐和约》时,促成了双方联姻;但是他们双方都要求对方作出他们不愿作出的牺牲。亨利二世的全权代表不能接受将皮埃蒙特(Piémont)交给埃曼努埃莱·菲利贝托·德·萨伏伊公爵,并且为弗朗索瓦一世国王的二儿子奥尔良公爵(duc d'Orléans)要回阿斯蒂领地(comté d'Asti)和米兰公国,奥尔良公爵将与查理五世的孙女、一位女大公结婚,他们还要求将纳瓦拉王国归还给阿尔伯特公国(royaume d'Albert)的继承人旺多姆公爵安托万·德·波旁(duc de Vendôme, Antoine de Bourbon),该王国曾经于1512年被天主教徒费尔南多二世被夺取。查理五世皇帝的全权代表不允许以任何形式让出纳瓦拉王国并且提议将米兰给法兰西的伊丽莎白(Élisabeth de France)作为聘礼,伊丽莎白公主将嫁给西班牙王子卡洛斯(prince d'Espagne don Carlos)。但是,作为回报,帝国代表要求埃曼努埃尔·菲利贝托迎娶亨利二世的妹妹,重新夺回他的邦国;同时帝国将归还给菲利贝托被它占领的梅斯、图勒、凡尔登和马林堡;同时要求由热那亚共和国收复被法国占领的科西嘉岛全境。双方仍然很难达成和解:任何一方势力的胜利都不足以将命令强加给对方命令,也没有一方失败到愿意忍受对方定下的规则。会谈就这样迅速中止,显而易见的是他们双方最终只是达成了短暂的休战而非最终的和平,因为他们仍然各自维持临时占领状态,并没有划定领土边界。

在他们各自加强防御并休战,共同谈判却毫无成果的同时,意大利发生了一件事关政局和查理五世的利益的重要事件。枢机团团长若望-伯多禄·卡拉法(Jean-Pierre Caraffa)枢机主教以"保禄四世"(Paul IV)为名登上了教皇宝座。这个意大利老头是查理五世皇帝强劲且难对付的敌人。尽管他的学识值得称道,他的口才驰名四方,但他极端虔诚,脾性强硬严肃。教皇保禄四世拒绝承认基耶蒂主教府（l'évêché de Chieti）和布林迪西总教区（l'archévêché de Brindes），使得东正教教会的一支改革派受到攻击，并且他还成立了半修道院半世俗化的教派——德亚底安修会（théatins）。卡拉法家族的首领一直以来都在那不勒斯王国争夺中站在法国一方，这招致了查理五世对他的怀疑，而从他们敌对开始，教皇便一直烦扰查理，就像我们看到那样，直到他生命的最后几年，退隐到尤斯特修道院也未停止。保禄四世厌恶查理，因为之前的旧事，教皇批评皇帝对他本人以及他的家族不公正；作为教皇，查理五世皇帝让他遭受了"罗马之围"的耻辱，还放任新教在德意志境内广泛传播；作为意大利人，他无法忍受一个外国统治者压迫自己的祖国。教皇保禄四世生于1477年，他曾经经历过意大利美好的独立时代，并对此怀念不已。他总是说在15世纪初，因为米兰公爵卢多维科·斯福尔扎（Ludovic le More）与那不勒斯国王阿拉贡的阿方索（Alfonse d'Aragon）不和引起的外国入侵之前，自由的意大利曾经是和谐如四弦和鸣。这"四弦"是指教宗国、那不勒斯王国、威尼斯共和国和米兰公国，保禄四世称呼阿拉贡的阿方索和卢多维科·斯福尔扎为"卑鄙的人"，因为这两位是破坏美好和弦的罪魁祸首。尽管已是高龄，他仍想重建从前的和谐局面。虽然他已经79岁了，但是他仍有惊人的力量和热情。他的性格和宏图伟略让人想起儒略二世（Jules II），他赞同格里高利七世对于教皇最高权力的教义。"这位教皇"，一位证实在教皇身边的大使说，"他的脾气激烈又易怒；他健康且强壮；他走路很快好像脚都不用落地；他身材干瘦却精力充沛；他的双眼和所有身体动作所表现出的活力，都远超他这个年纪应有的水平；他所有行动都表现得特别严肃和伟大，好像他生来就应为领导一般；他也宣称教皇就应该让所有皇帝和国王都拜服在他的脚下。"

一切事情上他都非常极端，在政治和宗教中都肆意而为，为了后者，他曾经重建了宗教裁判所，在那里为所欲为地实施暴行。他变得野心勃勃却依然暴躁严酷。查理五世准备走下宝座隐退到修道院中,保禄四世却以豪华精致的君王生活方式,过着本应当严苛的修道院生活。这个高傲的老头直到此时仍然长寿,他仍然自己穿衣,不让任何人进入他的房间,本来几乎所有的夜晚和上午都应在房里学习和祷告的,然而此时他却醉心于荣耀、统治和战争。当教皇宫的大管家问他关于想要过怎样的教皇生活时,他回答道:"君主的生活。"他整整几个小时都坐在餐桌旁,25道菜都不够满足他的奢华铺张。他向查理五世皇帝和西班牙发起了进攻。他总是叫那些人为"受上帝诅咒的异端分子,教会分裂者,犹太人和摩尔人的源头,世界的渣滓;他为意大利的苦难感到悲痛,因为它现在变成了一个如此可鄙和低贱的国家。"

但是他却不仅仅限于嘴上用鄙视和仇恨的表达来攻击他国家的君主们。他计划从他们手中夺取那不勒斯、西西里、米兰,并将佛罗伦萨的美第奇家族驱逐出去,在那里重建共和国,同时将教皇权威扩展到意大利,联合法国国王以扩大自己的家族在那里的势力。为此他将米兰公国和那不勒斯王国赠给法国国王的两个小儿子;与威尼斯人合作,共同占有西西里;他对帕尔马公爵,费拉拉公爵和乌尔维纳公爵(duc d'Urbin)贪婪的野心十分满意。教皇企图将意大利的领土和政治秩序从南到北全部打乱,同时将天主教徒费尔南多二世和查理五世辛苦实现的直到阿尔卑斯山的丰功伟绩全部毁掉。正如德意志地区的新教诸侯们在亨利二世的帮助下,破坏查理五世试图在莱茵河畔树立的统治和宗教权威。

保禄四世就这个主题,和威尼斯大使纳瓦格罗(Navagero)进行了多次会谈,他希望能将威尼斯共和国拉拢到他大胆的计划中。他对纳瓦格罗说:"对于威尼斯的领主来说,占有西西里太容易了。如果我们不阻止查理五世皇帝和腓力国王,他们就要成为世界的主人了;如果卓越的领主仍然放任教宗被打压,那他就再也不能得到任何实现自由的支持了。目前的机会一旦错失就再也没有了。法国国王年轻的儿子们在拥有了米兰和那不勒斯之后也就马上成为意大利人了。此外，如果他们愿意，他们更加容易放弃这些领地，因为曾经发生的事件表明了法国人不会、也不能长期在意大利立足；然而西班牙国家却如同草籽一样扎根在他们占领的地方。威尼斯人如果以为他们还有比西班牙人更大的敌人，那他们就大错特错了，因为西班牙人已经占领了意大利的最广阔的领地还觊觎剩下的地方。"慎重的威尼斯共和国并不打算放弃它目前严格的中立体制，也不想重新投身于在世纪初差点让它丧失这个体制的领土扩张计划。但是法国国王毫不犹豫地接受了教皇的赠予，因为教皇能给予他兼备君主和教宗的支持。法国国王将圣克莱·朗萨克（Saint-Gelais de Lansac）派到教皇的身边，以鼓励教皇并且向他转达："他唯一期望的是可以将基督教尤其是意大利从查理五世皇帝的暴政中解放出来。"为了能使教宗和法国宫廷在罗马达成防御和进攻同盟，亨利二世派洛林枢机主教出发去罗马，保禄四世进攻并不再宠信科隆纳（Colonna）、巴尼奥（Bagno）、圣菲奥拉（Santa-Fiore）、斯福尔扎（Sforza）、贡扎加（Gonzaga）、美第奇（Medici）、切萨里纳（Cesarina）、萨韦拉（Savella）等支持帝国一方的大家族，并希望在教皇邦国中打败他们。他让人逮捕了圣菲奥拉枢机主教和卡米洛·科隆纳枢机主教（le cardinal Camille Colonna），并抢夺了马尔坎托尼奥·科隆纳（Marcantonio Colonna）和巴尼奥伯爵的财产和封地。

　　查理五世听闻这个消息还有教皇可怕的敌意后，气愤又恼怒。这些针对他的支持者们的暴行在他看来，就是立马将要对他本人进攻的前奏。因此他希望警告一下教皇来遏制他的行为。几个月之前他曾经将阿尔瓦公爵，以米兰公国总将军和那不勒斯王国总督的身份，派往意大利。查理五世命令他使边境、要塞、关隘处于防守状态，并且如果教皇自己不把他夺走的领地归还，就要通过武力重新占领科隆纳。他派加尔西拉索·德·拉·维加（Garcilaso de la Vega）去罗马，并让他将这命令带给他在威尼斯的大使，他在1555年10月4日的信中说："在我们看来，将加尔西拉索·德·拉·维加派到教宗身边是为了用他所有的谦卑和温和,来委婉提出我们对教皇对待我们这些仆臣方式的抱怨……世人皆知我们尊重教廷并为教廷效力,我们乞求教廷可以释放囚犯并且归还从领主那里抢夺的领地,如果做不到这些,将给教皇引来不便,因为考虑到我们各个王国的安全和意大利的平静,我们必须救助和照顾我们的朋友和仆臣,并且不让他们流于毫无理智的压迫之下。这是我们过去到现在,一直以来的想法。我们认为应该告知您我们的想法,这样您就可以酌情合适的处理时机和方式,并且我们也将知会威尼斯共和国和我方行动会触及的所有利益相关者,以便尽可能避免对他们造成损害。但是,如果教皇的暴行仍不停息甚至相逼更甚,(我们的行为出自正义),上帝和世人都不会因为随之而来的麻烦和损失而责备我们。"

写完这封信 21 天后,查理五世开始了他一系列退位事务。但是事实是局势依然非常尴尬且相当危险;战争好像并没有接近尾声,反而愈演愈烈。但是查理五世皇帝身弱残疾每天都在加重,他的力量在各种事务的重担下愈加减弱。他母亲胡安娜王后的去世,又给他过度的重负中增加了深深的忧愁。这位不幸的王后在度过了 49 年的寡居生活和由疾病和痛苦引起的长期精神失常之后,于 1555 年 4 月 13 日在托尔德西利亚斯(Tordesillas)的城堡中辞世。查理五世对母亲一直以来都说着饱含深情的话语和秉持着感人肺腑的尊敬,每次他离开西班牙都要向她告别,每次回到西班牙也要回到她的身边,于是他为母亲着黑戴孝再也不离开。

法国国王请求英格兰女王作为中间人,在她的斡旋下,谈判在同一时间开始了,以便可以实现和平或者休战,查理五世认为是实现他退位计划的时候了。在 1555 年 8 月,他将他的儿子腓力国王叫到比利时,他通过他的贴身膳食管家也是他的宠臣鲁伊·戈麦斯·德·席尔瓦对腓力国王说:"曾经他因为一些必须处理的事务拖累而不得不推迟去西班牙,当这些事务还未处理完成且他的邦国还在遭受痛苦的时候,他不能够放弃统治权;但是当所有一切都圆满完成,让上帝喜悦之后,当已经收复了部分失地,稍振了他的威名之后,他希望现在就像他曾经期望的那样,让腓力来管理并继续完善这些事务,因为皇帝已经从腓力的所作所为中,看到了他能够胜任此事的能力。"

腓力国王9月10日到达布鲁塞尔,查理五世则于10月到达,尽管他的弟弟"罗马人民的国王"对此非常惋惜,他与皇帝雄辩,力图劝阻查理不要放弃德意志、意大利、尼德兰和帝国的统治权,并且趁着马上就要到来的冬天,此间敌意停息,可以让人们忘记退位这个重大举措。查理五世皇帝对他儿子的能力充满了信心,如果与法国的战斗继续,他一定可以将英格兰军队和西班牙军队团结在一起(与法战斗)。此外,他还给腓力国王留下了一位经验丰富的阿拉斯主教和几位历经沙场骁勇善战的将军,其中包括当时在军事上享有盛名的费兰特·贡扎加(Ferdinand de Gomague),但是他不久便辞世,还有阿尔瓦公爵、奥兰治亲王(prince d'Orange)、埃曼努埃尔·菲利贝托·德·萨伏伊公爵,艾格蒙特伯爵。阿尔瓦公爵在意大利镇压了保禄四世,而后两位则在不久之后的圣康坦和格拉沃利讷战胜了亨利二世。在决定要将世袭领地传给他的儿子以后,查理五世皇帝先将尼德兰让与他。

10月22日,查理五世通过首先将金羊毛骑士团(Toison d'or)的领主权交给了他的儿子。他集合了这个尼德兰低地国家骑士团中最重要最显赫的领主们,他将骑士团领主的徽章和领主权交给了他的儿子腓力国王。查理对腓力说:"现在我让你成为最尊贵的金羊毛骑士团的领主和君王;管理好他们,并且带着尊严和敬意维护他们,就像我,我的父亲,以及所有曾经领导和维护他的我们的祖先那样。上帝恩典你永远繁荣昌盛,生生不息!"他同时要求骑士们要忠心侍奉他的儿子,要求儿子爱护和敬重骑士们,他们曾经是查理五世战争中最勇敢的同伴,他邦国坚强的后盾。对他们,他一直怀有特别的感情,因为在他最需要最危险的时刻,骑士团总能给他热情的支援。他了解骑士团奉献的热情以及他们源于独立的自豪,他语重心长地对腓力二世说：如果他能优待他们，他们就人心稳定；如果他虐待他们，他们便可以在尼德兰国家动摇国本。

3天之后的10月25日，尼德兰地区17个省的主要邦国代表、国务委员会、秘密委员会和财政委员会成员、金羊毛骑士团骑士、西班牙最高贵族、外国使节们被集合在布鲁塞尔王宫宽敞的大厅中。当着他们的面，查理五世皇帝更加郑重地完成他的退位程序。查理五世身着黑色孝服，带着金羊毛骑士团勋章项环，在他儿子腓力国王、他的姐妹匈牙利王后和法兰西王后、他的侄子奥地利的费迪南大公（archiduc Ferdinand d'Autriche）、埃曼努埃尔·菲利贝托·德·萨伏伊公爵以及侄女洛林女公爵克里斯蒂娜（Christine, duchesse de Lorraine）陪同下，老皇帝一只手拄着拐杖，另一只放在奥兰治亲王纪尧姆·德·拿骚（Guillaume de Nassau, prince d'Orange）的肩上支撑着艰难地向前走。他坐在勃艮第华盖之下，右边是他的儿子，左边是他的妹妹玛丽执政官，他的家族其他成员围绕在他身边，他的两侧和对面是政府要员和国家的主要人物，他们的位置都按照自己的身份地位排列，秘密委员会成员菲利伯托·德·布鲁塞尔（Philibert de Bruxelles）遵照皇帝之命发言并向大家通告皇帝早已安排好的计划。他尤其强调这位伟大光荣的君王因身体疲劳和病弱，必须让出国家统治权。无论众人对这个决议有何期待，这个宣布决议的演讲都用饱含着深情的语调，深深感动了所有人。

这时，皇帝扶着奥兰治亲王的肩膀站起来，说了下面这番话："我的朋友们，虽然菲利伯托·德·布鲁塞尔已经给各位充分地解释了我决定放弃这些邦国，并将它们留给我的儿子腓力来拥有和统治的决定，我还想要亲口向大家告诉一些事情。大家应该还记得，到今年的2月5日，距离我的祖父马克西米利安一世皇帝在此地解除对我的监护已经整整40年了，当时15岁的我便无人看管，成为自己的主人。第二年，我16岁时，我的外祖父（阿拉贡）国王费尔南多二世在西班牙王国去世，我便开始统治那里，因为我挚爱的不久前刚刚辞世的母亲自从我父皇死后一直精神失常,而且她的身体健康状况不足以让她自己管理这个国家。于是我便穿越大西洋去往西班牙。接着,就是在我 19 岁时,我祖父马克西米利安一世皇帝去世,尽管当时我仍然非常年轻,他将神圣罗马帝国的皇位传给了我。我并不是出于想要统治的无度野心而去觊觎这些邦国领地,也不是为了获得德意志的财富,给佛兰德的防守提供供给,而是为了基督教救恩才倾尽我的全力抵抗土耳其的进攻,为了基督教的发扬光大而努力。但是,由于路德教异端和德意志其他革新派带来的麻烦,以及那些使我陷入邻邦亲王君主们的敌对和嫉妒中的危险战争,让这个深藏在我心中的热情,无法像我想要的那样表达出来,还要多亏神的眷顾,才将我幸运地从这个泥潭中拉出来。"

接着皇帝又简短地讲述了他颠沛各地的一生,他说他已经 9 次去德意志、6 次回到西班牙、7 次到意大利、10 次到佛兰德、4 次进入法兰西、2 次到英格兰、2 次到非洲,并且为了完成这些游历或者远征,那些不太重要的旅行略去不计,他曾经 8 次渡过地中海,3 次横渡大西洋。他补充道:"这次去西班牙隐居,将会是第 4 次横渡大西洋……今天我未能留给诸位我所希望的和平与安定,却要离你们而去,可以说没有什么能比这更令我觉得沉重,更让我感到痛苦的了。在我缺席的时候,我妹妹玛丽的统治如此英明,防守如此得力,我在上一次的会议中已经给诸位解释过我做这个决定的原因。我不能再负责这些事务了,因为这令我非常疲劳,这也极端不利于事务的处理。这样的重担让人非常操劳并且让人不堪重负,我的残疾和被完全毁掉的健康并没有给我留下足够的力量来管理上帝托付给我的邦国;我仅存的一点力气也马上就要用尽了。本来很久之前我就要放下这副重担的,但是那时我儿子过于年轻,我的母后没有能力统治,我的精神和身体还可以继续支撑直到此刻。最后一次我去德意志时,我就已经决定要做今天我所做的事情了。但是那时我还不能下定决心,因为我眼见基督教共和国还处于悲惨的境地中,那里宗教事务繁杂,改革不断,特殊观点丛生,还有已经超过内战范围的战争,并最终落入了糟糕的乱局中。我只能改变了主意,因为我的疾病还没有恶化而且我也希望能够给一切事务一个圆满的结局,重新实现和平。为了不负职责,我将我的力量,我的财富,我的休息日甚至我的一生都献给基督教的救赎,用来捍卫我的封臣们。当我离开德意志时,我只实现了我如此多期待中的一部分。但是法兰西国王和几个德意志诸侯却违背了他们曾经发下的维护和平的誓言与协议,向我进攻并且差点将我俘虏。法兰西国王攫取了梅斯,而我为了能让帝国重新夺回并光复梅斯,在隆冬之中冒着严寒,涉水踏雪,带领着一支由我出资招募的强大军队向它进攻。德意志人注意到我还没有让出帝国宝座,就试图将他们一直都在的皇帝陛下贬得一文不值。"

同时在这里,他详细讲述了与法国的斗争,并且回顾了近两年发生的各种事件。接着他补充说:"我已经完成了对上帝的所有承诺,因为这些事件都取决于上帝的意愿。我们凡人根据我们的能力、力量和头脑来行动,而上帝却能赐予胜利也允许失败。我过去总是尽我所能,上帝也帮助我。我对上帝怀有无限感激,感激他在我经受巨大挫折和深陷危险中时都保佑着我。

今天,就像你们看到的一样,我也感到非常疲惫以至于我不能再给你们任何帮助。以我现在疲惫和虚弱的状态,如果我不放弃王权,我将要为上帝和人民承担巨大又严峻的责任,因此我最终下定了决心,因为我的儿子、腓力国王的年纪已经足够领导你们,并且就像我期望的那样,他将会成为我所珍爱的封臣们的好君主……于是我决定去西班牙,并将我拥有的所有邦国领地让于我的儿子腓力,而将神圣罗马帝国皇位交给我的弟弟'罗马人民的国王'。我向诸位力荐我的儿子,而且我请求诸位能记得我,像一直以来爱戴我一样来爱戴我的儿子。我同时请求诸位能在你们之间维持我们之间一样的感情与契约。遵从公义,积极遵守法律,保有一切应有的尊重,不得拒绝给予国王所需要的帮助。

尤其注意不要被邻国的教派影响。如果他们出现在你们当中，要立即将其萌芽根除，一旦蔓延，恐怕他们将会把你们的王国搅得天翻地覆，而你们将会陷入极端灾难之中。我承认我对诸位的领导方式曾经不止一次出过错，或是因为年轻经验不足，或是因为盛年自负，又或是因为人性弱点及其他缺陷。然而据我所知所感，我非常肯定从来没有对我的任何一位封臣犯错或者使他们遭受暴行。如果有人恰好申诉我曾经令他受苦，我声明对此我毫不知情也绝非本意；我在所有人面前声明，我从内心深处对此表示悔恨并且乞求在场或是缺席的人都可以原谅我。"

然后，皇帝非常慈爱地转向他的儿子，用最感人的话语来嘱托他要捍卫先祖们的信仰，同时和睦公正地管理臣民。然后，由于不能继续站着，激动使他的声音变了调，疲惫使他面色苍白，他便顺势坐在了座位上。人们鸦雀无声地聆听他的话语，而他们克制住的感情在他讲完之后便立刻从四面八方爆发出来。一位曾经听过的人说："他的演讲感动了每一个在场的人；大部分的人都流泪了，有几个呜咽抽泣，皇帝和玛丽王后都很感动，而我脸上满是泪水。"

安特卫普自治城市的居民代表雅克·梅斯（Jacques Maes）以众邦国的名义，向皇帝表达说，因为要失去一位曾经给他们带来诸多好处的君王，而感到非常悲伤，还说道作为他美德的效仿者和他价值的继承者，他的儿子腓力国王能唤起他们同样的忠诚与感激，也只有这种确幸才能使他们聊以慰藉。腓力国王于是拜倒在他父皇的脚下，表示自己配不上父皇给予他的，如此巨大的荣耀和无上的恩赐。他带着恭敬的谢意，保证说以附属国的方式接受佛兰德意志家的归顺，因为皇帝希望并且命令他这样做。他补充道："我发誓，在上帝帮助下，我将根据公义管理他们，怀揣勇气保卫他们，在那里维持法度、保护信仰，让每个人都享有他们的权利。"他同时亲吻了他父皇的手并起身，转身朝向这些国家的领主和代表，对他们说道："我希望我的法语足够好，可以亲口向你们表达我对比利时各省和人民最诚挚的感情。但是我却不会讲法语也不能讲弗拉芒语,我曾经对阿拉斯大主教敞开心扉,他知晓我的想法,他将替我完成这个心愿。因此,我恳请诸位听他说,就像听我本人在说一样。"在这个机智又令人信服的演讲中,格朗维尔成了一名巧妙的翻译,转述了查理五世皇帝儿子的感情,同时表明了这些完全符合他父皇的嘱托。他说:"他会作为一名杰出的君主来对待你们,正如你们对皇帝发誓要作为忠诚的臣民那样对待他儿子一样。"

匈牙利王后接着公开辞去了尼德兰17省的摄政权,在24年中她灵活又智慧地管理着这块土地。但是无论怎样的恳求,都不能使她决定继续管理这里。这位伟大的女性,意气风发又坚韧不拔,像查理五世皇帝一样疾病缠身,也同他一样被权力所劳累,因此希望能在休息和祷告中度过余年。她说,在她这个年纪,并在为她的哥哥,帝国皇帝服务了24年之后,并不适宜再次为她的侄子国王服务了,在她的余生中,她只需要一位上帝和一个主人。她决定追随她最为敬爱的哥哥去西班牙,她向比利时人民告别,请求他们的代表能够满意她处理的公务并感谢他们热忱的协助,她还嘱咐他们听从老君主的睿智建议能够顺从地爱戴他们的新君主,同时祝愿他们永远繁荣。临将结束时她说:"无论我身处何种境地,我总是关心你们的利益,你们也能感受到我对你们祖国的热爱,同样这也是我的祖国。"

第二天,从查理五世到腓力二世,尼德兰国家庄重的权力移交由一份手写的转让书来确认,这份转让书由查理五世亲手签署并由所有省见证。同一天,同一地点,每个省的代表都对腓力二世宣誓效忠,而腓力也发誓自己会忠诚地遵守他们的法律,尊重他们的习惯,维护他们的特权,并且为他们指派了他的表兄——埃曼努埃尔·菲利贝托·德·萨伏伊公爵成为他们的行政长官:他同时任命国中最高贵的人物作为特别长官,并把他们安排进国务委员会,对他们实行他父皇的政策,将所有的军事指挥都托付给他们。然而10年之后,他便以一种对他们来说悲剧性而对腓力来说破坏性的方式背弃了这个政策。

让出尼德兰低地国家和弗朗什-孔泰的王权后,紧接着大约2个半月之后,其他地方的王位也以不带繁文缛节更加简单的方式完成。1月16日,皇帝将卡斯蒂利亚王国、阿拉贡王国、西西里王国和其他附属王国让与西班牙国王,后者跪着接受了它们。数量繁多的各种让位文件由国务秘书埃拉索(Eraso)作为公证人起草,并被呈送到作为见证人的这些王国代表面前,其中也包括跟皇帝曾经在布鲁塞尔议会上周知的一样的退位动机。他再一次认真又有力地讲了一遍,他说:"我完全出于绝对自由和出自本心的意愿,绝不是因为别人的请求或是引诱,同时完全只是考虑能使我的臣民和封臣满意,作为目前地位最高的国王,我自知命不久已,因此决定为了你们的利益而将王位让给我的长子,宣过誓的西班牙国王,他同时也拥有卡斯蒂利亚和莱昂王国、格拉纳达和纳瓦尔王国、西印度群岛(des Indes)、大西洋上的岛屿和陆地、依照使徒权柄而永远管辖的圣地亚哥(Santiago)、卡拉特拉瓦(Calatrava)、阿尔坎塔拉的控制权。有了上帝与诸位的赐福,你们要拥有和管理它们,就像一直以来我们对他们的拥有和管理一样。我将完全放弃这些王权,同时在你们可以掌握它们之前,我将给你们这份手写的让位书,就像我们在西班牙国会上做的一样,我们希望将它作为法律依据,在我的宫廷和王国中公布传播。"这份证书由作为见证人的梅迪纳-塞利公爵(duc de Medina-Celi)、费利亚伯爵(comte de Feria)、阿吉拉尔侯爵(marquis d'Aguilar)、纳瓦斯侯爵(marquis de las Navas)、阿尔坎塔拉骑士团长路易·德·祖尼加、卡拉特拉瓦德(Calatrava)监狱看守唐·胡安·曼里克·德·拉拉先生(don Juan Manrique de Lara)、皇帝的王室总管路易斯·基哈达(Luis Quijada)、西班牙步兵上校唐·佩德罗·德·科尔多瓦(don Pedro de Cordova)和腓力国王的总管古铁雷·洛佩斯·德·帕迪拉(Guttiere Lopez de Padilla)——这两位都是圣地亚哥总教师会议的成员,腓力二世的另一位总管迭戈·德·

阿泽维多（don Diego de Azevedo），以及皇帝顾问团成员明彻卡（Mincheca）和布里维耶斯卡（Briviesca）学士，再加上为阿拉贡王国、巴伦西亚王国、马略卡王国（royaume de Mayorque）、撒丁岛王国、西西里岛王国相似的移交书做证人的阿拉贡的马蒂诺（Martin d'Aragon）、里瓦戈萨伯爵（comte de Ribagorza）、胡安·德·卢娜（Juan de Luna）、米兰的卡斯特朗（Castellan de Milan）、胡安·德·埃雷迪亚（Juan de Heredia）和阿拉贡的骑士阿古斯丁·盖勒特（Agustin Gallart）。

查理五世皇帝同一天将各个王国王位的移交告诉了他的各国民众。他给所有的主教、高级贵族写信并且命令所有的城邦，当他们换了新君主的时候也要像之前已经习惯的那样，当新君主有需要时，继续为他高举战旗，完成自己应尽的使命，就像是上帝安排他去做的。皇帝还请求他们要从此服从他的儿子，为他服务，给他一个真正领主和合法国王应有的礼遇，并且像之前完成他安排的任务那样，执行所有新国王的手谕和口谕。腓力二世确认了唐娜·胡安娜摄政官的权力，她宣告承认新王。所有的国家要员都表达了对新王的拥戴，前呼着军队将领，后拥着各委员会的成员，卡洛斯亲王自己在人民面前宣告了他父王登基。在帝都巴利亚多利德广场一个大讲台上，在他的导师和总管唐·安东尼奥·德·罗哈斯（don Antonio de Rojas）的搀扶下，卡洛斯王子用柔弱的手竖起王国国旗同时喊道："卡斯蒂利亚，卡斯蒂利亚支持我们的领主腓力国王！"对阿拉贡王国的统治需要走一些程序而且要求腓力二世本人到场，才能对其发誓效忠，因此只能等到之后他到场时进行。

1月17日，完成最后所有的退位事务之后的第二天，查理五世皇帝希望给他的儿子安排一位得力助手——安德烈亚·多里亚，皇帝之前就已经将他的退位决议告诉了他。安德烈亚尽管已届高龄，他还是期望对他的君主行最后一次"吻手礼"，皇帝写信给这位热那亚和地中海的强大统治者："我病弱的身体一日不如一日，到现在已经恶化到无法完成我应当迅速处理的事务,为了自己问心无愧,我认为我不仅应该将意大利事务的重任交给我的儿子,而且还要将卡斯蒂利亚和阿拉贡的王位也让给他,我相信他将可以很好地处理这些事情,这也会令上帝感到满意,并能使众邦国长治久安。

我决意退隐到西班牙并在那里度过余年,同时卸下所有事务重担,在那里为我之前所做的几件令上帝不悦的事情赎罪,希望能弥补和悔改我的过错。因为有几件要务要处理,以及我的身体状况所限,我将动身日期推迟到明年春天。在您写给我的信中说到如果不是年事已高,身体抱恙,您非常希望在我离开之前来看我,这让我欣喜不已,因为这让我知道了您对我的深情厚谊。同样我也非常高兴能再与您相见,如果我的身体允许,我也想去看您。但是,如果我未能成行,您也敬请放心:我对您曾经全心全力为我效力,并且继续为我儿尊贵的国王效力,所体现的深情厚义、热忱和审慎非常满意。同样,我们二人之间也将保持着你在这些方面所做贡献的鲜活记忆。我希望就像我所期望的那样,上帝赐予您鸿福,并保佑您长寿康健。我将非常高兴能不时地听到您的消息。"

在让出了他的所有邦国之后,查理五世隐居到他之前在命人在布鲁塞尔公园尽头,靠近通向鲁汶(Louvain)的大门旁边,建起的小房子里。这个房子特别简单也不宽敞,位于宫殿和修道院之间。查理五世希望在离开之前能助他的儿子一臂之力,在一些事务的处理上给出他的意见和指导,并主要通过阿拉斯主教传达。从这时开始,直到重启交换俘虏的谈判之后,他帮助腓力国王于1556年2月5日在沃瑟尔修道院(abbaye de Vaucelles)与法兰西国王签订了休战协议。这次休战持续了5年并且各方维持战争最后几个事件所达成的领土占领情况。休战使得初掌统治大权的腓力二世可以稍加喘息,尽管休战暂时让神圣罗马帝国放弃了梅斯、图勒和凡尔登3个主教区,并且让萨伏伊公爵失去了他被亨利二世占领的某些邦国,查理五世仍然深感幸运。因为这个休战协议给腓力二世带来了与强邻法兰西国王和不安分的敌人教皇保禄四世的和平。而如果他知道教皇和法国在一个半月之前，已经达成了秘密的进攻和防御同盟条约，他将更加庆幸达成这个临时和解。通过1555年12月15日签订的同盟条约，该条约由卡拉法枢机主教和洛林枢机主教分别以教皇和虔诚天主教徒法国国王的名义签订。这个条约规定，根据教皇保禄四世计划，要从西班牙人手中夺回那不勒斯王国，并交还给国王除太子以外其他的儿子；要从美第奇家族的控制中解放出托斯卡纳并收复佛罗伦萨共和国；费拉拉公爵将归联盟管理并成为联盟大元帅；威尼斯共和国也被邀请加入联盟，如果他们加入联盟和提供协助，将得到西西里作为回报；教皇这边有贝内文托（Bénévent）和他的附属领地、加埃塔（Gaëte）和加利格里阿诺河（Garigliano）南边的领地，他从那不勒斯王国那里得到的更多的部族，那不勒斯新国王宣誓向教皇效忠服从，并且在战争时派了400名披甲武士为他效力；法国国王派遣了1万到1.2万名步兵、500名披甲武士、500名轻骑兵到意大利，而教皇在1556年2月底之前用50万埃居的金子，在罗马和威尼斯，雇用了一支有1.5万名步兵和1000匹战马，以及与他们的兵力相匹配的炮兵的军队。这50万埃居的金子中，法国国王出了35万埃居，而教皇出了15万埃居来作为军费。

虽然查理五世不知道这些具有威胁性的条款，他此时的放手却是为了在不久之后，更好地重新开始，当亨利二世的使节们为了让腓力国王和他本人批准沃瑟尔休战协议，来到布鲁塞尔的时候，查理五世丝毫没有怠慢他们，愉快地接见了他们，这次休战似乎消除了所有西班牙王廷的危险。在利摩日主教塞巴斯蒂安·德·劳伯斯庇纳（évêque de Limoges Sébastien de l'Aubespine）和他的两位表兄——法国陆军统帅安内·德·蒙莫朗西（connétable Anne de Montmoreney）的儿子们——当维尔领主和梅吕领主（Damville et Méru），以及其他许多领主和侍从的陪伴下，科利尼（Coligny）上将大约于3月底完成了此项任务。腓力二世在布鲁塞尔城堡中发誓遵守休战协议后,科利尼来到公园里查理五世的小房子里,同样接受了他对协议的誓言。他穿过了两排西班牙和佛拉芒领主们组成的队伍,这些人挤满了一个24平方尺的小厅,这个小厅就在皇帝所在的房间前面,这个房间也并不比前面的小厅更宽敞。他看到皇帝身穿丧服,由于痛风,他坐着,在他前面是一个盖着黑色毯子的桌子。查理五世十分亲切地回应了科利尼上将达成停战的祝贺,并且他试着打开由上将转交的来自上将主人、法兰西国王的信函。但是痛风使他的双手处于半麻痹状态,他没能成功将它打开,站在他身后的阿拉斯主教上前给他帮忙,但是皇帝并不同意他这样做,"怎么?阿拉斯先生,"他对主教说,"你想要抢走我应对我的好兄弟——法兰西国王尽到的职责吗!上帝开恩,还是让我自己来做吧。"说着他更加用力地扯断了封着信的绳子,转身对上将略带忧伤地微微一笑,说:"你怎么看待我呢,上将先生?我是一个可以追上并斩断长矛的勇敢骑士?还是一个费尽力气才能打开信封的人?"

他接着询问了法兰西国王的身体状况并且作为来自法兰西王室勃艮第的玛丽的后嗣而感到自豪,"我感到非常光荣,"他说,"因为我的母亲,我因自己具有管理维持这个世界上最出名王国的王室血脉而倍感荣耀。"在得知28年前,曾在马德里见过还是孩童的亨利二世,现在尽管仍然年轻却已经有了白发的时候,他很自然地讲述了他过去那些最辉煌年代的故事。"我曾经,"他对法国上将说,"当我在差不多像贵国王这个年纪的时候,我从拉古莱特(非洲海岸)去那不勒斯。您知道这个城市景色秀丽,姑娘美丽多情:我希望能像其他人一样取悦她们来博得她们的欢心。就在我到达的第二天,我让人一大早就叫来了我的剃须匠,让他给我梳妆打扮,卷发和喷香。当我照镜子的时候,就像今天我亲爱的兄弟你们国王一样,我发现我的头上有了几根白发。当时我对剃须匠说给我拔了这几根白发,一根都不许落:他照此做了。但是您知道接着发生了什么?几次之后,我再照镜子,我发现我拔掉了一根,却又长出了三根。如果我还想把最后的几根拔掉,那我一眨眼间就会像天鹅一样头发全白。"

查理五世皇帝要求接见布吕斯屈埃(Brusquet),此人是法国宫廷著名的弄臣,他跟随法国大使,在腓力二世发誓遵守停战协定的小教堂里,完成了他最大胆的一次表演。他让亨利二世非常开心,从而成了他的宠臣,亨利二世将巴黎驿站长这个肥差给了他,他还跟所有法兰西的大领主们相熟,他通过滑稽手段与斯特罗奇大元帅的斗争而扬名。布吕斯屈埃曾经参加了腓力二世为科利尼上将举行的隆重接待仪式。这位高傲的君主似乎是为了通过唤起曾经胜利的回忆,使人们忘记现在停战的谦卑,他在城堡的一个大厅里面接见了亨利二世的大使,这个大厅里铺着一幅美丽的佛兰德挂毯,上面呈现了帕维亚之战,此战中西班牙俘虏了弗朗索瓦一世,他被送往西班牙并被囚禁在马德里。这个场景伤害了法国人,布吕斯屈埃想要在他们西班牙国王的宫殿里上演显示法兰西王国慷慨的一幕滑稽剧,以此来嘲笑西班牙人的贪婪吝啬,在一定程度上报复这些趾高气昂而有失礼节的西班牙人。第二天,在城堡的小教堂庆祝弥撒结束后,腓力二世被他的侍臣围绕着,科利尼则在他的随从的簇拥下走向祭坛,将手放在福音书(《新约》)上起誓遵守《沃瑟尔条约》,布吕斯屈埃带着一个装着埃居的袋子,埃居撞击着巴黎宫殿(地面),他也给他的仆人配了一个相似的袋子,他同时开始喊着:"施舍!施舍!"就这样他的仆人跟着他,二人如此穿过整个小教堂,喊着相同的话并且扔出埃居,护卫队的弓箭手们争前恐后地跑过来,他们认为这是他们西班牙国王的施舍。腓力二世惊讶并且高傲地转向科利尼上将,对他说,他对法国人如此冒失莽撞,以至于在他的地盘上,当着他的面乱加施舍而感到惊叹。跟国王一样惊讶的上将无语对答。但是布吕斯屈埃不慌不忙,一刻不停地继续向其他赶来围观的男男女女,喊着同样的话并分发着埃居。这样他就上演了一幕特别滑稽的混乱场面;腓力二世甚至最后捡起布吕斯屈埃先前扔下的埃居并模仿他,他如此开心以至于笑得前仰后合必须靠着祭坛支撑着身体。

"啊好啊，布吕斯屈埃，"查理五世看着他说，"你用你的埃居给我们好好施舍了一把啊。"而他回答皇帝说皇帝能屈尊召见他，他卑躬屈膝在皇帝面前，早已说不出话来。但是皇帝却就布吕斯屈埃曾经与斯特罗齐元帅一起经历的大量冒险开起了他的玩笑，皇帝与元帅在战场上胜负参半，他补充说："啊，好啊！你难道不记得马刺之日[①]了吗？""我可牢牢地记着呢，陛下"，布吕斯屈埃又说，为了暗示皇帝因为痛风而留在手上的关节瘤，他继续说道，"不就在那个时候您买了这些正戴在您手上的美丽红宝石吗。"所有人都笑了起来，皇帝是最先发笑的。"我可不想要这么多的，"查理五世又说，"我真不该学你这聪明招数的，永远不要对着一个你扮成的傻子讲话，因为我确信你可不傻。"上将接着就告辞了，查理出现在他房间朝向公园的窗口，目送法国大使离去，他试图向上将表达，他可不是像几天前传言的那样行将就木呢。

查理五世仍然还是神圣罗马帝国的皇帝。尽管他曾经希望也退下皇位，但是他还不能放下帝国的皇冠。从《帕绍条约》起，他就对帝国管理事务漠不关心，并且他对天主教的感情让他无法参加奥格斯堡帝国会议最后决议，而根据1555年9月21日的帝国会议议事录，它规定并实现了德意志永远的宗教和平。他委派他的弟弟斐迪南作为"罗马人民的国王"去独自协商，需向他请示达成一个必须的解决方法，但是斐迪南却允许路德异端最终合法存在。他对斐迪南说："您来做决定，就像我在西班牙那样，不要以我的名义也不要顾及我的特权。真诚地就像兄弟间那样，告诉您原因……我只是出于对宗教的尊敬而有一些顾虑，这些顾虑我曾经亲口全部对您说过，尤其是在我们上一次菲拉赫（Villach）会面的时候。"因此根据他表面的意愿，他没有参与天主教和路德派之间达成的给予德意志宗教自由和平等的协议；这个协议还维护了德意志新教诸侯们实行天主教教会

---

① 暗指1513年8月16日的吉内加特战役。——译注

财产世俗化的权力;允许将《奥格斯堡信纲》在德意志传播扩展,但是唯一的条件是该信纲是领地主教或者该地修道院院长实行的,如果主教或院长变更信仰,他们将不再领取教士俸禄,但是不会引起领主权的更迭,并仍然属于天主教国家。

查理五世几乎已经忘记他所做的巨大牺牲,并感到对他的弟弟斐迪南长期怀有的炽热感情,尽管在1550年的分歧中冷却,现在又重新苏醒并变得热烈起来。他再一次催促斐迪南,在他离开去西班牙之前来布鲁塞尔看他。但是斐迪南却无法前去,因为事务情势不妙,同时他王国面临着危险的羁绊,于是他向查理五世表达了最深的遗憾。他同时派了他的二儿子费迪南大公去查理五世那里,劝他不要放弃帝位,并且请求他如果心意已决不能回转,至少同意在下次帝国会议之前不要公开。他希望能做好他们的心理准备,以便德意志不要因为皇帝退位的重磅新闻而震惊,尤其是在两兄弟仍然健在的时候,一个却要把自己的皇帝宝座让给另外一个,也不要让选帝侯们借此兴风作浪。

查理五世很容易地就明白了斐迪南没有看出他言外深意。"在我离开去那么远的地方之前,"他给斐迪南写道,"我特别希望能得到这个安慰(指斐迪南来看他)。他也希望能通过利益共同体来巩固两支奥地利王室的联盟,而这两支将会因为王权的分配而不可避免地分开。同时他满怀深情又巧妙地补充道:"无论我在哪里,像之前一样我永远对你怀着兄弟的情谊和真挚的友爱,我还有一个最大的愿望就是我们之间一直以来的友谊能够代代相传,我一直保有这份情谊,就像我确定您也一样,因为除了血缘纽带的缘故……这也是我们共同事业的需要。为了维护这个有效的协议不会离间西班牙王室和奥地利王室,并且维持德意志对意大利各邦国和对尼德兰各省的支持,查理五世顺从了斐迪南的愿望,他推迟了帝国皇位的传让。他这么做不仅是因为斐迪南的请求,也是应了他的妹妹匈牙利王后、他的儿子腓力二世国王,联合了费迪南大公和马克西米利安大公的共同要求。在他动身之前,马克西米利安大公和他的妻子皇帝的女儿玛丽公主,前来告别。他于是写信给"罗马人民的国王"说他在世间最大的愿望之一就是放弃所有,但是因为担心德意志的骚乱和那里的选帝侯们宣称要举行选举从而损害他的利益,他将保留皇帝的头衔但是不再过问德意志的事务,直到"罗马人民的国王"确定可以掌握选举团机构之时。他将所有事务的领导权都交给斐迪南,并留给他所有权力的行使权,甚至不同意再派帝国专员去帝国会议。"对于此事我已了无牵挂,但是为了避免在您信中提到的麻烦,我还是从谏如流继续保留这个头衔。能让我对此不再过问,这是我世间最大的愿望,也是您能做的最让我开心的事了。"

皇帝认为可以在 1556 年的春天退隐到尤斯特修道院,他曾经下令那里必须在这个时候准备停当来迎接他。他已经从他的国王侍从中选好了陪他到修道院的侍从。他的侍从还是由封建领主构成,其中包括几位西班牙、尼德兰、德意志最高贵的领主,包括各种等级和各种职务计 762 人。他将最显赫的人留给腓力二世国王和斐迪南,为他们效力,在剩下的人里他指派了 150 人随他上路,其中 1/3 以上的都陪他留在了尤斯特修道院。这些人由比拉加尔西亚领主(Seigneur de Villagarcia)、陆军上校路易斯·曼代兹·基哈达带领。基哈达从 34 年前起便开始侍奉查理五世,最初他只是充个数,后来他却跻身查理五世三位主要管家之一,并且在所有的战争中都服侍左右。他的两位兄弟都是战死在查理五世身边,哥哥古铁雷死在拉古莱特,在那里基哈达自己也被火枪击中了一枪而受伤;弟弟胡安则死在泰鲁阿讷围城战中。基哈达作为远征突尼斯和入侵普罗旺斯时的王室总管,查理五世在 1543 年和 1544 年将他的旗帜交给他保管,当他要奔赴与弗朗索瓦一世在朗德勒西(Landrecies)的战斗时,他带上头盔时告诉宫廷骑兵连说:"满怀荣耀地像骑士一样战斗吧,如果你们看到我的马摔倒了,路易斯·曼代兹·基哈达举的旗帜倒了,一定要把旗帜而不是我扶起来。"基哈达在多瑙河和易北河两场德意志战争中立下卓越功勋,他追随他的主君来到梅斯前,并且在 1553 年指挥西班牙步兵部队夺取了泰鲁阿讷和埃丹。当皇帝退位时,这位忠诚且英勇的卡斯蒂利亚人也退伍了。他在 14 年后才重新拿起武器,成了奥地利的唐胡安的军事导师,查理五世曾经对他透露过这个(未来战功赫赫的)孩子的秘密出生,并将其子之后的教育托付给他。

他因为应尽的职责以及他兢兢业业的忠心而一直留在皇帝的身边,基哈达一直等到 1549 年才通过代理与出身名门贵族的玛格达莱娜·德·乌路亚小姐(dona Magdalena de Ulloa)结婚。基哈达颇有见识,灵魂高尚,性格严肃甚至有点严厉,非常忠诚,有时也会有些怨言,像一个老派西班牙人一样对宗教狂热,像一个率真的骑士一样厌恶教士,对皇帝怀有最高的崇拜和最深的依恋,以及永不止息的崇敬之情。他在很多场合中都口无遮拦,敢说出一些查理五世的姐妹和子女都不敢讲的话。作为一个久经考验的侍从,这个自豪的卡斯蒂利亚人也是一个简单坚定的基督徒,作为被指定的尤斯特修道院侍从们的头领,他应当像一个合格的管家和曾经的战士一样,在这里即保持宫廷礼节又要引入军队纪律进行管理。

排在基哈达之后,皇帝身边的第一人的位置便留给了秘书马丁·德·卡斯特鲁(Martin de Gastelú),他和基哈达使我们更好地知晓了查理五世在修道院的生活。查理五世选择他成为国家秘书处的主要长官。卡斯特鲁曾经受雇在埃拉索手下工作,他在科沃斯死后得到了查理五世的信任,来领导和处理西班牙事务,这些事务是查理五世作为最重要的遗产的一部分留给腓力二世国王的。埃拉索不在时,皇帝有时候会让卡斯特鲁来协助他,皇帝注意到了他清晰的头脑,果断的判断,迅速和简洁明了的记录,守口如瓶的作风,冷静的热忱和不变的温和态度。他于是想起了他并让他成为他的秘书,尽管他让出了众王国领地的王位,但是王国事务却仍然跟随他从宝座直到归隐的修道院。

他没有在尤斯特修道院提议任何人作为他的贴身总管或者近

侍。他更喜欢指派几名附属侍从，一些我们称为"衣帽男仆"，另一些为理发师。这些助手和理发师根据类型分成了两种。第一种的代表人物是一个没有学识却有头脑的人，他无声的忠诚，不知疲倦地服侍，而且风趣幽默。这个人就是巴波姆的阿德里安·迪布瓦（Adrien Dubois de Bapaume），他目不识丁，但曾经多次作为信使，在查理五世和老格朗维尔之间传递政治信函，带着一方未加密封的便条给另一方，再带回另一个的意见。他不仅了解主君最私密的习惯，还知晓最核心的机密。他甚至曾经几次使查理五世可以从悲伤中走出来，跟波兰侏儒和宫廷弄臣佩里科（Périco）一起逗他发笑，这二人担负着逗他开心，排遣解闷的困难工作。查理五世失去了阿德里安·迪布瓦之后，在他身边的侍臣中最信任就是布鲁日人纪尧姆·冯·马勒（Guillaume van Male）。他不同于之前的阿德里安，因为他性格内敛，颇有学识。阿德里安毫不识字，他却很有文化，冯·马勒精通拉丁语和希腊语，是当时著名的人文主义者，他学识渊博，口才非凡，字体优美。他曾经做过普拉埃领主，尼德兰国家财政长官路易斯·德·佛兰德（Louis de Flandre）机智的特派通信员，在后者的推荐下，1550年他作为衣帽男仆被安排在查理五世的身边，因为他勤勉的服侍，渊博的学识，令人愉快的谈吐，他深得皇帝的欢心。他已经习惯了主君残疾的身体所需要的专业护理，日夜守护着查理，当查理失眠的时候为他读书，听他讲述战事和谈判并将其记录下来，冯·马勒跟随他到尤斯特修道院，对于查理五世来说此人的陪伴是令人愉快的也是不可缺少的。

查理五世并没有留下之前的医生科内利斯·德·拜尔斯托夫（Corneille de Baersdorp），而是将他留给了他的两个从此再也没有分开的姐妹，玛丽王后和埃莉诺王后，其中玛丽很久之前就有心脏病并遭受折磨，埃莉诺的哮喘则非常严重，这两位王后陪着皇帝到了西班牙。他则带上了年轻的亨利·马特仕医生，一定程度上说是从他儿子那里借来的。同冯·马勒一样出生在布鲁日的马特仕医术精湛，而且像马勒一样有着富有学问,是一名颇有文学素养的医生,他更加能够用熟练的拉丁语论述皇帝的病弱和残疾并且通过权威的处方来为皇帝开出治疗这些疾病的药物。查理五世绝不会忘记著名的克雷莫纳(crémonais)的机械师乔瓦尼·托利亚尼(Giovanni Torriano),西班牙人都叫他"胡安尼托"(Juanello),他也作为查理五世的钟表师跟他到尤斯特修道院。他随从中的其他人,都会像我们之后看到的那样,被安排负责他的卧室、厨房、银器房、马厩、药房里的各种事务,这样就为他组成了一个完整的仆役队伍。3 位弗拉芒和弗朗什-孔泰的大人物:勒勒伯爵让·德·克罗伊(comte de Roeulx, Jean de Croy),他强大的家族总是支持查理五世;休伯蒙特领主弗洛里斯·德·蒙特莫朗西(seigneur de Hubermont, Floris de Montmorency),他和他弟弟赫内斯伯爵(comte de Hornes)却在腓力二世的统治下未得善终;第三位是拉绍领主让·德·普佩(Jean de Poupet),曾经是皇帝首席贴身总管,一直陪他进入修道院。

路易斯·基哈达先于查理五世到达西班牙,而查理五世在深情地向他的女儿波西米亚女王和女婿马克西米利安道别之后,8 月 8 日从布鲁塞尔动身,他的女儿女婿则重新上路返回德意志。腓力二世陪伴查理五世到根特(Gand)。8 月 28 号,他们永远地分开了;查理五世由他的两位姐妹:弗朗索瓦一世的王后埃莉诺和匈牙利王后玛丽陪伴下,顺着根特运河前往泽兰省(Zélande),那里有一支由 56 艘船组成的舰队在等待他。在上船出海的前几天,他起草了将神圣罗马帝国的帝位让与"罗马人的国王"斐迪南的让位文书,这份文书将由奥兰治亲王带领的大使们带去德意志。9 月 12 日,他写信给他的弟弟,说让他自由选择召集德意志选帝侯的地点和时间来任命他为德意志皇帝,而他本人急着放下所有的权力还有所有的头衔。第二天晚上,他在弗利辛恩港口(port de Flessingue),登上了一艘叫"拉贝特多纳"(la Bertendona)的主舰,在这艘船上给他准备了一间非常舒服的舱房,舰队于 13 日早上起锚。最初风平浪静,但是接着西南风却将他困在了距离弗利辛恩大约几古里的地方并且迫使舰队于14—17日在哈莫肯斯（Rammekens）[①]休息。当变成顺风之后，他便驶向比斯开海岸（la côte de Biscaye），以便可以隐退到他选择的并命人为他在西班牙准备的隐居所。

当他退出长期占据的世界舞台的时候，他的威名也渐渐变弱。因此他自己曾经说的话得到了印证。根据他的表达，人们将他统治时期的风云变幻抛给命运，总是将最初的繁荣和曾经的强大归因于命运。一位意大利政治家表示，他同时代的人对查理五世自愿退位交出权力的看法，已经变得严厉，从过去的赞赏变为了失望，这位政治家写信给他威尼斯的领主说："6年以来，皇帝陛下一直享有赫赫威名，不要说我们这个年代没有哪位皇帝，就算是从几个世纪算起，世界上也没有哪位君主可以与之比肩，并且跟他已经战胜或者公然宣称的敌人相比，无论是基督教的或是非基督教的，由于他赢得了如此多辉煌的胜利，也无人能及他的风采：在非洲，他打败了突尼斯皇帝；在德意志，他打败了萨克森选帝侯约翰·弗里德里希、黑森边伯、一些自由城市和克里维斯公爵（le duc de Clèves）；在与法兰西的战争中他俘虏了法兰西国王；在意大利，他打败了教皇克莱芒七世，热那亚、佛罗伦萨和米兰。但是因斯布鲁克逃跑和梅斯城战役的不良结果却也横亘在这个光荣的历程中。其他的灾难，比如普罗旺斯退兵，远征阿尔及尔，进攻卡斯德尔诺（Castelnuovo），与虔诚基督徒法兰西国王达成不利的休战协议，放弃他的邦国领土，在修道院中居住，让他几乎丧失了所有声望。我说是几乎丧失，是因为就像一艘船在船桨和风力的推动下前进，当桨停风止时，它还会继续前进一点一样，他还有一点残余的影响。所有的都可以总结为是命运的'顺风'驾驭了陛下的邦国、王国和帝国这艘'巨船'。"

[①] 今荷兰里特赫姆的一个港口。——译注

第三章

在查理五世离开弗利辛恩港口,驶向比斯开湾时,腓力二世告诉了西班牙女摄政胡安娜公主,他们的父皇将要到达的消息。从7月27日开始,腓力就写信给胡安娜让她派杜兰戈(Durango)法院的治安法官,带上钱到拉雷多港口,这些钱必须足够购买并集合他到来以及穿过整个北部半岛途中所必须的食物和交通工具。另外杜兰戈必须给舰队提供军饷并且派6位神父去迎接查理五世,他希望一下船就能看到这些神父。8月28日,也就是查理五世离开根特前往泽兰省的那天,费利佩对胡安娜公主重申了这些要求,9月8日,他又一次给她写了信:

"尊贵的公主,我挚爱的妹妹,我们的父皇陛下……多谢上帝保佑,身体康健,已经启程了……为了不给您添麻烦,陛下决定在帝都巴利亚多利德时,住到戈麦斯·佩雷斯·达斯·马里尼亚斯(Gomez Perez de las Marinas)的家中,鲁伊·戈麦斯曾一直住在那里。您命人将房子迅速地打扫干净,安排妥当,并且购买和准备所有物品,以使得房子一切具备,达到可以接待陛下的状态。当陛下上岸时,派他的宫廷内侍(宫廷司务长)罗吉尔(Roggier)先于陛下到达房子,以便可以按照陛下的喜好来准备沿途下榻的房屋并且能根据他的意愿来布置他在帝都的宅邸。"他并不满足用精于细节来保证他父皇能在西班牙得到舒适的接待,腓力二世还希望能向他的父皇表达出他的殷勤和给予皇帝他本人都没有要求过的礼遇。因此他补充道:"尽管陛下并没有提过这件事,但是应该让主要王公贵族中的几位,同时带上一位主教和我之前跟你提过的6位神父前往陛下上岸的港口迎接皇帝陛下……皇帝陛下登上了'拉贝特多纳'号,在这艘船上我们为陛下准备了非常舒适的舱房。您要为这艘船以及舰队的其他船只提供供给,并且为舰队上的全体船员支付一部分薪水,如果没有搞错应该是还欠着他们的那部分,您将具体数额告诉我。"

在接到9月17日的信后,也是在同一天皇帝前往西班牙的舰队驶出了哈莫肯斯港口,胡安娜公主急忙开始执行她哥哥腓力国王的命令。她命人收拾戈麦斯·佩雷斯在帝都巴利亚多利德的府邸,这曾是王室行宫和政府所在地。她再一次下令,让杜兰戈治安法官和他的警卫们一起动身去拉雷多(Laredo)港口,并且在那里完成她之前交给他的任务。她同时命令为皇帝能顺利到达进行公开祷告;她通知卡斯蒂利亚的陆军统帅和上校整装待发去恭迎皇帝,她还邀请萨拉曼卡主教(évêque de Salamanque)、国王的神父佩德罗·曼里克(Pedro Manrique)立刻出发去拉雷多,她对他说:"我知道,陛下到达的时候,最令他高兴的就是见到他从前那位出色的仆人。"

腓力二世国王这些深谋远虑的措施,由他的妹妹热情地安排执行,却因为西班牙人的拖沓,只完成了其中的大部分。在这个做什么都不慌不忙的国度里,行动总是远远地晚于命令。因此当查理五世出发去比斯开湾海岸的时候,一切都还没有准备妥当。他的海上航行一路顺利又相当迅速。他所乘坐的这艘565吨位的船上只供他一人使用,仅为他一人提供他病弱残疾的身体所必须的服侍,以使得他在横穿英吉利海峡(la Manche)和加斯科涅海湾(le golfe de Gascogne)①的航程中少一些痛苦。皇帝的套房位于船最上层甲板的桅杆和船尾之间,套房由2个卧室和2个小房间组成,侧面有一条长

---

① 即比斯开湾的法语称谓。——译注

方形的房间构成了出口的走廊和过道,并且周围还围绕着另外 3 个贴身膳食总管、衣帽男仆总管和贴身男仆居住的房间。房间内部雕花,铺着绿色呢绒,并且封闭非常好,同时透过 8 扇玻璃窗,他可以看到海景。他的床和几件家具像秋千一样被悬挂在天花板上,并且用木支架固定在距离舱面不高的地方,这样可以使它们不会跟着船体摇晃同时使得它们在船体在海浪起伏中发生倾斜时,仍然基本可以保持垂直。在甲板的另一边靠近船艄的地方住着皇帝的侍从们。下一层的甲板则安排着面包管理处、厨房、储藏室、酒窖和所有关于饮食的人员的住所。最后,航行中的食品和饮水都被储藏在底舱底部带锁的盖子封闭住的大瓮里。

9 月 17 日,天气非常晴朗,在穿过了泽兰危险的浅滩之后,舰队在 18 日到达了多佛尔(Douvres)和加莱之间,英国上校带领着 5 艘船在那里迎接他们国王的父亲并对他行吻手礼。船队 22 日才驶出英吉利海峡。最后,也是在 22 日这天,舰队行驶到了最初是被标记为休息点的怀特岛(l'ile de Wight)左岸,利用一直以来的顺风,舰队全速向西班牙驶去,在 28 日晚些时候到达了拉雷多港口。皇帝在当天晚上上岸,天气晴朗,每一个陪同他的人都看到了皇帝下船后亲吻着大地,并且听到他对斯特达拉(Strada)和罗伯逊(Robertson)说的话:"啊,生灵的母体啊,我赤条条地离开你的怀抱又赤条条地回来了。"第二天风变得猛烈起来,海面波浪起伏,两位王后乘坐的船稍微落在后面,只能在西面更宽阔的桑坦德港口(Santander)靠岸。

查理五世在拉雷多只见到了萨拉曼卡主教和杜兰戈治安法官,但是后者还没有足够的钱来支付他所有侍从的报酬和舰队船员的薪金。查理五世对此显得非常恼怒,马丁·德·卡斯特鲁写信给国务秘书巴斯克斯·德·莫利纳:"陛下因为我们忽略了一些应该准备好的,并且国王曾经要求准备的必需品而非常恼怒。此外应该前来服侍陛下的 6 位神父也没有到场,因为治安官带来的 6 人都病倒了,每天都不得不去找一位教士给陛下做弥撒。他还需要两位医生,因为一半的船队人员都生病了,还有七八个侍从死了。驿站总长本应该派 1 名官员供皇帝驱使送信,却没有。皇帝感到物资一直都很缺乏。要不是萨拉曼卡主教给他提供了一些舒适的便利条件,那在这个地方他真就找不到任何配得上像他这样一位君主的东西了。甚至没有人给他写过或是寄过一封信,询问他过得如何。所有这些本来应当在桑坦德、科伦纳(Corogne)和这里同时完成的。这就是他所抱怨的事情,他还说了其他非常严厉话语。"

腓力二世国王的命令被如此拖延地完成且不为人所知,加之查理五世的不满被错误领会,一方面被曲解成腓力忘恩负义的行为,另一方面成了查理五世深感悔恨的表现。大部分的历史学家宣称,就在他父皇退位的第二天,腓力二世就算不是拒绝,也至少忘记了将他父皇留给自己退位后使用的 10 万埃居金子交给他来支配。正如我们看到,事实并非如此。皇帝并没有提及 10 万埃居金子的事情,他只是指责迎接他到西班牙的准备事宜开始不够早,做得不够全面,而且没有说到他的儿子,并且腓力曾经多次以不容置辩和事无巨细的方式来传达他在接待父皇方面的意愿。而胡安娜方面也更加在意以防遗漏。查理五世回来的消息早就宣布,但又经常推迟,因此他们没有料到他会这么快回来。此外,西班牙在特定时间找到足够的资金以及让人民在必要时服从命令,一直都困难重重。

当胡安娜公主在 10 月 1 日,通过她急遣到拉雷多的阿隆索·德·卡瓦哈尔(Alonzo de Carvajal)得知皇帝上岸的消息,她便给她的父皇送去支付舰队队员和购买各种食品的钱。同一天,她赶紧给路易斯·基哈达写信,此时基哈达还在韦拉-加西亚(Villa-Garcia)的府邸中,她对他说:

> 今天早上,我得知我的父皇,还有我尊贵的王后姑姑们已经于上周一,圣米歇尔日的前夜到达了拉雷多,陛下在当晚登陆,而我的姑姑们第二天上岸,一切进行得都很顺利。非常感谢上

帝保佑，对此我深感慰藉同时感到特别开心。鉴于皇帝在路上可能需要您，同时也必须知道陛下何时到达帝都，我请您在收到此信后立刻动身，去陛下身边赴任。当您到达之后，跟他描述您在帝都见到的两处住所，并立即告诉我，陛下在这两者之中的选择，以及他是否想要在那里安装炉子或其他东西，以便当他到达时一切都能就绪。

"我请您同样问询陛下，他希望我派一支步兵还是骑兵，来护卫他和我尊贵的王后姑姑们；

他是否同意让几位西班牙贵族或是随从加入这个护卫队；

他想要在布尔戈斯（Burgos）还是帝都举行欢迎陛下或者我姑姑们的仪式，以及用何种方式；

他是否要求王子，他的孙子前去迎接他，以及到哪里迎接他；

他认为是否需要我或者帝都各委员会委员同样前去迎接他。要快速地告诉我他的回复，特别是他关于所有事情的意愿。

我也将路上照顾陛下的任务交给您，保证他旅途中所需的所有东西都供应无虞，同样还有我尊贵的王后姑姑们。告诉杜兰戈治安法官他所需要购买的东西，以备无缺，并且告诉我需要我从帝都运去的东西。您所做的所有这些都令我感到高兴。"

她委托恩里克斯·德·古斯曼（Enriquez de Guzman）先生以她的名义去问候皇帝。第二天，当时才11岁的年轻的卡洛斯亲笔给他的祖父写信，向他请示皇帝的命令："神圣帝国皇帝和天主教徒陛下，我得知您身体无恙，开心到无以复加。我请求陛下能告诉我，我是否应该出城去迎接您以及到哪里去迎接您。我派佩德罗·皮门特尔（Pedro Pimentel）到陛下那里，他是我的贴身侍从也是我的使者，我请求陛下您能告诉他关于此事我应该怎样做，以便他能写信告诉我。亲吻陛下您的双手。陛下您非常谦卑的儿子，王子。"

基哈达于 10 月 2 日早上离开韦拉-加西亚,10 月 5 号到达拉雷多。他的出现让皇帝特别欣喜,皇帝第二天也就是 10 月 6 号上路,杜兰戈治安法官最终成功集合了旅途所必需的所有物资。基哈达告诉国务秘书巴斯克斯说皇帝打算四天之后到达梅迪纳·德·波马尔城(Medina de Pomar),并且在 17 天之内到达帝都巴利亚多利德。

查理五世拒绝了无论是在途中还是在帝都巴利亚多利德,所有为他准备举行的隆重欢迎仪式。他正式表达了秘书巴斯克斯不用丢下事务来到他的身边,而他的女儿胡安娜公主只需在帝都巴利亚多利德的宫殿里等他,他同意让他的孙子卡洛斯到卡韦松(Cabezon)[①]跟他见面,因为他也希望能亲吻他。

皇帝缓慢地穿过了卡斯蒂利亚老城北侧,每天勉强走几里[②]。尽管他的随从并不多,但不得不在这些崎岖的地方,又缺少资金的情况下将他们分散,因为行路艰难且住处不够。他的行帐,由基哈达陪同在侧,走在最前面,距离他两个妹妹行帐大约一日的路程,其他随从和侍臣骑马走在最后。行李则由骡子驮着。护卫队中有杜兰戈的治安法官,他和他的 5 名武装着法杖的警官走在皇帝前面,他似乎不是在护卫一位君主而更像是在押送一名囚犯。查理五世坐着手抬椅通过了陡峭的山路。第一天他停在安普埃罗(Ampuero)休息,第二天在拉内斯托萨(Nestosa),在那里他见到了恩里克斯·古斯曼和佩德罗·皮门特尔,他们分别代表胡安娜公主和卡洛斯王子向他问候;第三天在阿圭拉(Agüera),第四天停在梅迪纳·德·波马尔城,并在那里短暂停留。他吃了很多的水果,尤其是甜瓜和桃子,这些他已经很久没有吃到过了。在梅迪纳·德·波马尔城,他有了充足的食物,都是他的女儿公主殿下给他送来的,他因为吃了太多的鱼,主要是新鲜的金枪鱼而身体稍有不适。

---

① 即 Cabezon de Pisuerga。——译注
② 此处用的是法国古里。——译注

这个摆脱事务烦扰的时刻让他很高兴,他不想听人说起那些事务,并且闪念希望可以完全对此不再过问,他带极少量的人员,于万圣节那天进入尤斯特修道院。卡斯特鲁给巴斯克斯写道:"皇帝说,打算辞退他的侍从,只留下机灵鬼纪尧姆(冯·马勒)和两到三个理发师(次要的贴身助手),当自己痛风发作时他们可以照顾他,包扎他右手小指上的伤口,这个伤口还有他的痔疮经常出血,同时还可以为他在别的事务上效力。他说皇帝还要求给修道院院长必要的钱,让院长可以给他提供饮食;他要留下一两个厨师,可以按照他的方式给他准备吃食。他不需要医生;他认为修士们总是有最好的医生。他提议留下萨拉曼卡主教作为他的心腹,以便可以消除修士们之间的分歧和纠纷。他补充说要本来还想再留下其中其他的一些人,但是他不再麻烦了,于是他在距离修道院两里的地方,辞退了所有陪伴他的人,以便他们可以返回自己的家中。但是在了解他的脾气的人看来,皇帝在那里待不了太久;甚至有人开始说,听闻尤斯特是一个冬季潮湿多雨的地方,这对于他的痛风和哮喘不利。最终,直到现在,我们看到了他的决心,无法预料到任何确定的事情,因为实际上,他极好地隐藏了他的意愿。

皇帝到达的消息传开了,主要城市都派了他们的议员前去迎接;教会、政府和委员会中的最重要的人物都写信给他。当他到达布尔戈斯附近时,尽管他不想要迎接仪式,卡斯蒂利亚陆军统帅还是在距离城市两里的地方向他行吻手礼,他于9月13日晚上到达卡斯蒂利亚城,全城所有钟都响起来,在钟声里,他穿过灯火通明的街道进入了卡斯蒂利亚城,第二天市政厅(城市委员会)在教堂问候了他。

阿尔伯克基公爵(duc d'Albuquerque)即纳瓦拉总督陪着皇帝参观了这个城市,而总督身边的陪同是一个名叫埃斯屈拉的当地贵族,几年来他一直被委派与皇帝进行重要且秘密的谈判,不久前他在途经布尔戈斯时就此与皇帝进行过会谈。西班牙纳瓦拉位于比利牛斯山的南面,曾经被天主教徒费尔南多二世从阿尔布雷希特家族(la maison d'Albert）手中夺走，并将它并入他的统治王朝之中，而纳瓦拉也是其自然的延伸部分。从那时起，被剥夺了纳瓦拉的亲王们尽管有法兰西几位国王坚持不懈的支持，却仍然无法将亲缘和领土紧密地联合起来，也无法重新收复故土或是获得一块同样的领土；于是他们最终将自己的希望转而寄托在西班牙国王身上。恩里克二世（Henri d'Albret）对查理五世说，如果查理五世能给他一些失去纳瓦拉的补偿，他将在最近的战争中结束与法国的联盟，转而支持他，为他而战。在他死后，1555 年 5 月，谈判继续和他的女婿也是他的继任者，旺多姆公爵安托万·德·波旁进行。旺多姆公爵和恩里克二世一样，继续任用埃斯屈拉，他将公爵的要求和允诺的好处从内拉克（Nérac）带给在潘普洛纳（Pampelune）的阿尔伯克基公爵，后者将其转换成数字转呈给查理五世和腓力二世。公爵要求将米兰公国升级为伦巴第王国给他，以补偿他失去的纳瓦拉，同时他发誓将成为皇帝和他的国王儿子永远忠诚的同盟者，在战争时提供 5 000 名步兵、500 名轻骑兵、200 名工兵、3 000 套车的牛、20 门不同尺寸的炮；并且将他的长子作为人质来作为他忠诚的保证，而其长子从亨利四世开始就是纳瓦拉人民和其他邦国的堡垒和要塞。他甚至让人以为他将对西班牙人敞开巴约讷（Bayonne）和波尔多（Bordeaux）的大门，作为吉耶纳（Guyenne）的长官，这两处都在他的领导之下。在皇帝给安托万·德·波旁的提议回复之前，沃瑟尔停战协议却就已经达成了，而埃斯屈拉在布尔戈斯才向他问起。

查理五世对占领纳瓦拉并非没有顾虑，因为尽管此地非常有用却非名正言顺。这可以追溯到 1550 年，查理五世在离开布鲁塞尔时留给腓力二世秘密的遗嘱性质的条文中，他曾经说他的外祖父可能是合理地占领了这个王国，而他则确实是名正言顺地拥有了它，但是他补充说："然而，为了我们良心能得到最大的安释，我建议也是命令尊贵的腓力王子、我的儿子，尽快真诚地考量和确认是否理于法都应该归还这个王国，或是他应归属人一些补偿。此事能以让我的灵魂和良心得到解脱的方式实施,也能让人认为并宣告此事是符合公义的。"采取了这样让基督教徒们安心,同时又不会干扰政治的措施,并且这个措施应该作为赎罪的方式被一代一代的统治者传承下去之后,查理五世听取了纳瓦拉国王开诚布公的表白,却既没有让他如愿也没有让他丧气。在布尔戈斯,他仅仅告诉埃斯屈拉他会给国王,他的儿子写信,而国王由于其他原因不久之后才会到达西班牙,在等待他来到之前,应当继续进行谈判,并且谈判将会取得成果。这样的回复在安托万·德·波旁看来非常糟糕。

在离开布尔戈斯时,查理五世见了卡斯蒂利亚陆军统帅和弗朗西斯·德·贝亚蒙德(don Francès de Beamonde)的陪伴,后者带着卫队前来迎接皇帝并且一直护送他到帝都巴利亚多利德。在整个途中,都挤满了贵族和民众,他们跑来见皇帝最后一面。他依次在塞拉达(Celada)[①]、帕伦苏埃拉(Palenzuela)、托尔克马达(Turquemada)、杜埃尼亚斯(Dueñas)和卡韦松过夜。到达卡韦松时,他见到了他的孙子卡洛斯,和他一起共进晚餐并且交谈了很久。这位年轻的王子欲求强烈,性格傲慢嚣张,他不耐烦的服从很快变成了指挥的野心,这一切已经预示了他的这些(性格特征)会在不久之后导致他悲剧性地早逝。他不能强迫自己尊敬任何人,或是服从任何规矩。他称他的父亲为"他的兄弟",称他的祖父为"他的父亲"。在他们面前,他都不能在一段时间内保持脱帽,将贝雷帽拿在手上。他表现出了令人不安的凶残无情,他以将猎到的野兔和其他动物活活地烤死为乐。当他得知他父王和英格兰女王第二次婚姻的孩子将不仅会继承这个王国[②],还会继承尼德兰国家的时候,他曾经放肆地说他将努力阻止他们这样做并且与他们斗争。他觊觎所有他看到的东西:在途中,当他见到皇帝在这个没有壁炉的国家,每晚给房间取暖用的便携小

[①] 此处应该指塞拉达·德尔·卡米诺(西班牙语:Celada del Camino)。——译注
[②] 指西班牙王国。——译注

火炉时，他便迫切地想得到它。他向他的祖父索要它，他的祖父这样回答他："当我死了，它就是你的了。"

他的家庭教师，奥诺拉托·胡安（Honorato Juan）试图通过学习来减轻他暴躁的情绪，可是学习并不能吸引他，胡安徒劳地给他解释西塞罗（Cicéron）的《论义务》（*De officiis*），因为与这书相比，这个好战尚武的孩子更喜欢暴力活动和战争故事。因此他如饥似渴地向他的祖父询问关于他参加过的战役和行动。皇帝详细地将这些故事讲给他听，而卡洛斯则听得全神贯注。当皇帝讲到在选帝侯莫里斯之前逃离因斯布鲁克时，他的孙子说在听到这里之前他都非常高兴，但是如果换作是他，他绝对不会逃走。查理五世补充说是因为资金不足，而且距离大部队太远，另外他的身体状况迫使他这样做。"无论如何"，卡洛斯说，"我永远不会逃跑。""但是，"皇帝继续说，"如果你的侍从中大多数的人都想抓住你，你成了孤家寡人，难道你不应该逃走躲避他们吗？""不，"这位年轻的王子带着怒气重复了他的话，"我绝不会逃走的。"皇帝因他这种性格中的骄傲冲动而大笑不已，他表现得很高兴。但是对于他来说，卡洛斯的其他方面却不那么令他开心；并且他对于西班牙权力的顺位继承人的态度和倾向感到不安，他对他的妹妹埃莉诺说："我觉得他太焦躁了；我不喜欢他的举止和脾气，我不知道随着时间他会变成什么样子。"

第二天一大早，国务秘书巴斯克斯来到卡韦松来向他询问指示，并且在二人长时间的会谈中，交流了事务和国家情况。皇帝吃过晚饭才动身去帝都巴利亚多利德，晚上才到达那里。在宫殿里，他的女儿根据他本人的要求非常简单地迎接了他。胡安娜被她的女伴围绕着，在皇家卧室内等待她的父皇。卡斯蒂利亚陆军统帅和上校（Le connétable et l'amiral de Castille）、纳赫拉公爵（le du de Najera）、塞萨公爵（le duc de Sesa）、马克达公爵（le duc de Maqueda）、贝纳文特伯爵（le comte de Benavente）、阿斯托加侯爵（le marquis d'Astorga）等，宫廷中的主教，各个委员会的成员，城市市长还有市政厅的议员都依次对皇帝行吻手礼。但是他却希望能够隆重地迎接他的姐妹们，她们比他晚到一天，将在第二天到达。

皇帝在帝都巴利亚多利德见到了曾经的圣哲罗姆教会会长胡安·德·奥尔特加修士、新任会长弗朗西斯科·德·托菲诺修士（fray Francisco de Tofino）以及尤斯特修道院院长，他将这些人召来以便和他们一起协商他在修道院中的所必需的宗教活动。而最近圣哲罗姆派修士之中却有了分歧。胡安·德·奥尔特加与枢密院的私人委员一起，向罗马教廷要求颁布教皇圣谕来改变选举方式。这个未经圣哲罗姆派总会批准的改革激怒了总会，它惩罚了奥尔特加和枢密院的所有成员，并且宣布从此以后他们不再适合在教会中担任任何职务。奥尔特加毫无怨言地服从了，并且拒绝了查理五世为了让他从失势中东山再起而提供的一个印度群岛地区主教职位。他曾经谦虚地回复皇帝说，一个曾经被判决不能担任修士的人不能成为主教，被判决不能管理一个修道院的人也无法管辖一个主教区。这是一个性情温和，见多识广，和蔼可亲，学识渊博，热爱和平和热衷文学的修士，人们认为那本诙谐幽默又吸引人的书《小癞子》原名《托美思河的小拉撒路》（Lazarillo de Tormes）是他的作品，这是他还是学生的时候在萨拉曼卡创作的。在他死后，他手写的草稿在他的房间里被找到。尽管他最终又成了一个普通修士，查理五世仍然对他保持恩宠，希望他能监督尤斯特修道院的工程并且负责采购所有他将来的定居所需的东西。查理五世也曾委托他在1555年和1556年的葡萄收获季节，用挑选好的亚历山大番泻叶和来自埃斯特雷马杜拉罗夫莱达（Robledillo）上好的葡萄挤出的葡萄汁，给他准备一年的番泻叶葡萄酒。

曾经的圣哲罗姆派会长向皇帝汇报尤斯特修道院采取的迎接安排，并且告诉他修道院中的修士们得知他们天主教徒的皇帝陛下将要来到他们中间时，是多么的感恩和喜悦。而新任会长感谢查理五世能选择在他们教派所属的修道院退隐，这给予了他们一种无上的荣耀,并且整个教派都听皇帝调遣。与弗朗西斯科·德·托菲诺达成一致以后,查理五世指派了几位教士,可以说组成了他的宗教随从并负责他小教堂的唱诗班。他在该教派各个修道院中挑选了那些因为精通教义,口才非凡,声音悦耳而出名的修士,让他们在他到修道院居住时,来到尤斯特修道院作为他的忏悔神父、讲道神父和唱诗班成员。弗朗西斯科·德·托菲诺修士、胡安·德·奥尔特加和尤斯特修道院院长接着向皇帝告辞并去执行与他商讨好的安排。

在帝都巴利亚多利德待了14天之后,查理五世踏上了去埃斯特雷马杜拉的路。11月4日,他先是公开进餐,接着与他的女儿西班牙女摄政、他的孙子卡洛斯王子、他的姐妹们两位王后依依惜别,大约三点半走过了坎波门(del campo),不许任何贵族、主教、侍从、参议员、宫廷官员陪同他,离开了巴利亚多利德。他只带了一小队骑士护卫队,以及由他们的中尉领导的40名斧枪兵,但是他们只陪查理五世走到哈兰迪利亚位于山谷中的村庄,尤斯特修道院就建在这个山谷的最高处。11月5日,他进入了坎波城(Medina del Campo),那里有著名的兑换商罗德里戈·德·杜耶纳斯(Rodrigo de Duenas)的府邸。此人想要显示自己的财富并且可能为了让皇帝感觉更加舒适,他在皇帝的房间里放置了一个巨大的金火盆,并用产自斯里兰卡的细桂皮火炭代替煤取暖。这种炫耀让查理五世不太高兴,桂皮的味道也让他很不舒服,甚至他都不愿意接受这个摆阔的梅迪纳市场货币兑换商的吻手礼,并且为了打压他的虚荣自负,皇帝命他将接待他的房子买下来。11月6日,到达奥尔卡霍·德拉斯托雷斯(Horcajo de las Torres),皇帝对家人说:"感谢上帝,从此以后,我再也不用出访也没有访客了。"在完成了最后5天的路程之后,11月7日他下榻佩尼亚兰达德夫拉卡蒙特(Peñarenda de Bracamonte),11月8日在阿拉拉斯(Alaraz),11月9日在加列戈斯德索尔米龙(Gallejos de Solmiron),11月10日在埃尔巴科德亚维拉(Barco de Avila),他于

11号晚上到达托尔纳瓦卡斯(Tornavacas)——其位于赫尔特河(xerte)①畔靠近其与普拉森西亚的拉贝拉河谷的分界山脉。他饶有兴致地看着人们把鳟鱼钓上来,这些鳟鱼成了他的夜宵。

11月12号早上,在仔细观察了这些地方之后,他更想穿过这些山脉,而不是绕其而行。他用了4天走下赫尔特山谷(la vallée du Xerte)直到普拉森西亚,接着再折返拉贝拉河谷,然而他只用了一天就穿过狭窄陡峭的峡谷,从托尔纳瓦卡斯(Tornavacas)到达了哈兰迪利亚,那条峡谷前面开阔,位于赫尔特河和赫尔特村的左边,我们称其为"新门"(Puerto Novo)。查理五世决定通过这条崎岖的山路,从一个山谷走到另一个山谷。然而这对于他这样衰弱又患有痛风的人来说,这既不舒服也非易事。基本上只能在从山顶落下的激流和向西延伸的山脉的峰谷中辟出道路。诸多的山峰被水冲得光秃秃的,而山峰的侧面被高耸的栗子树林覆盖,向阳高耸。每一步都是下有万丈深渊,上有仞壁千丈。皇帝却坚定地要走入其中冒险。山谷中的一部分居民先去用木桩和铲子让道路更易通行。另一部分的居民则愉快地,轮流依次根据山路的难易程度来决定,是用担架床或是手抬椅抬着他,或者背着他前进。基哈达手拿一支矛,一步不离地陪在他的身旁,指引着前进队伍的工程和移动。当皇帝终于到达隘口山顶的时候,在那里他看到了普拉森西亚的拉贝拉河谷,他对它凝视了一段时间,接着将眼神转移到北侧,朝着他刚刚穿过的峡谷,说:"我唯一不能通过的只有死亡的道路吧。"

隘口的下山路没有之前走过的上山路那样困难,皇帝较早地到达了哈兰迪利亚,下榻在奥罗佩萨伯爵美丽的城堡里,他在这里一直待到他命人在尤斯特修道院修建的住宅准备妥当,可以入住。他在这个城堡里也吃到了极好的鳗鱼,跟他女儿给他送来的一样美味;他身体不错并且心情愉快。基哈达和卡斯特鲁写信到帝都:"皇帝心情

---

① 此处原文为 xerte,疑似有误,应为 jerte。——译注

不错:他饮食和睡眠都极好……;他住的套房也让他很满意:有一个遮阳走廊通往他卧室,这条走廊上每天阳光普照。那里视野开阔宜人,可以看到果树和绿地,皇帝大部分的时间都待在那里;在他的楼下还有一个花园,里面种着橙树,柠檬树和其他花,飘着这些植物的香味。陛下非常满意,过不了几天,他就不想去修道院而永远在这里居住了。"

尽管天气晴朗,但是尤斯特修道院所在的大山还是被雾气围绕着。查理五世的侍从们从哈兰迪利亚朝着淹没在雾气之中的修道院望去,当地人对这个修道院评价并不好,因此他们不相信在那里的生活会像皇帝在佛兰德时设想的那样宜人和益于身体。卡斯特鲁写道:"虽然好几天天气晴朗,而且因为艳阳高照,天气很热,但是尤斯特修道院所在的地方一直笼罩在大雾中。那里一定很潮湿;因为连这里都降雨充沛甚至常有暴风雨。所有这些都不利于陛下欠佳的身体状况。最后,就等他不能再待下去的那一天吧。"

不久之后秋天的雨季突然来了,皇帝已经在穿越卡斯蒂利亚老城北端的时候见识过雨季,雨量充沛且连绵不绝。11月18日,基哈达和卡斯特鲁写道:"这雨下得可怕,雨停了就升起浓雾,浓到20步之内都还看不到人。"皇帝也逐渐感觉到,这个对他身体无益的气温会损害他病弱残疾的身体。他不得不在他的房间里造一个壁炉,并且要使用他的旅行火炉来给他的套房取暖,他盖上了填充着印度羽毛塔夫绸制的外套,这个外套又轻又暖和,与两条双层丝绸羽毛被子的其中一条一起制成,这条被子是他的女儿送到埃尔瓦尔科德亚维拉(Barco de Avila)给他的,他非常喜欢这个外套,又要求他的女儿再给他做一条相似的睡袍。

阴雨连绵的天气使得皇帝周围的人都忧伤又泄气;他们所居住的村庄贫瘠且食物供给不善,缺少肉食,面包也不太好;那里只有极好的栗子。在斋戒日为皇帝捕到的鳟鱼都太小了,基哈达要求巴斯克斯不要忘记让每周从帝都巴利亚多利德到里斯本的信使带来鳗鱼肉酱和大鱼，并且要求往后信使要经由哈兰迪利亚。基哈达为他看到的情形而感到忧心。他 11 月 20 日对巴斯克斯写道："我跟您说，这里一个小时内下的雨比帝都巴利亚多利德一整天下得都多。这是个潮湿的地方，高处低处总是雾气蒙蒙，而且山上终年积雪……这个村里的人说修道院更加潮湿，要我说如果就像这样潮湿，陛下会感觉更加不好。看起来那里并没有耕地，也没有我们之前想象的那么多的橙树和柠檬树。曾经去看过那个地方的人没有一个回来时是满意的……陛下应该昨天出发去那里，但是雨下得太大了以至于他无法成行。"再谈到他 23 日那封信上的话题，据曾经参观过修道院的人说，基哈达命人粉刷的修道院非常丑陋，并且他补充说除非皇帝真的出现在那里，不然他可不相信皇帝能住在那种地方。他说："皇帝不适合在那里居住，因为他希望有凉爽的夏天和暖和的冬天。对他身体最不利的就是寒冷和潮湿。"当人们把这些描述告诉皇帝的时候，他坚定地回答说："就像他一直看到的那样，在西班牙的所有地方，冬天都是寒冷又潮湿的。"

终于，天气好转了一点之后，皇帝在 11 月 25 日出发去修道院。他发现那里比别人跟他描述的更好并且他表现得非常高兴。在此之前，他就将总院长和胡安·德·奥尔特加召唤到哈兰迪利亚，并且尽管最初他打算只和 17 个人一起生活，但他还是下令在尤斯特修道院为 20 个侍从和 20 个师傅准备房间。他的妹妹，匈牙利王后听到了传到帝都巴利亚多利德的消息，关于居住地会对皇帝衰弱的身体带来危害的说法，让她大惊失色。她写信请求查理不要去尤斯特修道院。但是查理五世将取自熙德遇到狮子的那一幕，关于西班牙人的想象力的谚语来比喻尤斯特修道院，幽默地回复她说："狮子没有人们描述的那样可怕（no es el leon bravo como le pintan.）。"

但是他并没有立刻住到那里：尤斯特修道院的内部布置还在继续进行，并且他的旧疾重发让他不得不在哈兰迪利亚逗留了 3 个月。接着有人陆续到那里去看望他，依次来探望的是奥罗佩萨伯爵和他的弟弟弗朗西斯科·德·托莱多(Francisco de Toledo)、埃斯卡洛纳公爵(le duc d'Escalona)、奥利瓦雷斯伯爵(le comte d'Olivares)、法德里克·德·祖尼加先生(don Fadrique de Zuniga)、阿隆索·德·巴埃萨(don Alonzo de Baeza)和阿尔坎塔拉骑士团团长路易·阿维拉·祖尼加——他曾经在皇帝身边领导了最近的德意志战争,他将这些战争都记述在实录中,这些记录充满荣光且言辞确凿。

在皇帝接见的来访者中,有皇后曾经的侍卫伦巴第侯爵,他已投身修道院生活,他在皇后死后就表现出来了这种强烈愿望,于是他后来被称为"弗朗西斯科·德·波吉亚神父"。他的这种圣洁朴素的生活洗涤了本世纪初因为教皇亚历山大六世(Alexandre VI)和切萨雷·波吉亚(César Borja)而蒙污的姓氏。尽管他曾经想更早归隐,但是查理五世给他委派了在西班牙的重要任务,任命他为加泰罗尼亚总督和腓力王子的总管,同时他对这片土地也满怀最深沉的爱,这些都使他不得不在俗世多待一段时间。这个完美的臣子、老练的骑士、灵活的猎人、勇敢的战士和机智的总督,对心灵的艺术如同对政治与战争艺术一样进行了钻研,他之前还参与了查理五世讲究的爱好和严谨的治学之中,当他可以投身宗教生活的时候,他义无反顾地这样做了。在他的父亲死后,他成了甘迪亚公爵,在得到了皇帝的许可后,退隐在他的公国里;当他的妻子埃莉诺尔·德·卡斯特罗(Leonor de Castro)在1546年过世后,他感到可以自由追随内心难以抑制的使命去了。在甘迪亚城里,他建立了西班牙第一个耶稣学院。1年以后他根据教皇保禄三世(Paul III)的敕书,在依纳爵·罗耀拉(Igance de Loyola)的要求下,秘密地加入了耶稣会,他被允许带着公爵头衔成为一名教士,并且可以一直管理自己的公国,直到他可以将公国交给他的儿女。从那时开始,他便开始了他教士的生涯,在他的家里,一切按照隐修院的方式安排,他强制自己遵守最严苛的清规戒律。他衣不解带地睡在他床脚的木板上,每天凌晨2点钟起床,他一直祈祷到早上,沉浸在最热烈的冥想带给他的喜悦之中。

在完成了他的长子和女儿们的婚事以后,他就依依不舍地与他的家人告别。当他离开他的城堡出发去罗马时,他曾经前往他的精神导师、神父包蒂斯塔·德·巴尔马(Bautista de Barma)的脚下,哭着对他说:"我的灵魂受着折磨。我的神父,在上帝的面前请求他一定看顾我留在这里的孩子们。"接着,他登上了将把他带去意大利的船,他唱起赞美诗:"以色列出了埃及",作为他解脱的赞美诗,他离开他的公国就像以色列人们走出埃及一样。语气中迸发着喜悦,其中表露了为这种决断的而做出的努力,他又补充了一句:"枷锁都被打破了,以主的圣名,我们自由了。"

在罗马,他住在耶稣会创建人依纳爵·罗耀拉旁边的小屋里,他在这里躲避被他高贵的信仰和他圣洁的品行所吸引来的,充满崇敬的见证人们,并且拒绝了教廷提供的更高的头衔,他曾经在1551年1月15日写信给查理五世,告诉他,他所做的决定并且请求他能将他的爵位给他的儿子伦巴第侯爵。

查理五世那时正在奥格斯堡,他给这个他曾经的侍从回复,批准了所有他的请求,这样他就提早几年宣布放弃头衔隐退清静之处。他立刻放弃了他的所有财产和头衔,弗朗索瓦·波吉亚离开了世俗住宅,住进了耶稣会的房子,剪掉了头发,刮掉了胡须,在1551年8月1日,他在田野中高高立起的祭坛上,在从四面八方赶来的人们面前,做了他的第一次弥撒,教皇尤利乌斯三世(Jules III)给这次弥撒给予完全的恩典。

"罪人弗朗索瓦神父",他这样充满谦卑和真诚地称呼自己,整日投入最深入的宗教冥想中,并且致力于最严苛的基督教苦修。在这个过程中,他完全忽视身体的照顾和需要,领略所有源自灵魂的喜悦。为了能让神父在其投身的教会中发挥作用,使他不要因为极端的自我节制而倒下,依纳爵·罗耀拉任命他为整个伊比利亚半岛的耶稣会总负责人,从而使神父脱离了极端的静修、危险的苦行和看起来怪异的谦卑行为,当然,这也让神父不再得享清静。他还派了马科斯(Marcos)神父到他身边,去做他的管理人,按照他的命令,波吉亚神父必须结束过长的斋戒,停止入神的祷告。因为担心波吉亚神父那种天主教徒式的谦虚显得太过离谱,罗耀拉禁止神父自称"罪人弗朗索瓦"。

波吉亚神父像一个听命于将军的士兵一样,顺从地服从了他的安排,他竭心尽力地开始传播推广耶稣会,他曾经对耶稣会发誓,要献身于维护罗马天主教教义并且根据宗教正统公认教义来教授人文学科。他穿着棕色粗呢做的衣服,身体渐瘦,但是心荡神驰。他在卡斯蒂利亚的骄阳下奔走或是从冰冷的山脉中穿过,步行走遍了半岛上的所有省份,跟随他的还有马科斯神父和布斯塔曼特(Bustamente)神父,他还在西班牙和葡萄牙的城市中布道和成立学院。他在帝都巴利亚多利德(西班牙首都)和里斯本(葡萄牙首都)都非常受欢迎,胡安娜公主和卡特琳娜王后经常召他到身边,他在这两个王国都是宫廷顾问,人民的讲道者,并且作为年轻人的老师,为他的教会预备人才。尽管该组织源起自西班牙,但是耶稣会在伊比利亚半岛仍然受到怀疑,如果没有他,这怀疑会更加严重。

当皇帝在哈兰迪利亚的时候,弗朗西斯科神父就在普拉森西亚相邻的城市,在那里他也成立了一所学院。他已经4年没有见过他过去的主人了,同时他也很害怕出现在皇帝面前,因为胡安娜公主告诉他,皇帝并不同意他加入耶稣会。然而当他从奥罗佩萨伯爵那里得知,查理五世对还没有见到他表示非常震惊的时候,他便和马科斯神父、布斯塔曼特神父一起前往哈兰迪利亚的城堡。当他来到他老主人的面前,弗朗西斯科神父立刻跪倒在地并且想要握住他的手对他行吻手礼。皇帝直到他起身坐下才愿意让他亲吻自己的手。但是查理五世还是继续像以前那样,称神父弗朗索瓦为公爵,而他却恳求皇帝让他跪伏在他的脚下。"我谦恭地乞求陛下您,"他说,"能允许我这样一直跪在您的面前,在我看来这就像我在上帝面前,我将会跟陛下您讲述我生活的改变和我所投身的宗教生活,就像我曾经告诉上帝一样,上帝证明我的所说的句句是真。"皇帝回答他说,他非常高兴能听到这些事情,但是他不能再一直跪着。

弗朗西斯科神父说:"我必须将关于我的事情向陛下您汇报,就像一个仆从和心腹一样,我曾经从您的权力之手中,获得了非常多的恩宠。到现在为止我已经很久没有向您汇报过了,因为我长期不在陛下身边而且这些事情在信中我也无法很好地讲述。"他接着对皇帝说他决定住到宗教住所里,与其他教会相比,他已经义无反顾地投身于这个刚刚成立的教会。"我不只是听说,"他补充说,"我选择它,不只是因为这个教会比其它教会更加神圣和完美,更是因为上帝更想要我为他效劳并且通过他在我身上布施的鸿福和展露的忧愁,向我表明他的意愿,根据这个我考虑在某个地方投身宗教生涯。另外,上帝的慈爱给予了我迫切的想要逃离当今所有荣耀的欲望,还令我想要寻求和体验最悲惨和最低贱的生活,同时我也担心,如果我进入另外一个因为资历而受到尊敬的教会中,我将在其中又发现曾经我逃避的东西,它会使我再次享受俗世中同样的荣耀。加入这个刚刚被教廷确认过的新教会,我就不会有这种担忧了,毕竟这个教会正如陛下所知,既不出名也不被器重,而更确切地说是被厌恶且被迫害的。"弗朗西斯科神父于是提到了耶稣会的精神和耶稣会已经完成的工作,还有他在耶稣会中感受到的虔诚慰藉,他没有忘记叙述任何可以在皇帝面前为他所做的选择正名的事情。

查埋五世丝毫没有打断他,一直带着和蔼的态度听着他的叙述,但是并没有被说服。于是他用友好的口吻和坦诚的态度,回复神父说:"我非常高兴能听到所有关于您和您现状的事情。我愿意毫无保留地告诉您,当您从罗马给尚在奥格斯堡的我写信时,我很震惊于您的决心。在我看来,像您这样的人物,应该更愿意加入一个久经考验的、有资历的宗教修会,而非一个未经认可且众说纷纭的新修会。""陛下,"弗朗西斯科神父又说,"任何一个颇有资历且久经考验的修会都曾毫无经验且默默无闻。而在它的最初阶段,它都是好的。正相反，经验告诉我们，修会，甚至是耶稣教义（福音）和恩典法律在最初的时候，都曾人才辈出、硕果累累，且人才都拥有至高的忠诚与圣洁。我非常清楚很多人就像陛下您说的那样对耶稣会议论纷纷，那是因为他们并不了解真正的耶稣会。某些人的偏见甚至使他们对我们强加诬陷和错加指责。在我看来，我向陛下保证，如此多的原因使我在您面前保证这番话的真实性，如果我之前曾经知道这个修会有什么不好的地方，我就不会迈进去一步，而如果现在我发现了，我会立刻退出。如果我放弃了俗世的一切，冒天下之大不韪，而加入一个不能很好地侍奉上帝且不能让他感受荣耀的教会，是不明智的。"

皇帝并不为之所动。他仍然保持对耶稣会的成见。该会新近成立了学院，另外他们借鉴了一部分德亚底安修会（Théatins）修士的经验，而在伊比利亚半岛，人们将德亚底安修会跟它混淆，德亚底安修会是由教皇保禄四世成立的，而这位教皇正是皇帝家族公开的敌人。作为西班牙君主和西班牙人，查理五世并不喜欢这两个修会。他只对老牌修会怀有喜爱和尊敬。于是他反驳这个执拗的卡里斯蒂利亚人弗朗西斯科神父说："我相信您所说的，因为您从来说的都是事实。但是您怎么样回答人们对这个修会提出的异议，说它过于年轻，而毫无阅历？""陛下，"弗朗西斯科神父又说，"当母亲年轻的时候，陛下认为她怎么会希望自己的孩子是年老的呢？如果这是个错误，不久时间会帮我们改正它。从现在起再过20年，现在所有年轻的人也会有白发的。我们的修会也是一样。我已经46岁了，而原本我可以更好地利用我这46年的，"接着他继续说，同时指着布斯塔曼特神父说道，"跟我一起来这里的这位快60岁的老修士，一个教义和品德都可靠的人，而他来到修会时还是一个初学修士。"皇帝认出了布斯塔曼特神父就是塔韦拉枢机主教曾经的一位秘书，当主教从突尼斯远征回来时，曾经急遣他从马德里去那不勒斯。皇帝没有再坚持下去，然而对这个团体他仍心怀疑虑，同时他也表现出对这位严肃圣洁的朋友最深情也是最大信任。

在这次长达 3 小时的谈话中，他们两人都回忆了过去就设想过的退隐、远离俗世烦扰的计划。"您还记得吗，"查理五世对弗朗西斯科神父说，"1542 年我在蒙宗就对您吐露过我刚刚完成的计划？""我记得很清楚，陛下。""这件事我只告诉过您和另外一人。""通过这个秘密，我能感受到您的宠信，时至今日我都从来没有将此事告诉过任何人。但是我希望陛下您能允许我谈论它。""现在您可以说了，因为此事已成。""陛下您也记得那个时候我曾告诉您我打算想要改变我的生活吗？""您说得对，我也记得很清楚。我们两人都未食言，完成了我们的决定。"

3 天中，耶稣会苦行者、曾经的甘迪亚公爵和皇家修士老国王之间，一直进行类似的交谈，他们其中一个放弃了荣华的生活而在上帝面前卑躬屈膝，教书育人，走遍各省和城市，他视学院为岌岌可危的罗马教义最坚固的支撑，并扩大它；另一个为了从统治的疲惫中得到休息，摆脱领导的重责，同时更加悠闲地在清静的修道院里祷告，则放弃了巨大的权力。当弗朗西斯科神父向皇帝辞别的时候，查理五世邀请他尽快再回来看他。他命基哈达给神父 200 杜卡托作为施舍。"尽管这笔钱略显微薄，"基哈达对弗朗西斯科神父说，"考虑到陛下自己现在也没有多少钱，他再也不能像跟以前那样给你那么多的恩赐了。"

查理五世在哈兰迪利亚不仅接受了很多殷勤恭敬的致意，他还收到了很多礼物和现金，当然还有他桌上精美的菜肴。从帝都到里斯本的信差在斋戒日时，每周四晚上到哈兰迪利亚，给皇帝带来肥美的鱼。他的女儿胡安娜公主——西班牙摄政给他从宫中带来丰富的食物并不断送来礼物。不只有她这么做，贵族和主教们尽他们所能给他送来能让皇帝开心的东西。他收到过来自帝都的鳗鱼肉和大鳟鱼肉罐头和肉酱；来自隶属于奥尔索诺侯爵(le marquis d'Osorno)伽马(Gama)村肉质细腻的松鸡和德尼亚侯爵家族(la maison du marquis de Denia)的弗拉芒式香肠，并且就像不久前他进贡给在托尔德西利亚斯（Tordesillas）的母后一样，给他送来阿拉贡和新卡斯蒂利亚的野味，萨拉戈萨的小牛肉，塞维利亚和葡萄牙新鲜的牡蛎、鳎鱼、鲽鱼和七鳃鳗，安达卢西亚（Andalousie）鲲鱼食物和商人佩雷洪（Perejon）准备的小橄榄，与埃斯特雷马杜拉的大橄榄相比，他更喜欢小的。

托莱多大主教多次从他富饶的都城送来满载着各种各样食物的八九头驴子到哈兰迪利亚。瓜达卢佩圣母修道院的院长不停地从他富裕的修道院送来食物，无论皇帝在哈兰迪利亚还是在尤斯特修道院。贝哈尔女公爵（la duchesse de Béjar）和弗里亚斯女公爵（la duchesse de Frias）也给查理五世送来了美食和礼物。其中还有一只用于焚烧香料的银香炉，以及香水、熏香和手套。皇帝很乐于接受这些关心，但是当他看到弗里亚斯女公爵送来的手套和他因为痛风而结节的手指，他说："她应该也送我一双可以带上这副手套的手。"送到哈兰迪利亚的甜食、腌制罐头、野味和辛辣的食物，皇帝吃得很开心也吃了很多，这却让忠诚的基哈达很懊恼，他写信给帝都："所有这些只能让皇帝食欲大开但是谚语中说：'只有闭上嘴，痛风才能好。'"

痛风果然不久又卷土重来，并且在12月27日至1月4日严重发作。首先病痛侵袭了右手，并漫延到肩膀和脖子，接着又侵袭了他的左手和左臂，最后一直侵入到膝盖。这种强烈攻击，在稍微缓解之后，就又复发并且全面发作到1月26日左右。当他受到病痛折磨的时候，一位在米兰任职的颇有盛名的医生乔瓦尼·安德烈·梅洛（Giovanni Andrea Mela）被召到哈兰迪利亚给皇帝治疗，并且用一种无法在埃斯特雷马杜拉找到的植物来治疗他的痔疮，这种植物不久之后由伦巴第送来。意大利医生首先要求他不再喝啤酒，因为这对他的身体有害；但是这对于一个弗拉芒人来说要求太高了，查理五世回答说他做不到。医生表示这个地方太潮湿了，对皇帝健康不利；对此查理五世反驳说："他还没有表达过这个意愿。"他甚至非常坚决地决定居住在尤斯特修道院。卡斯特鲁完全地了解此事之后，写信给巴斯克斯·德·莫利纳:"皇帝不会对他的计划做任何改变,就算天地合在一起,他也绝不允许他的计划被动摇。"

当他暂居在哈兰迪利亚的时候,查理五世处理了很多关于皇族和西班牙棘手的或是重大的事情。对于皇族他仍是深受尊重的元首;关于西班牙,国家的需求和危险不断,而无论历史学家对此有什么说法,他是热切地关心西班牙王朝的。在短暂的厌倦之后,他又对事务重新来了兴趣,并表现出他曾经的精神和意志的活力。

埃莉诺王后希望她的女儿葡萄牙的玛丽亚公主到西班牙她身边来。她已经有 25 年没有见过女儿了,她心情更加急切并催促着此事的推进,因为她的年纪和疾病都不能让此事再等太久了。但是让公主从里斯本到帝都巴利亚多利德的事情却遭到了国王若昂三世的反对,他并不想放弃应当给他同父异母的妹妹玛丽亚公主的 100 万金埃居。公主却出于骄傲而不愿意到那个她原本应当成为王后的国家,那里会让她想起那场她和腓力二世之间几乎达成却中断的婚事,这让她深感侮辱。因此埃莉诺王后的恳求却只得到了拒绝的答复。国王若昂三世写信给他在巴利亚多利德的大使杜阿尔特·德·阿尔梅达(Duarte de Almeyda):"我只是感到震惊,当我得知有人要让我的妹妹离开我的王廷,而妹妹是我一手抚养长大的,我对她视如己出,甚至更甚于葡萄牙已经出嫁的公主们。无论是出于公主的名誉还是我的名誉考虑,我都不允许公主在没有结婚的情况下,离开她的国家和我的王廷。"他还宣称说,出于天性的需要并考虑到处境的合宜,他认为应该是母亲来到女儿身边而不是将女儿送到母亲那里去。

埃莉诺王后对这种不合作的态度非常伤心,而她清楚地感觉到她自己无法克服这个障碍,于是她恳求查理五世能有力地介入。她乞求皇帝,就像"一直作为君王和父亲一样"支持她出于母性的愿望,以他的名义向葡萄牙王室要求让公主来到她身边,人们绝不敢拒绝他的请求,况且这也是她和曼努埃尔一世国王婚约中一条正式条款。查理五世根据她妹妹的愿望,写信给西班牙常驻里斯本大使唐胡安·德·门多萨（don Juan de Mendoza），另外唐桑乔·德·卡多纳（don Sancho de Cordova）在哈兰迪利亚接到皇帝的指示，特别派遣他，以皇帝的名义要求若昂三世国王同意公主合情合理地离开，并且尽快动身。葡萄牙国王遇到这样的谈判代表只能以让步的方式结束谈判。但是他之前曾经为了拖延时间找了各种借口。他派出皇帝很久之前就认识的且深得皇帝欢心的洛伦佐·皮雷·德·塔沃拉去哈兰迪利亚，命他通过为预备公主婚事，拖延时间。

洛伦佐·皮雷于1557年1月14日到达哈兰迪利亚，皇帝在1月15日非常亲切地接见了他，并且不允许他跪着低头跟他说话。若昂三世国王的大使根据他主君的命令，绝不会忽略任何机会来表达公主不结婚就不会离开葡萄牙的态度，并且要将她嫁给已经鳏居一段时间的"罗马人民的国王"，或将她嫁给斐迪南一世的儿子费迪南大公，这位大公深得法兰西寡后和匈牙利寡后的喜欢。查理五世已经看透了若昂三世想要拖延时间的意图。因为他弟弟年事已高而且儿孙众多，这些都让他无法再婚，他推掉了公主和他的弟弟费迪南的婚事，在这之后，他认为他的两个侄子——费迪南大公或者萨伏伊公爵埃曼努埃莱·菲利贝托是公主非常合适的结婚人选。但是他不反对他侄女的婚事是因为他非常着急让她到西班牙来，并且这是根据埃莉诺和伟大的曼努埃尔婚约中不容置辩的条款所规定的。

在这次会谈中，查理五世信赖地对洛伦佐·皮雷谈到了他的新生活，以及他对这种生活的感受，他享受着休息时光，以及为此他所作的安排，并且对为了这些安排不能更早退位而深感遗憾。从突尼斯远征回来时，他初次萌生了退位想法，并且说他不能更早地付诸实施是因为他儿子当时太过年轻。但是，他带着颇有深意且略带苦涩的遗憾之情补充说："我本来应该在结束了德意志战争之后就隐退到修道院的。如果当时我那样做，我将从中受益，因为我的威名就不会减弱；然而现在我的名望已被这些接踵而至的事件损害了。"

在经过了两天的谈判之后，皇帝派洛伦佐·皮雷带着给他的妹妹们两位王后的信,去帝都巴利亚多利德,他会向她们提议公主和费迪南大公或者萨伏伊公爵埃曼努埃莱·菲利贝托的婚事。但是,王后们却有更大的野心。她们想到本来被以为是怀孕的英国女王,其实是得了水肿,活不久了,她们希望能够在英国女王死后,重新继续1553年的联姻计划,让玛丽亚公主成为腓力二世的第三任妻子。

在关于公主来西班牙的谈判之前,纳瓦拉人埃斯屈拉曾再一次来参见查理五世并告诉他关于旺多姆公爵最近令人不安的举措。安托万·德·波旁在得知了布尔戈斯发生的事情之后,并没有因为皇帝含糊其词的回应和腓力二世国王的三缄其口而被迷惑。他已经看到了这种无休止和毫无结论的谈判意味着什么,他说:"我很惊讶人们竟然这样戏弄我,将我当成一个头脑简单到不明白这种拖延不过是一种圈套(的傻瓜)。"他还补充说他没想到竟然因为这种镜花水月而空欢喜一场,于是他要求无论是否,必须给他一个迅速的决定,以便他能像盟友或者敌人一样行动。阿尔伯克基公爵将这个催告带给了腓力二世,而埃斯屈拉则告诉了查理五世,查理五世对纳瓦拉国王的使者说了很多好话却不做任何许诺。"我远离政事,"皇帝在进入修道院前夜对使者说,"我不能在此事上做任何决定。但是我儿子,国王的答复不会再拖太久,在布尔戈斯的时候,我已经写信给他。因此最好还是在等到国王的决定之前继续现在的谈判吧。"他不可能答应将富饶的伦巴第作为贫瘠的纳瓦拉的补偿的,而且像查理五世和腓力二世一样野心勃勃且聪明机智的政治家们,是不会付出如此高昂的代价来换取和这个君王联盟,这个君王对他们的敌意实际上并不是非常可怕,而且肯定没有能力夺回他前任都无法捍卫的领土。然而,最好还是能避免他的进攻,不能撕破脸皮直接暴露在这个危险下,继续给他留有希望的同时自己也做好准备,如果他对此毫不满足,就在防守严密的比利牛斯山将他击退。查理五世给巴斯克斯·德·莫利纳写道:"他宣称如果他和我的儿子之间不能达成一致,他将在明年开始与纳瓦拉王国的战争。"当意大利战争重新开始,不久之后就扩展到尼德兰国家的关键时刻,查理五世决定阻止阿尔伯克基公爵去英国,同时尽管这是腓力二世的要求。他写信给胡安娜公主:"我很震惊,我儿子腓力国王在法兰西国王已经中断休战的时刻,并且与旺多姆毫无结果的谈判之后,竟然让纳瓦拉总长官远离职守,他的在场对这条边境线是最重要的。"

沃瑟尔休战协议实际上已经被破坏了,教皇保禄四世终于达到了他好战的目的。他不仅没有让科隆纳家族在他们曾经的领土和封地上复辟,还将他们曾经完全被剥夺的领土连同帕利亚诺(Palliano)的城市和公国给了他的侄子蒙托里奥伯爵让·卡拉法(le comte de Montorio, Jean Caraffa),又给了后者年轻的儿子卡维城(la ville de Cavi)作为侯爵领地。他最讨厌西班牙人,并且希望将他们赶出意大利,同时他总是对西班牙人进行猛烈的进攻和最难易忍受的侮辱。他以毫无意义的借口逮捕了查理五世的使者加尔西拉索·德·拉·维加(Garcilaso de la Vega);监禁了驿站的总长官唐·胡安·安东尼奥·德·塔西斯(Juan Antonio de Tassis);虐待西班牙大使萨里亚侯爵唐·胡安·曼里克·德·拉拉先生(le marquis de Sarria, don Juan Manrique de Lara),并限制他离开罗马。他还撤销了各种前任教皇们把教会献纳金让与西班牙国王们的教皇敕令,尤其是《第四号敕令》(Quarta),这个敕令将卡斯蒂利亚和阿拉贡教士在1555年和1556年期间收入的1/4给予了查理五世。教皇保禄四世甚至取消了西班牙的神役,并且将所有事情推到极端,他在教廷财务院起诉查理五世和腓力二世,而财务院判定剥夺查理五世的帝国税收和腓力二世在那不勒斯王国的税收,并且教皇宣布这两地的财政将附属于教廷。最终,为了能够得到因为沃瑟尔休战协议而丧失的拥护和强大联盟的援助,他派他的侄子卡拉法枢机主教作为亨利二世身边的教皇特使,让他从教皇和法国在意大利的统治的双重利益出发恢复1555年12月15日废弃的条约。这位大胆的教皇特使是教皇保禄四世从战场上拉回来,并让他加入枢机团的,他通过相同的仇恨和共同的野心，对他的叔叔产生了巨大的影响，他带着战争诺言和2 000人的助理团从法兰西凯旋，不久之后吉斯公爵作为军队统领追随他的脚步。

腓力二世的支持者受到了攻击，使者们受到了侮辱，他和他人民的信仰受到困扰，他的特权被剥夺，并面临失去他众多国家的威胁。尽管他性格优柔寡断而且因虔诚信仰有所疑虑，但针对他如此严重地挑衅他绝不会放弃斗争。为了能减少这些挑衅的危害，他必须直面这些挑衅。他的敌人们在意大利联合了兵力，他面临着失去那不勒斯王国和米兰公国的威胁。但是，在违抗教廷命令和反对罗马教廷的战争开始之前，他希望获得所有西班牙统治下的国家和领地的许可并且得到这些地区天主教舆论的支持。他在佛兰德、意大利、西班牙召集了最受人尊敬的神学家、最博学的法学家、最机智的致力于解析信仰操行疑难问题的神学家，让他们成为教皇和他之间的仲裁者。这些天主教和法律博士们，总体上，表示腓力二世应该阻止将教皇封地加入他的王国，因为担心会激怒那里的人民；但是他可以不管教皇的禁令在那里继续进行基督教礼拜并且在那里征收教会收入；最终，他被允许通过武力反抗教皇，捍卫自己的合法权利，这些权利曾经毫无理由，不正义地被剥夺。但是西班牙的首席主教托莱多枢机主教唐·胡安·马丁内斯·德·西里塞奥（don Juan Martinez de Siliceo）和著名的多明戈·德·索托修士（fray Domingo de Soto）却不赞成这种意见，查理五世曾经派后者作为他的首席神学家去参加特伦托帝国会议，而且这两位因为他们的迟疑和愚昧，建议天主教国王与教皇达成一个不可能的协议。索托修士曾经见过天主教在这么多的国家受到了动摇，担心一旦开始违抗教廷，可能将拉开宗教改革的序幕。他将这些用生动和有力的字眼写信告诉国王："也许，在意大利反抗教皇的武力并不是一个巨大的危险，因为当教皇装上马鞍，他就放弃了他的祭披；当他带上头盔，便掩盖了他的三重冠。但是在西班牙，如果我们蔑视在人民中代表耶稣基督信仰的教皇的领导，那就需要担忧,很快就不会有教皇,最后也就没有了信仰。"

在大部分的神学家们和教规学者们的支持下,这些学者们都是他们国家的杰出人物和他们民族的宗教导师,腓力二世决定与教皇保禄四世开战。在通过行为和语言的强烈抗议后,阿尔瓦公爵接到了命令,让他带领着早已整装待发的军队,越过教皇领土边境,用武力重新使科隆纳家族在自己曾经的领土上复辟,通过让教皇败北迫使他维持和平。

阿尔瓦公爵在罗马国家没有遇到过强烈抵抗。他没有费多大力气就进入了阿纳尼(Anagni)、瓦尔蒙托(Valmontano)、蒂沃利(Tivoli)、维科瓦罗(Vicovaro)、聂图诺(Nettuno)、帕隆巴拉(Palombara)、波尔西卡里诺(Porcigliano)、阿尔代亚(Ardea);用猛烈的武力夺取了奥斯蒂亚(Ostie)的城市和军事堡垒;占领了所有罗马教廷的阵地,还几乎第二次攻占天主教的教廷首都。整个罗马城都惊慌失措,无力自卫,咒骂着高高在上的不安分老头使他们再一次面临这个新的危机。在全城恐慌中唯一顽强着且在敌视中永远不屈服的人提及西班牙人时写道:"所有人现在都可以认清这些叛徒了,他们从很多年前开始就想再来一次罗马之围,就像他们在他们的牧场割草,在他们森林里砍树那样。"但是腓力二世手下的阿尔瓦公爵却丝毫没有尝试获得查理五世手下波旁陆军统帅曾经的战绩。他并没有将他的优势继续扩大,没有让教皇尝到更大失败的苦果从而使他保持和平,在威尼斯人的调解下,他与卡拉法家族达成了一致,同意休战 50 天。

这个意外的消息于 1556 年 12 月传到了西班牙,而直到 1557 年 1 月 5 日才被带到查理五世所在的哈兰迪利亚,皇帝这才知道了这个消息。查理五世关于这个斗争的所有事件都抱有高度兴趣地跟进着。他如饥似渴地听着卡斯特鲁读着从佛兰德和巴斯克斯·德·莫利纳从意大利给他寄来的信。在听完了所有信之后,他总是说:"没有更多的信了?"当他从第一次痛风中恢复过来的时候,他让人给他阅读这些从帝都带来的信，他非常不满意阿尔瓦公爵的停火。在这个时候，吉斯公爵带领着法国军队，穿过了阿尔卑斯山，到达了皮埃蒙特，休战给公爵留出了时间，使得他可以和卡拉法家族从各个地方集结起来的队伍汇合。这被锐利敏慧的查理五世所洞察，他已经明白了这个错误所有的影响，并且从中看到了他们将失去所有在教皇领土上占领的要塞，在教皇国的战争将马上转移到那不勒斯王国，卡斯特鲁写道："他口中嘟嘟囔囔着其他的事，他特别不满意，他不想再听关于休战协议的条款。"

他让人告诉腓力二世，他非常震惊也彻底反对如此不明智的行为。从1月8日到16日，他不停地写快信给在帝都的女儿和姐姐们、里斯本的大使，尤其是在布鲁塞尔的儿子。这种投入和热情很可能是引发第二次痛风的原因，这次痛风一直持续到1月26日。他接到了胡安娜公主来信并且希望公主能在这样困难的境况中帮助腓力二世，使他成功地走出他执政中第一次危险的考验，他催促他的女儿、女摄政官让西班牙的海岸和边境处于防御状态，筹集招兵和军费所需的金钱，为了能在那里补充西班牙军队的兵力，派卡斯蒂利亚士兵到佛兰德：根据基哈达的表述，"卡斯蒂利亚士兵，都是世界上最优秀的士兵"，总而言之，为在春天全面战争提供所需要的一切。

他给公主写了一封很长且优美的信，在信中我们又看到了这位深谋远虑的政治家和君主，他总是能把握时机地指挥和行动。他给她写道："我的女儿，法国人已经破坏了休战协议，而他们所做的都毫无理由，基督教和我们的事务却符合协议条款的规定，现在应当补救已经无法阻止的战局，以便能避免随它而来的麻烦。"在比利牛斯山的背面部署军队，弹药和必需的食物，并且让阿尔伯克基公爵驻守在那里；在沿海地带将护岸船部署成梯队；并且在必要的情况下，号召贵族、主教和人民协助捍卫王国；立即通过路易斯·德·卡瓦哈尔（Luis de Carvajal）的舰队给他的儿子送去他曾经要求的50万杜卡托；将从美洲送到塞维利亚的金锭和银锭铸造成钱币：这笔钱正好可以付清他曾经欠银行家福格尔(Fugger)的钱,以便完全维护他儿子信用,尤其是在这种情形下显得尤为重要;要让地中海边的罗萨斯(Rosas)要塞无懈可击,给奥兰总督阿尔考德特伯爵(le gouverneur d'Oran, le comte d'Alcaudete)一切防御所需的援助,他负责守卫这个非洲海岸的城市,它必然会被法国人一直以来的盟友摩尔人、土耳其人一起进攻。这些都是查理五世建议迅速采取的措施并且立即付诸实施,他说:"不要等到最后一刻,就像之前在其他会战中出现过的那种情况,那都曾带来了巨大的麻烦。"他尤其坚持,守住奥兰市对于西班牙的安全非常重要,因此它不应受到任何损害。他补充说:"因为如果这个城市失守,我就不想待在西班牙了,也不想去西印度群岛,而是去一个我听不到这个消息的地方,因为国王会因此受到巨大的耻辱,这些王国们也会生灵涂炭。"

他同时要求胡安娜公主给德·休伯曼先生(M. de Hubermont)一艘轻便船只供他使用,休伯曼将回到他儿子身边,并且承担着传递他快信和意见的任务。这封信写于1月31日。3天之后,查理五世的身体已经康复,并且他已经到达隐退修道院附近,他彻底地离开了哈兰迪利亚的城堡,准备到修道院居住。1557年2月3日下午,他与那些不再陪他去修道院的仆从、勒勒伯爵、休伯曼先生和90多名跟随他从布鲁塞尔到哈兰迪利亚的弗拉芒人、勃艮第人和意大利人告别。除了付清他们应得的钱,他们还收到了他给的很多礼物,这些东西表明他对这些人非常满意,并希望以此给他们留下美好的纪念品作为回忆。他甚至在他套房的门口,对他们说了最后一句再见,用温和亲热的话语向他们告辞。感情是相通的。所有这些老仆从们情绪激动,大部分脸上布满泪水。但是他们与他们的主人永远分别的痛苦无法同那些要与主人一起去修道院中隐居的人的忧伤相提并论。

大约3点的时候,他上了行军床。奥罗佩萨伯爵骑马陪伴在侧,伯爵陪他一直到尤斯特修道院;贴身男仆拉绍和王室总管路易斯·基哈达。其余的仆从都跟在后面。当他的随从人员上路时,作为他护卫队的斧枪兵将他们的斧枪扔在了地上,好像武器对这个如此伟大的皇帝的用处只限于此了。整个队伍无声无息地穿过了山谷谷底并且缓慢地攀登着修道院所在的山坡。皇帝在晚上 5 点钟到达了尤斯特修道院。得知了皇帝的到来,修道院的修士们在教堂等着他,那里灯火通明,每一层的钟都响起以表达他们的兴高采烈之情。他们头顶十字架,唱着《感恩赞》去迎接皇帝。他们因为喜悦而激动不已,一位见证人说:"除非亲眼看到,否则无法相信。"查理五世走下他的行军床,坐到座位上,并且让人一直将他抬到主祭台的台阶上。在那里,右边是奥罗佩萨伯爵,左边是路易斯·基哈达,在唱完庄重的祷告歌之后,他允许修士们来对他行吻手礼。修道院院长穿着斗篷,但是在这位有权势的君主面前,他略显慌张,尽管此刻君主成了他修道院的宾客,他恭维皇帝,称他为"我们的慈父",他身边的一位修士听到之后立即补充道:"应该称陛下"。查理五世走出了教堂,参观了修道院,接着他回到自己的住所,那晚他进入的房子成了他今后将要生活和去世的地方。

第四章

2月3日这天开始,查理五世闭关在尤斯特修道院。那些侍从们因为将去的地方多雨季且偏僻而伤心,因此用阴郁的语言描述他命人为他退位所建设的住宅。但实际上,同他在哈兰迪利亚听到的描述相比,住宅实际上更舒适更方便而且更有益于身体健康。他的住宅位于修道院的南侧,同时俯瞰着普拉森西亚的拉贝拉河谷。它北面背靠着修道院的教堂,这个教堂遮蔽着同时又高出他的住所,在它后面从东到西延伸着2个教士们所居住的修道院内院,它们分别叫"旧院"和"新院"。皇帝的住所由8个面积相同的正方形房间构成,每个房间20法尺长、20法尺宽。这些房间,其中4间位于1层,另外4间位于2层,这样在这个非常倾斜的山坡上,就建起了一个阶梯型的建筑:最高一层跟内院在同一水平线上。这一层的位置朝向南方,使得房间内明亮且暖和;另外,虽然不合当地惯例,在所有的房间中都安装了非常大的壁炉。

每一层4个房间都被一条走廊分开,这条通道从东到西贯穿房间,4个房间门都开向内部过道。上层的走廊使得两侧通向两个非常宽敞的露台,这2个露台构成了一条由柱子支撑的有屋顶的走廊,皇帝不久之后将它改成了花园;他用他喜欢观赏的散发香气的花来装饰花园,在里面种植了橙树和柠檬树,并且让人在每一个花园里都装了喷泉,喷泉里流淌着从山坡中涌出的或是雪山山峰上流下的活水。在西面喷泉的水池中,铺着荷兰的方砖,它被作为养鱼池,饲养着斋戒日供皇帝吃的鳟鱼,这些鱼是从加尔甘塔劳利亚(Garganta-la-Olla)或是邻村的清澈冰冷的水中捕捉到的。贯穿下面走廊的两侧尽头通向修道院的花园,修道院的教士们将它让给了皇帝,只留下了另外一个在内院东北的花园供自己使用。橙树和柠檬树的幼苗从这个覆盖着绿植、种满蔬菜和果树的花园耸立到皇帝行宫的窗户边,给皇帝带去美丽的白色花朵和甜蜜的香气。

查理五世所住的套房位于 2 层。他的卧室位于走廊北侧,走廊跟它毗邻的修道院教堂相通,那里开了一扇窗,通过这扇窗可以看到主祭台。这扇窗是双层的:一层是玻璃门,一层是门,作为一个观礼台,使得皇帝生病的时候,能从他的床上听到弥撒,不需要现身教士中就可以参加祭礼。他可以随心所欲地通过这个内部联通处参加他们教堂里的唱诗,或者他自己独立的住所里,在他栽培着植物的露台上过着同他们分开的生活。

查理五世作为书房的房间位于走廊的南边,在这个绝佳的位置上可以看到迷人的风景。这个房间充满阳光并且俯视着花园。皇帝在这个房间里工作,接见大使以及到尤斯特修道院拜访他的大人物,这个房间的窗户可以看到周围的山丘,山丘上种着大量的栗子树、核桃树、桑葚树、扁桃树,这些树林的边缘是宽阔和青翠的拉贝拉河谷的缓和斜坡。查理五世同样可以在西露台上看到这幅美景,西露台是他最喜欢的地方,他经常天黑之前在那里散步和小憩,那时太阳已经向地平线落下,在山上,平原散发着柔和的光芒,余晖将它们都染成了金色。在那里延伸着一条微微倾斜的小路,他不知疲倦地通过它走到花园里,这个花园的墙壁四面围绕着他的住所,他住所的大门朝向覆盖了山坡和山峰广阔的橡树林和栗子林。在这个森林里,自由放养着两头奶牛,是给查理五世供养日常牛奶的,森林里每隔一段距离就分布着修道院的祈祷室,在距离它们 400 法尺的地方建造着贝伦(Belem)隐修士的住处，皇帝在到达尤斯特修道院的第二天就参观了那里。

查理五世从来没有像他之前设想的那样在教士们中间一起生活，而且在尤斯特修道院，这位"修士"无法停止继续作皇帝。虽然他没有享受宫廷之中的荣耀，他也并没有让自己在一无所有的单间里，过上严苛艰苦的修道院生活。在这个虔诚又典雅的退隐处，他全心献主，但是生活仍被世界重大事务占据。他的意志坚定，思想高尚，性格果断，意见强硬。他给他的女儿，西班牙执政官和他的儿子腓力国王，关于西班牙王朝统治最机智精明的建议和最深谋远虑的方向指导，而他的女儿和儿子都恳切地、崇敬地请求他给予他们这些帮助。他本人从来不会情绪低落，罗伯逊在这方面观点同桑多瓦尔和他给出的关于查理五世在尤斯特修道院居住记述一样，都不足为信。"他在那里非常穷苦地生活，"桑多瓦尔说，"以至于他的居所更像被士兵抢劫过的地方一样，而不像供这样伟大的君王居住的雅致住所。只有在陛下睡觉的房间里有一个黑色呢绒的幔帐。那里只有一个扶手椅，还那么旧，那么不值钱，如果拿去卖了，也就能卖 4 个雷阿尔(réaux)①。而他本人穿的衣服也是一样的破旧并且总是黑色的。"罗伯特逊补充："查理五世仅仅在 12 个佣人的陪伴下住进了这个仅供一人居住的简朴隐居处。"

这些想象出的描述是为了营造一种曾经的伟大君王和现在的贫困隐居者之间的鲜明对比，而我们将用确凿的描述来取代它们。我们从追加遗嘱中找到了确凿的描述，皇帝自己将财产清单中的他住所里的家具和装饰品列入追加遗嘱中，并申明，在他死后将这些东西指派给跟随他到尤斯特修道院的所有仆人，作为对他们的酬劳。他的住所并无宫殿的奢华，但也不缺少那个精美考究的时代君主们所

---

① 西班牙和拉丁美洲某些国家用的辅币名，有银质的也有镍质的，币值也因时代变迁和地区不同而各异。——译注。

谋求的各种舒适的内部起居设备,并且那里还有他最喜欢的艺术珍品供他消遣。他命人从佛兰德送来24幅挂毯:一些是丝质,另外一些是羊毛的,上面描绘着不同的主题——动物、风景,这些挂毯用来覆盖住所有的墙壁。他所住的套房都带着服丧的标记,他从他母亲去世后就一直带着直到他去世,房间里全部挂着黑色呢绒和黑色门帘。房中有7张地毯,其中4张来自土耳其,3张产自阿尔卡拉斯(Alcaraz);在盖着毯子的文件台的旁边,有3张黑呢绒的华盖和1张更加厚实的黑色天鹅绒的华盖。

查理五世的房间丝毫不像桑多瓦尔描述的那样如修道院般清苦。那里有2张床,一大一小,每张床上都有非常奢华的被子、床垫、靠垫供皇帝使用。他还有大量衣物,他有16条长袍,天鹅绒的、丝质的,填充了印度产的羽毛,装饰着貂毛,与突尼斯的山羊羔绒毛编织在一起。家具方面,房间里有12把用核桃木艺术加工并且装饰有包金钉子的椅子,6把可开合的折叠长椅,在长椅上有呢绒的盖布,6把黑天鹅绒的带扶手的座椅和2把为几乎总是很虚弱的查理五世特制的扶手椅。这两把椅子是供他生病或是康复期换地方时坐的:第一把由6个靠垫围着,这6个靠垫可以轻轻地支撑着他身体的各个部分,还配有一个脚凳供他放脚;第二把也同样塞入了柔软材料,它的扶手突出,人们靠这些扶手将他从一个地方带到另一个地方,尤其是种植花草的露台,当天气晴朗月他身体健康的时候,他有时会去那里在户外吃饭。

皇帝在位时对绘画、音乐、天文、工程机械、高智力作品的狂热和高雅的爱好一直伴随他到尤斯特修道院。提香(Titien)是他最喜欢的画家;皇帝一直非常欣赏他并且送给他大量的荣誉和礼物:他授予提香骑士爵位并为他每一幅画像支付1 000金埃居,还从那不勒斯王国收入中拨给他200金埃居的膳宿费;查理五世出于对这位伟大画家的热烈仰慕而到他的工作室看他工作,这成了惯例,有一天他亲自为提香捡起了从他手中掉落的画笔,并说道:"提香值得一位皇帝的侍奉。"提香为皇帝创作了他各个年纪,各种形式的画像;他也多次为查理五世一直深藏心底的爱妻皇后画像。皇帝的各种画像,4幅皇后的画像,几幅他儿子腓力二世的画像,还有他的女儿们——葡萄牙王后和波希米亚王后的画像,他的私生女帕尔马女公爵的画像,以及他孙辈们的画像。这些画像有的是画布油画,有的是木板油画,或被悬挂在他住所的墙上,或被放在精致的匣子里,装饰着他住所的同时也让他感觉家人们就在他的眼前。

他不仅将世俗情感的纪念品带到了他的隐居所,还放置了几幅美丽的宗教画作,这些画作既可以满足想象力,又符合他对上帝的虔诚崇敬。其中最出色也是最大的一幅就是几年前在他退位之前命提香创作的《三位一体》①。这样,他可以退隐尤斯特修道院的时候摆在面前欣赏,这幅画不久之后一直伴随他的遗骨到了埃斯科里亚尔修道院。这幅画最上面的部分为天空,光芒区域的中间是上帝爱的映像,在散发着光芒云彩的上面,画家描绘了基督教的三位一体(圣父、圣子、圣灵),他们被数不清的小天使围绕着,小天使们的形象一直延续到上部空间底部的最下面,并且在稍微低于这个部分的地方,在耶稣一侧立着圣母。在三位一体脚下靠左边的位置,查理五世被一个天使托着,这个天使向他展示这神圣的奥义,查理五世跪着,双手并合,做出冥想和祈祷的姿态。在他的旁边放着他的皇冠。他头上什么都没戴,仰着头,脸上带着因为上了年纪和权力带来的疲惫,但是表现出一种因为深深的崇拜和恳求的信念而激动的表情。在离他不远的地方,皇后跪在一块云朵上并且被一个天使轻轻地扶着胳膊,她双手交叉放在胸前,垂下眼帘,心情愉快,表现出沉浸在神圣极乐之中,而且就像人们说的那样,她已经脱身尘世,享受着皇帝热切的祷告中所请求的那种准备立刻跨入天界的幸福。离他们一定距离的地方,在其他王子和公主中,出现了腓力二世年轻但严肃的面孔,他的

---

① 又称《天国的荣耀》。——译注

脸上流露着一种坚定的虔诚和平静的仰慕之情。这个皇家家族的团体乞求着圣父、圣子、圣灵的三位一体，好像处在上帝宝座旁的保护下。跟皇族一起出现在画中的还有众多的主教、先知、使徒和圣人，教会则以女人的形象出现在这群人的前面，这群人态度恭敬并且被巧妙地进行大胆形象创造，使得他们各不相同，令人赞叹，他们位于神的三位一体下方的圆形明亮空间里，可以这样说，他们组成了他的尘世扈从。

其他的画作中，大部分的提香作品——如表现最后审判恐怖景象的一幅画——被绘制在画布上、木板上、石头上、可以自由开合的乌木窗扇上：受鞭刑的基督；圣母玛利亚抱着自己从十字架上放下来的儿子；孩童耶稣被其母用右臂抱在身边，一边是约瑟夫，另一边是伊丽莎白和施洗约翰；玛丽拉着耶稣的手，耶稣与施洗约翰一起玩耍，在下面成群的男男女女凝视着他们。一位名叫米格尔（Miguel）大师的画家，同时也是一个雕塑家，他曾与提香一起完成了他的几幅作品，他还为皇帝创作过身背十字架走在去骷髅地之路的耶稣基督，被钉在十字架上的基督，一座圣母的雕塑，两个手捧香炉的天使进行圣礼的画。所有的这些宗教作品之外，还有木板油画《圣母领报》和一幅由金丝、银丝、蚕丝织成的"三博士来朝"主题的挂毯，这些作品不断地在皇帝的眼前重现着基督救赎的感人故事，救世主在简陋马槽中的诞生和他愉快的童年，他痛苦的受难，他至高无上的牺牲，他成功地回到天父的右边，在那里他对皇室家族释放着荣耀的光芒和给予他们作为他身体的每日祭品，通过这种方式皇帝使自己的人性得到了净化。

查理五世在尤斯特还拥有几个圣骨盒，他对此更加崇信，因为它们已经被他变成了真正十字架的木质承载物。他还恭敬细心地保存着皇后弥留之际手中拿着的带耶稣像的十字架，他自己和他儿子在他们临死时也拿着这个十字架。可以用来消遣和娱乐的各种不同的物件，也被他带到了尤斯特修道院，其中包括机械、钟表、天文和地理学的作品。博学的机械师乔瓦尼·托里亚尼和他的助手——一名叫做"约翰·巴林"(Jean Valin)的普通钟表匠，在尤斯特修道院同查理五世一起制作过数量众多可携带的小钟表，从此人们将这种小钟表叫"手表"，除了它们，他们还给皇帝造了4座美丽巨大的钟表。这4个大钟当中，最大的一个被锁在皇帝屋里胡桃木桌上的货物箱里；其他3个，一个叫"牌坊"，一个叫"镜子"，最后一个是落地式的，没有名字，被放在了皇帝住所的其他房间。查理五世还有一个镀金日晷仪和所有可以制作它的工具。

他还有数学工具且有几个象限仪、几个罗盘、1把带格几何尺、2个星盘、1个浑仪、几面岩石水晶的镜子和几副眼镜——在他测量高度和距离时，给他有限的视力或是疲惫的眼睛提供辅助。他有一幅多里亚王子送给他的海洋地图，还有意大利、西班牙、弗兰德、德意志、君士坦丁堡以及印加地图，有了这些地图，他可以在退位后在幕后跟踪世界事件。

他的图书馆中只有几本科学、历史、基督教哲学和宗教修行的书。托勒密的《天文学大成》(*Almagests*)，他的学说在当时仍然是天体运行的解释和规则；皇家天文学家圣克鲁兹(Santa-Cruz)给查理五世教授过数学课程；《凯撒战记》；皇帝的三位编年史作家之一弗洛里安·德·奥坎波(Florian de Ocampo)编辑的古代和中世纪《西班牙历史》；波爱休斯(Boëce)《哲学的慰藉》(*la Consolacion*)的法语、意大利语和罗曼语版本；阿尔坎塔拉骑士团长的《德意志战记》(*la guerre d'Allemagne*)；诗歌小说《坚定的骑士》(*Chevalier délibéré*)；圣奥古斯丁的《忏悔录》和另外两本虔诚的《忏悔录》；康斯坦丁·彭塞·德·拉富恩特(Constantin Ponce de la Fuente)和佩德罗·德·索托神父(Père Pedro de Soto)所著的关于基督教教义的作品；提特曼(Titelman)的《基督教奥义概论》；两本《祈祷书》；一本《弥撒书》；两本泥金装饰的《圣咏经》；一本托马斯·德·波托卡雷罗修士(fray

Tomas de Portocarrero)关于《圣经·诗篇》《赞美颂》[①]和引自《圣经·诗篇》祈祷的评论。这些是皇帝日常阅读的主要书籍。

这些书中的几本对于他来说有着特别的意义。发生于1546年和1547年的《德意志战记》是在他的授意下,由路易·阿维拉·祖尼加用西班牙语写成,接着由冯·马勒翻译成拉丁语并且很快用意大利语和法语出版。查理五世还更加积极地参与了另一部著作:他曾经将《坚定的骑士》的大多数内容用卡斯蒂利亚韵律翻译成了西班牙语,在这部著作中,奥利维耶·德·拉马什(Olivier de la Marche)用譬喻的方式叙述了他曾祖父勇士查理冒险的一生。他的译稿后交给费迪南·德·阿库纳(Fernand de Acuna),最后由这位有学问的贵族完成。与打仗相比,他更擅长写作。在米尔贝格战役之后,查理五世将萨克森选帝侯约翰·弗雷德里希交给他看守。按照他的命令,在1555年由约翰·斯蒂尔兹(Jean Steelz)在安特卫普以《坚定的骑士》(*Caballero determinado*)为名印刷了他译稿中的一本,并由查理五世带到了尤斯特修道院,同时还有泥金装饰手书本的法语诗篇。他阅读的《凯撒战记》并非用拉丁语所写;他不能很好地用拉丁语阅读,在皇帝年轻的时候,他的总督谢夫尔基本上禁止他博学的家庭教师阿德里安深入地教他这门语言,因为他认为一位国王应该在贵族般的作战训练中受教育而不是在书本中成长为一个学究。皇帝还需要将《凯撒战记》翻译为意大利托斯卡纳方言,这种方言那时已经是政治和战争语言了,皇帝自己可以通过简单的男性思维,简洁快速地阅读高卢的占领者和罗马的统治者的作品。

这本书值得成为那些做了很多大事之后希望记录下来的人们的范例,而当他到达了权力和荣誉的顶峰,查理五世可能已经着眼,想要将他自己的事绩记录下来。1550年夏天,他开始写作自己的战记,他那位有着文学天赋的心腹冯·马勒用这样的字眼提到:"当皇

[①] 原文"Inte, Domine, speravi"意为"求主施怜恤于我们,因为我们依靠主。"——译注。

帝在莱茵河上航行有了空闲时间,他在船上开始了更加自由的工作,他开始将他从1515年到现在的游历和远征写下来,作品文雅且考究,令人赞赏,并且文笔非常坚定且极富说服力。我敢肯定,我不曾想到皇帝竟然有如此的能力,因为他自己对我说过,这并不是教育赋予他的能力,他完全是从他自己的思考和工作中获得的。这部作品的威望、论据的可信度以及权威性尤其强调对历史忠实,以史为重。"尽管这本始于七年前莱茵河上(1551年)的珍贵回忆录,得以在埃斯特雷马杜拉的修道院继续书写,但是由于查理五世自己犹豫摇摆的态度,也许还有波吉亚神父特别谦卑的建议和腓力二世非常高傲的心气都阻碍了回忆录的问世。

查理五世将他自己的文件放在一个黑天鹅绒的大文件夹里,在他去世后,这些文件用密件被寄给了他的女儿、西班牙女执政官。这个文件夹一直放在她的房间里,那里还有各种珠宝和用银、金、珐琅制作的各种精巧的小用具,它们都被保存在盖着各色天鹅绒的箱子里;最珍贵的大概就是那些因为时代的局限性而被认为具有治疗效果的东西。查理五世拥有大量此类灵丹妙药:他有镶嵌着宝石的金子,用于止血;2个治疗痔疮的金手镯和骨头戒指;1块预防痛风的镶嵌蓝色宝石的金抓手;9个用来治疗痉挛的英格兰戒指;1块贝尔兰特博士(docteur Beltran)给他的魔法石;最后,还有几块来自东方的粪石用于治疗各种身体不适。有了这些特异的神奇事物,他应该可以摆脱所有的疾病了。但是尽管他的想象力一时可以让他对这些东西抱有希望,但是毫无疗效的事实只能让他回头求助于他的医生马特仕同样无效的处方,还有他的药剂师奥弗斯特拉滕(Overstraeten)准备的同样毫无药力的药剂。

他带到尤斯特修道院的银器非常多,足以满足他本人以及住所的各种需要。在他私人小教堂里的祭台上,所有仪式用的用具都是镀金银器和双层器具。金器册、银器册、珐琅器册登记了各种珠宝和值钱的物品。他餐桌上的餐具,用于如厕或者他卧室里用的物品都非常考究，包括了罐子、盆、水槽、各种尺寸的瓶和各种类型的器皿，他的厨房、地窖、面包房、酿酒厂、药房等地方用的各种材质的家具都是银质的，并且总重量超过1 500马克①。

查理五世远非像桑多瓦尔和罗伯特逊声称的那样仆从不足，承担各种他所需要的服侍工作的仆役数量众多。服侍他的仆役由50个人组成，他们担任各种职务。管家路易斯·基哈达是他们的最高领导。查理五世最终给予基哈达同德·尼亚侯爵（marquis de Denia）在托尔德西利亚斯城堡（Tordesollas）待奉他母后"疯女胡安娜"时相同的待遇。接下来是按照每年他们领取的金额的排序，首先是秘书卡斯特鲁和马特仕医生，他们每人领取15万西班牙古铜币的工资，或者750荷兰盾，价值相当于至少1.6万法郎②，接下来是弗朗什-孔泰人居永·德·莫龙得到了400荷兰盾作为衣橱侍从的报酬。

皇帝寝室是由4位男仆服侍：纪尧姆·冯·马勒、查理·普雷沃斯特（Charles Prévost）、奥吉尔·博达尔（Ogier Bodart）和马蒂厄·普帕尔（Matthieu Routart），他们每人有300荷兰盾，还有4个理发师或者叫助手：纪尧姆·维克尔思路特（Guillaume Wyckersloot）、尼古拉·贝尼涅（Nicolas Benigne）、蒂耶里克·塔克（Dierick Tack）和加布里埃尔·德·苏埃尔特（Gabriel de Suert），他们所有人都是250荷兰盾。博学机智的乔瓦尼津贴比较多，因为他能领到350荷兰盾，但是钟表匠约翰·巴林只有200荷兰盾。查理五世其他的仆从大部分是比利时人或者勃艮第人：1位药剂师和药房助手，1位面包总管和他的助手，2位面包师其中有1位德意志人，

---

① 古时金、银的重量单位，约等于8盎司；金、银币名。——译注
② 荷兰盾相当于现在货币的6.97法郎和当时货币200古铜币。荷兰盾今天的价值至少是它所需金属重量的三倍，由于金钱购买力的不断下降，而人们直到16世纪，随着新大陆的发现才感受到这种下降。根据勒伯尔先生的《关于中世纪私有财产的评估的论文》中博学且合理的估量（此文被收录在法兰西文学院文集《外国学者》第一卷中），从查理曼大帝时期到16世纪前中叶（1525年），同样的银，购买力从11下降到6，到16世纪中叶下降到4，到中叶下，下降到3，到末叶已经下降到2。——原注

2位厨师和2位厨房学徒,1位酒务总管和1个酒窖男仆,1位酿酒师和1位箍桶匠,1位甜点师,2位果农,1位调味汁厨师和他的助手,1位食品贮藏室总管和他的检查员,1位蜡匠,1位家禽饲养员,1位猎手,1位园丁,3个抬行军床的仆从,1位珠宝主管,1位门房,1位负责为所有仆从购买食物的办事处工作的录事——由洛伦佐·德尔·洛瑟尔教士(fray Lorenzo del Losar)负责。最后是2个洗衣妇——冯·马勒的妻子希波吕·雷尼耶(Hippolyta Reynier)负责洗衣物,伊萨博·普莱亭克斯(Ysabeau Pletinckx)负责洗餐巾桌布。查理五世还给自己带了指导神甫乔治·涅波斯(George Nepotis),以及为他的仆从们带了方济各会教士约翰·德·哈里斯(Jean de Halis),他曾经在哈兰迪利亚的城堡中聆听仆从们忏悔并带领他们进行圣礼。他们的报酬总额达到了1万多荷兰盾,今日相当于21万法郎。

在离开哈兰迪利亚之前,查理五世将他的马匹作为礼物都分派了,因为从此他再也用不到它们了。他只保留了一匹已经年老的但是更加适合他在山区使用的马,如果他残疾的身体还能允许他使用的话。他送回了30头役畜到帝都巴利亚多利德,只留下了6头公骡和2头母骡作为尤斯特修道院和周围村庄日常运输工具。修道院与距离它半法里的夸克斯村(Quacos)关系密切,因为那里住着基哈达、莫龙、卡斯特鲁和所有不能住在尤斯特修道院的人,但是他们每天又必须去修道院。查理五世的身边只留下了几个为他提供必要服务的仆人。贴身男仆、理发师、厨师、面包总管,甚至还有钟表匠,他们都住在为他们准备的位于新建内院的一部分房间中;医生、面包师、酿酒师则住在修道院接待住客的客房里。他们很容易进入皇帝住所,然而所有与修道院修士们区域相通的通道都被仔细地封闭起来。住在尤斯特或者住在夸克斯的查理五世的仆从们就这样组成了一个实用且完整的组织,不仅要满足他个人的不同需求,还可以在修道院中做出所有皇帝需要的东西,从皇帝餐桌上的面包到治疗他疾病的药,从他酒窖里的红酒和啤酒到他的小教堂里用的蜡。

从他进入尤斯特修道院开始,他的女儿、公主殿下为了能够方便地提供食物,以国王的名义给修道院最近的城市转达了一条命令:"普拉森西亚当地市长或者法官,或者代理人:你们已经得知了我们的皇帝陛下隐退到了圣哲罗姆教派的尤斯特修道院了,皇帝本人现在就在那里。同时因为可能需要从你们的城市或者土地上获得很多的食物和其他必需品以供皇帝或者供养他的随从和仆役使用,我命令你们特别照顾因为这件事而来的人,同时非常认真且快速地为皇帝送去合适的物品。我们期待你们可以提供很好的帮助。"西班牙女执政官还在夸克斯安排了一位名叫"穆尔加"(Murga)的有学士学位的法官,带着他的书记官和警官,以便预防和解决皇帝的随从们和当地人之间的纠纷,这也的确发生过几次。

查理五世在尤斯特修道院的生活是完全同修士们分开的。尤斯特修道院有38名修士,其中包括了院长和副本堂神父。皇帝同修士们只有宗教事务上的接触。他从他们中选择了自己的忏悔神父胡安·雷格拉修士(Juan Regla)和阅读神父伯纳丁·德·萨利纳斯修士(Bernardino de Salinas)——他是巴黎大学博士,还有他的3位讲道神父:萨莫拉(Zamora)附近蒙塔马尔塔修道院(le couvent de Montamarta)的弗朗西斯科·比利亚尔瓦修士(Francisco de Villalba),他不久之后担任腓力二世在埃斯特雷马杜拉管理小教堂的神父;帝都附近普拉多圣母院(Notre Dame de Prado)带发修行的胡安·德·阿夸罗拉斯(Juan de Açoloras),他此后成了加纳利主教(évêque des Canaries);塔拉韦拉圣卡塔利娜修道院(le monastère de Santa Catalina)的胡安·德·圣安地列斯修士(Juan de Santandres)。前两位都有丰富的理论知识且擅长宗教辩论,最后一位拥有最朴实的虔诚和最感人的热忱。

胡安·雷格拉是一位著名的忏悔神父,因为他的学识和他的学说,在1551年作为阿拉贡王国的几名神学家之一被派去参加特伦托帝国会议。他出生于哈卡(Jaca)山中一个简陋的小屋,出身于一个贫苦的农民家庭,他敏锐的智慧和强烈的受教育的欲望使他在 14 岁时来到萨拉戈萨城里。在那里,他靠着圣恩格拉西亚教堂(Santa Engracia)的施舍生活,不仅得到了身体的食粮还得到了精神的养分。出于他深情的谢意,他称圣恩格拉西亚教堂为"他的母亲"。圣哲罗姆修士已经注意到了他一贯的勤奋好学和过人智慧,在他们的推荐下,他被安排到富有的卡瓦列罗的儿子身边,并陪他到萨拉曼卡大学。他用了 13 年的时间学习希腊语、希伯来文、学校中的各门课程和宗教知识。他成了一名思想深刻的神学家,学识渊博的教规学家。作名一名宗教决疑论者,他敏锐而健谈;作为一名语言学家,语言应用流利到位。在那个他曾经接受过面包和布施,同时头脑也沐浴了第一缕知识光芒的地方,他成了修士。当他从特伦托回来,他被任命为修道院院长。虽然他参加了帝国会议,而且院长这样的宗教高位使他获得了圣恩格拉西亚修道院修士们的信任,但这都没有让他逃过西班牙宗教裁判所的追究,宗教裁判所强迫他发誓弃绝耶稣会会士们宣布为嫌疑犯的 18 个人,对此,胡安·雷格拉永远不会原谅这些耶稣会会士们的攻击和羞辱。

他在三年任期的管理职务结束后,被查理五世召到哈兰迪利亚,去皇帝身边作他的精神导师。胡安·雷格拉对此重任受宠若惊,最初他想要拒绝掉。"这是为什么呢?"皇帝问他。"因为,"修士回答道,"我感觉自己还不足以,丝毫不够格在此工作上侍奉皇帝您。""请您放心,胡安修士,"皇帝对他说,"您在我身边已经有一整年了,在我动身去佛兰德前,我曾经有 5 位神学家和教规学家,我向他们叙述自己过去的想法,以此来忏悔;而您只是继续聆听我未来的忏悔。"胡安·雷格拉腼腆却会奉承,审慎且顺从,他的性格使他成了一名令人尊敬且令人信服的忏悔神父,而这正是这样一个专横的忏悔者所需要的神父。

查理五世希望胡安神父在他面前坐着,不仅仅是他们二人独处时,就算基哈达在场也是,但是基哈达却不太习惯这种不符合皇家礼仪的做法,当他看到一个普通教士同一位伟大的皇帝一样坐着的时候,他总是感到震惊。雷格拉好几次跪求查理五世,让他站在他的身边,因为当其他人走进来的时候,他总是感到脸红。"你不要担心这个,"皇帝回答他,"您是我的老师,我的忏悔神父;当别人看到您坐着的时候,我感到很自在,看到您脸红的时候我也没有觉得不自然。"即使雷格拉像对悔悟者那样尊敬,他却依然将查理作为主人来服侍。皇帝要求胡安随时准备待命。有一天,胡安·雷格拉去普拉森西亚附近城市的时候,皇帝急遣一名信使让他回来。"您要知道,胡安修士,"皇帝当他回来时对他说道,"我希望您以后不要不通知我就擅自离开,因为我希望您寸步不离地待在我身边。"他非常激动地道歉,从此直到皇帝去世,他再也没有离开过修道院。他也是皇帝遗嘱的执行人之一,在尤斯特修道院作过查理五世的忏悔神父之后,他又成了腓力二世在埃斯特雷马杜拉的忏悔神父。

正如我们所见,查理五世一直都是非常虔诚的。但他也有西班牙人粗鲁暴躁且不耐烦的性格。就如同他对信仰一般,他对宗教仪式怀着一贯的热情。在退隐到修道院之前,他每天都在起床时听一段为皇后灵魂安息而进行的弥撒;在接见过几个人和快速处理完最紧急的事务之后,他都要去他的小教堂里听一场公开弥撒;礼拜日和重大节日时,他要参加晚祷和讲道;他一年进行忏悔和圣餐的次数是一名修士的4倍。我们经常看到他在十字架前祷告。在因戈尔施塔特战役前一夜,他在那里度过了几个小时。也可以这样说,他是带着强烈的勇气从他的祷告台上,奔赴捍卫被比他的军队更强大的路德派军队进攻的营地。他骑着马在敌人的炮火下视察了他部队的前线,老格朗维尔被皇帝以身犯险的行为吓坏了,他代表皇帝的忏悔神父说:"皇帝不能够暴露在这样的危险之下。"他坚定无畏且带着源于信仰的自信,回答说:"还从来没有见过哪个国王或者皇帝死在炮火下呢,如果命运已经决定从他开始,那最好他就这样战死而不是以其他的方式苟活。"

他继续在尤斯特修道院过着他在位时所过的宗教生活。每天他令人进行4次弥撒，并且为他的父亲、母亲、妻子以及他自己供奉基督教祭品；他会参加最后一次弥撒，或是在人们给他建造的与教堂分开的小廊台上参加唱诗，或者在他卧室的窗户上聆听晚祷。每周四，会为他唱圣歌并且举行像圣体瞻礼节一样隆重庄严的圣礼弥撒，就像他家族的所有人一样，他对此非常虔信。他对音乐和绘画都很着迷，在他曾经的皇家小教堂里，有40个最有经验且最聪明的唱诗班成员，因此这个皇家小教堂在唱诗上，在整个基督教系统中独占鳌头。同样，当他来到尤斯特修道院的时候，他命人在西班牙所有的修道院中，找来声音最优美、唱诗最好的修士们到尤斯特修道院。人们从卢皮亚纳（Lupiana）的圣巴泰勒米修道院（Saint-Barthélemy）召来安东尼奥·德·阿维拉修士（fray Antonio de Avila）作为管风琴演奏者，还有2名男高音、2名女低音、2名男低音和2名高音歌唱者，这些人都是从圣哲罗姆派修道院当中，从巴伦西亚、普拉多、萨莫拉和塞哥维亚召来。不久之后，胡安·德·比利亚迈奥尔（Juan de Villamayor）来到尤斯特，他从塞哥维亚的帕尔拉修道院（monastère del Parral）被召来，成为小教堂的管理人和唱诗班男低音，接着从巴塞罗那、塔拉韦拉、雷纳（Reyna）、埃斯特雷亚（Estrella）和萨拉戈萨（Saragosse）抽调了一位新的男高音、新的男低音、新的高音部，至此唱诗班便被补充完整了。在查理五世死后，他们都收到了一笔遗赠作为他们来到尤斯特的报酬，这份遗赠也表达了查理五世对他们的歌声非常满意。

皇帝在尤斯特修道院每天的生活是非常规律的，但是这种规律却经常被政治或者各种事务而扰乱。醒来后，他习惯吃点东西，他从来不能饿着肚子。这个习惯雷打不动，无论是生病还是宗教仪式都不能将它改变。就算是领圣餐的日子也没有例外，虽然这是违反天主教规定的，但是由于教皇尤利乌斯三世的敕令，他成了特别例外，教皇允许他不用空腹去领圣餐面饼："陛下您告诉我们说因为身体状态的需要和限制,且根据医生的建议,为了维持您胃的正常功能,您应该在惯例领圣餐的日子里吃一点清淡的午餐,并且还请求我们,以教廷权威对之前您所做的免除责任,并给予您未来在这方面所做之事以特许权。因此,根据您这种迫不得已的情况,以及您一直保持的虔诚真诚的态度,同时您在所有会战中都捍卫了天主教和教皇们的律令,故我们以上帝的名义,免除您在这方面的所有疑虑;并且同样以上帝的名义,依据他赋予我们的权力,我们宽容地允许您可以在领取圣餐饼之前,进食您所需要的食物。"教皇在最后恳求查理五世注意保持身体健康,因为这副身躯承载着基督教共和国的最高救赎者。

从皇帝的卧室门打开之后,忏悔神父胡安·雷格拉就进入他的房间,而在他前面经常是胡安尼托(乔瓦尼·托利亚尼);查理五世和神父一起祷告,和胡安尼托一起工作。10点时,贴身男仆们和理发师们为他穿衣。当他身体情况允许的时候,他会去教堂,或者在他的房间里沉心静思地聆听弥撒。到了吃晚饭的时间,如果他的手活动自如,他喜欢自己动手切他吃的食物,他的身边有冯·马勒和马特仕医生,这二人都是博学之人,他们会与他一起阅读或和他谈论几个有趣的历史和科学话题。在晚餐之后,又是胡安·雷格拉来到皇帝身边,他通常会给皇帝朗读一段圣伯纳德,或者圣奥古斯丁,或圣哲罗姆的节选。对最后一位,他们会进行一段虔诚的交谈。查理五世接着会小睡休息一下。在凌晨3点的时候,每周三和每周五的时候,他会去他的3位讲道教父其中一位那里听讲道,如果他不能出席,这种情况经常出现,胡安·雷格拉负责汇报。每周一、周二、周四、周六的时候他则会让伯纳丁·德·萨利纳斯博士给他朗读。而且这些可怜的修士们在他面前都唯唯诺诺,他们总是将这个尤斯特修道院的宗教悔悟者认作那位令人肃然起敬的皇帝。一天,在弥撒的献礼仪式中到祭台上,他必须自己拿着圣餐碟,而修士却忘记了给他盘子。并且,当他第一次进入教堂的时候,他的出现使得本应该给他圣水的修士如此慌乱,以至于怔住了,一动不动。于是他拿住洒圣水器,自己给自己洒了圣水:"神父,"他对修士说,"从此以后就像这样做,不要害怕。"

他雇用的为他私人事务唯一一个修士是洛伦佐·德尔·洛瑟尔修士,他熟悉当地情况并且负责为他的仆从们购买食物。但是好像他并不是非常满意教士的服侍,因为,在他允许基哈达去韦拉-加西亚看望他的家人之后不久召回了他,并且命人对他说:"尽早回来,因为他需要他的服待,而修士们对这些一窍不通。"卡斯特鲁补充说:"我认为陛下目前已经相信了无论什么事务,都不应当雇用修士们来做。"

皇帝对尤斯特修道院的居住非常满意。他在这里尝到了从未有过的休息时间和如此健康的身体所带来的深深的惬意。但是对他来说颇有诱惑力的事情,对他的仆从们来说却让他们忧伤。"这个住所和这个地方如此清静,"基哈达写道,"这正是陛下多年来夙愿。对其他人来说却是从来没有经历过的孤单和凄凉的生活……没有人能忍受这种生活,除非是他们愿意放下财产和世事成为修士。"对于他来说,他也没怎么准备好,在得到了皇帝的许可,可以离开几日,回他的城堡之后,他在另一封信中补充道:"我非常希望不用再吃这个地方产的芦笋和松露了。"

到2月24日圣马蒂亚斯节,查理五世已经在尤斯特修道院待了21天了。这个节日对他来说是一个重要的纪念日;1500年2月24日,他来到了这个世界;在1524年的这天,他通过帕维亚之战的胜利占领了意大利并且俘虏了弗朗索瓦一世;1530年的这天,他在博洛尼亚加冕成了皇帝。他对这位使徒(圣马蒂亚斯)一直怀有特别的虔信,因为正是他的命名日见证了他的出生和他最辉煌的时刻。于是他怀着感恩敬畏之情庆祝了圣马蒂亚斯节,并且在这一天教皇在查理五世所在的地方都进行大赦。这一天,埃斯特雷马杜拉的居民从方圆几法里的地方来到尤斯特修道院,企图以自己的虔诚讨得赦免,同时也为了能见到这位教徒同时也是他们感激的皇帝。修道院的外面的田野已经因为早春热烈的阳光和初现的温暖而生气勃勃,在田野中立起了一座做弥撒用的祭台和为朝圣者布道用的讲道台。皇帝的侍从和仆人都已经在早上的时候穿着他们的节日服装领了圣体,而他自己则衣着华丽,带着金羊毛勋章垂饰,一直走到修道院大祭台的脚下,在那里他感谢上帝使他的一生中都充满了幸福与快乐,并且他在那里放了跟年岁同样多的金币,其中也包括1557年2月24日他进入修道院的金币。"您不会相信,"基哈达在写给巴斯克斯的信中写道:"陛下的身体很好;圣马蒂亚斯节那天,他自己走着,当然,只是在一点协助下,自己向主祭台献了祭礼。"

3天之后,他派马丁·卡斯特鲁带着给西班牙女执政官的指示去帝都巴利亚多里德,这些指示或是关于尤斯特修道院他的个人安排的,或是他儿子腓力国王要求过的筹钱事宜的。他同时还命卡斯特鲁带一封给首席大臣的信,信这样写道:"胡安·巴斯克斯·德·莫利纳,我的秘书和我的顾问,在实现了我所有的决意并且确定了我每年花费所需要的金额之后,我决定让卡斯特鲁去帝都,以便他可以将此事告诉我的女儿胡安娜公主,同时还要商定我们如何支付,支付给谁,还有在哪个时间段比较方便提供这笔钱。"这笔他曾经提到过的,供养他所必需的钱只有2万杜卡托金币。他曾经将金额限制在1.6万杜卡托金币,但是他后来发现这些并不够。这笔钱将从瓜达尔卡纳尔(Guadalcanal)[①]银矿收入中支付,它是从距离尤斯特不远的莫雷纳山脉(Sierra Morena)开发出来的,并且产出颇丰:它另外还可以根据自身能力缴纳11‰和6‰的税,这笔钱交给总代理人赫尔曼·洛佩兹·德尔·坎波(Herman Lopez del Campo),由他代皇帝收取。皇帝对这个安排很满意,他还在锡曼卡斯的城堡里留下了3万杜卡托金币,皇帝在尤斯特修道院的第二年,附近村庄因为严重饥荒而荒无人烟,他便在那里大行施舍,还在那些村庄里释放了囚犯以充实人

[①] 此为今西班牙安达卢西亚自治区塞维利亚省的一个市镇。——译注

口，并且让他们与贫穷的年轻姑娘们结婚。

他还继续积极跟踪葡萄牙公主来西班牙的事情进展。洛伦佐·皮雷·德·塔沃拉在结束了与法兰西王后和匈牙利王后在帝都毫无结果的会谈之后，来到了尤斯特修道院。作为母亲和姑姑的玛丽亚公主（法兰西王后），已经识破了国王若昂三世虚伪的联姻提议，他这样做只是为了能将他的妹妹继续留在葡萄牙，于是公主首要的要求就是让葡萄牙公主可以自由地来到西班牙，而这也是之前协议（她与葡萄牙国王的结婚协议）中规定的权力。对此，两位王后写了一封很长的文章给皇帝论述此事，另外她们还要求巴斯克斯从旁乞求，不要再让国王若昂三世像囚犯一样关着公主，却还借口要为她找一位夫君，而其实他根本就不关心她嫁给谁。若昂三世因为这两位王后不耐烦和不公正的要求而非常恼火，他命令洛伦佐·皮雷去见皇帝，因为他只听皇帝的话。

皮雷3月4日到达尤斯特修道院。查理五世此时正忙于他的宗教事务，而且他的秘书卡斯特鲁也不在，卡斯特鲁此时还在帝都巴利亚多利德，查理五世于是让皮雷去夸克斯住几天，由基哈达招待他。当3月7日谈判重新开始的时候，一切都变得简单了。公主宣布说她不想结婚。那么只剩下来西班牙的事宜了。为了一切能像他希望的那样进行，查理五世非常机智地处理此事。他对若昂三世深情地关爱公主给予了极大的赞扬，因为国王对公主视如己出，已经超过一个哥哥所做的。但是他补充说若昂三世不能做出使未婚的公主擅离这样不体面的事；这就是他作为一名基督徒和西班牙绅士的观点。洛伦佐·皮雷根据刚刚从伦敦来的葡萄牙大使约翰·罗伯茨·科雷亚（Soão Rodriguez Correa）所说的，葡萄牙公主到腓力二世国王的宫廷中会有不好的影响，并且甚至可能引起英格兰女王不安的怀疑来反驳皇帝，皇帝却回他说："英国人不善妒，况且公主会一直待在西班牙，她在这里不会引起任何不便。"于是他坚持若昂三世应当遵守他父王曼努埃尔一世婚约中的规定，允许公主回到埃莉诺王后身边。

"我等着她,"他说,"出于他对我的友情,这是他能对身处孤独中的我最大的慰藉了。我曾经拥有过比我之前放弃的更多的王国和国家领地,我现在只能祷告,这也是我初修期满后立誓所要求我这么做的。"

这是他给若昂三世和他的妹妹卡特琳娜王后的信中所写的,同时他也派洛伦佐·皮雷回到里斯本。他的介入带来的有利影响很快就显现了。若昂三世批准了公主的离开。他派一位葡萄牙贵族以他本人名义对查理五世宣布了这个消息,这位贵族还给皇帝带来了卡特琳娜王后的信,而查理五世非常满意,因此给了这位信使一条价值100 杜卡托的金链子。皇帝指派萨拉曼卡主教和维拉纽瓦侯爵(marquis de Villanueva)去葡萄牙边境上迎接公主,并且还派了罗尼莫·鲁伊斯(Geronimo Ruiz)到公主身边以确定她的仆从安排和仆人数量。

查理五世以两位姐妹满意的方式解决了这件家庭事务的同时,还处理了涉及西班牙王朝根本利益的特别重要的事务。

第五章

斯特拉达(Strada)说,"有人曾经这样说,皇帝在退位之后立刻就后悔了,基于几年后格朗维尔枢机主教和腓力二世之间发生的事情。枢机主教提醒国王说,这天是他的父皇查理辞去皇帝和所有他的国家国王,退位的纪念日,腓力国王立刻回答他说:'这也是他开始后悔退位的纪念日。'"我们已经看到了,查理五世唯一的遗憾是他在1535年就构思的计划没有在1547年的时候就付诸实践,而一直等到了1556年。下面我们将探寻:人们认为是腓力二世所说的这些倨傲的批评话语,与他对他父皇的尊敬和恳求正好相反,这与人们认为查理五世因为野心勃勃而后悔不已是否同样都是真实的。

1557年的春天,腓力二世同法兰西国王和教皇交战,此时他困难重重,身犯险境。正如查理五世曾经预料的那样,阿尔瓦公爵与卡拉法枢机主教达成的休战给西班牙人带来了失败。得知吉斯公爵的到来,阿尔瓦公爵撤离了教皇国,他不能继续占领这个地方,因为敌人军力在他之上,而他只能占领阿纳尼、聂图诺、奥斯蒂亚(Ostie)和台伯河上的要塞,并使它们处于防御状态;他撤退到那不勒斯王国以避免敌人的入侵。

负责远征意大利的吉斯公爵是当时最谨慎勇敢,也是最出众的将领之一。他于1557年年初带着一支有1.2万名步兵,1 200名骑兵,数量少,但却英勇的军队到达皮埃蒙特,这里由科斯·布里萨克元帅(Cosse de Brissac)领导1万名旧部士兵驻守。他于1月9日从都灵出发,并且一路占领了基瓦索(Chivasso)、特里切罗(Tricerro)、瓦伦扎(Valenza),穿过伦巴第和帕玛森最后到达了他岳父费拉拉公爵的属地,他岳父被任命为神圣联盟(法国与教皇组成的联盟)的最高统帅,正在伦扎(lenza)桥上等着他,费拉拉公爵还带了6 000名步兵和800匹意大利马,士兵和战马都全副武装,装备精良。如果此时联盟军队向米兰公国发起进攻,那里缺兵少弹,他们将非常容易地夺取米兰。法国人成了意大利南部的主人之后,已经不像马克西米利安和查理五世的时代那般为德意志担心,他们可以控制意大利的中部,同时也有助于向意大利北部进攻。这是布里萨克元帅的想法,在雷焦举行的一次会议上,费拉拉公爵也有过差不多这个意思的提议。但是卡拉法枢机主教被教皇保禄四世授予了权力,同时拥有法国国王亨利二世派给他的吉斯公爵和他的军队,却反对军事占领伦巴第,因为迫不及待要将西班牙人赶出教皇国,他催促吉斯公爵向罗马进军,实现最初的计划,并且提出了攻占那不勒斯的诱人前景。根据他的国王的指示,公爵将布里萨克元帅留在伦巴第前线,将费拉拉公爵留在他的属地,他自己则进入了罗马涅(Romagne)大区去抵抗西班牙国王联盟的军队:曼托瓦一侧他需要应对纪尧姆·贡扎加(Guillaume Gonzague)的进攻,而在帕尔马和皮业琴察则需应对奥塔维奥·法尔内塞。多亏腓力二世的好运,使他在统治初期遇到了被激情冲昏了头脑而不明智的敌人,他们分散了自己的军力,并没有在意大利形成一个真正攻击他的点,他们远没有实现将腓力赶出意大利的愿望,反而使得他的统治更加稳固。

然而,他在此的统治似乎也已经走到了需要妥协的时刻。随着吉斯公爵的逼近和已经从法国到来的援军,在斯特罗齐元帅进攻下,教皇保禄四世已经收复了奥斯蒂亚、弗拉斯卡蒂(Frascati)、格罗塔费拉塔（Grotta-Ferrata）、马力诺（Marino）、冈多菲堡（Castel-Gandolfo）、维科瓦罗、卡维、杰纳扎诺（Gennazano）、蒙泰福尔蒂诺（Montefortino）。如果入侵那不勒斯的行动很快得到实现的话，其他的西班牙人闭门自守的要塞也应该很快就被攻占。这应该是吉斯公爵曾经的想法，于是他令他的军队继续前进，到达了罗马，在那里催促教皇保禄四世执行已经签署了的条款。但是所有承诺给法国国王亨利二世的东西都没有准备好。教皇军队数量很少；军饷也不够。教皇曾经许诺让亨利二世成为帝国皇帝并且将米兰和那不勒斯给他的两个儿子，但除非那不勒斯已经攻取，否则教皇拒绝将那不勒斯给他。在1个月毫无效果的抱怨且要求一直被回避之后，吉斯公爵对教皇保禄四世的无能和其卡拉法家族的侄子们的狡诈非常不满，他于4月中旬离开了罗马，沿着海岸向阿布鲁佐（Abruzzes）前进，他打算从那里进攻那不勒斯。他的部队和加入了他们的几个力单势薄的意大利部队一起，掠夺了科隆内拉（Colonella）、孔特罗圭拉（Controguerra）、科罗波利（Corropoli）、朱利亚诺瓦（Giulianuova），他们还夺取了坎普利（Campli）。公爵接着围困了特龙托河（Tronto）上的奇维泰拉（Civitella），并且想着如果这个要塞落入他的手中，那不勒斯对西班牙人的忠诚会受到动摇，那里曾经的法国拥护者就又会重拾勇气宣布支持公爵。

在洛林亲王南下到意大利时，科利尼海军上将已经越过了尼德兰国家的边境。这个曾经去布鲁塞尔为休战协议庄重地宣誓的人，在这个宣誓才过去不到1年的时候就承担了违背这个协议的任务；他接到了亨利二世的命令，命他从他掌管的皮卡第出其不意地向阿图瓦和佛兰德（Flandre）进攻，并且占领了几个军事重镇。于是他1557年1月埋伏在杜埃（Douai）附近并且试图占领那里；但是他的这个举动却失败了，也没有成功抢掠里尔（Lille）和阿拉斯（Arras）之间的朗斯（Lens）。未经宣战而进行了这些敌对行动之后，休战协议就这样公开地被亨利二世破坏了,他在君士坦丁堡煽动老苏莱曼[1]派遣了一支土耳其舰队到地中海并且命令巴巴罗萨进攻西班牙人在非洲的领地。

腓力二世此时没有军队和金钱,对这个出乎意料的侵略非常震惊,他因为不得不在如此多的地方,与各种不同又令人生畏的敌军作战而万分惊慌。这种危险的情况下,在得到了他叔叔"罗马人的国王"的同意后,他下令在德意志进行大规模的征兵;他自己则去英格兰,为了使英格兰女王下定决心处理与亨利二世之间的争端,同时他派遣他的顾问和他的宠臣——梅利托伯爵(comte de Melito)鲁伊·戈麦斯·德·席尔瓦,后为埃博利亲王(prince d'Eboli)去西班牙筹集金钱,招募士兵,同时寻求他的父皇查理五世的支持。腓力二世本来希望查理五世可以离开他刚刚开始的隐居生活,并且同意来帮助他,重新将西班牙王朝的方向把握在他那经验丰富的双手之中。他在2月2日写给鲁伊·戈麦斯的指示中说:"您到皇帝陛下所在的地方去,将我的信交给他,并且代我探望他,仔细完整地告诉他现在我这里事务的情势,与教皇和法国国王之间发生的事情,以及意大利突然发生的事情,还有我决定去英格兰并同时集结军队,同时告诉他我这个决定的原因。您要谦卑坚定地恳求陛下,使他可以在这种情形下,来援助我,不仅仅是给我他的观点和建议,还需要他本人可以出场并且发挥他权威的作用,求他走出修道院,去一个既适合他的身体又适合处理事务的地方,以便可以通过最不令他疲劳的方式来处理将要发生的事情;因为所有事情真正的成功取决于他的决定。这个世界一旦得知这个新闻,我确定我的敌人们会阵脚大乱,并且考虑到陛下,他们将会在计划和行动中踌躇犹豫。因为我在给他的信中已经谈及此事,对此我不再赘述,我再次强调您所知道的我的意图。只是您请求陛下将他的关于这场战争的意见反馈给我,并且让他指导

---

[1] 即苏莱曼一世。——译注

我应该从哪里以及怎么样开始这场远征,来给予敌人最致命的打击。"

不久,这个请求之后紧跟着来了一个同样重要的请求。腓力二世请求他的父皇不要放弃神圣罗马帝国的帝位。斐迪南在1557年1月在雷根斯堡召开了帝国选举会议,在这次会议上,萨克森选帝侯和勃兰登堡选帝侯借故推脱出席,这使得负责传达皇帝退位文书的奥兰治亲王不得不折返。腓力二世命令鲁伊·戈麦斯将此事告诉查理五世并且同时向他通报1月的雷根斯堡帝国会议有缺席,所以会议将会于5月在波西米亚王国边境上的海布(Égra)重新召开。他在他的快信中补充道:"陛下目前最好不要坚持放弃帝位,他还没有意识到发生了什么,所有人对他这样说,但是他自己却不知道。确定的是,因为父皇的退位,我会在尼德兰和意大利失去很多领土,并且可能比我们想象的还要多……将奥兰治亲王返回的事情汇报给他听,并且坚决地恳求他,如果退位,至少等到我手边的事务发展的形势都明朗之后。关于最后的决定,您通过所有可能的途径告知我,以便如果陛下同意我的建议,可以阻止奥兰治亲王的动身。"

鲁伊·戈麦斯于3月23日到达了尤斯特修道院。皇帝非常亲切地接待了他,给他从来没有给予过任何人的恩宠:他命令基哈达在他自己的住所中为他准备房间。3月23日和24日,他两次和鲁伊·戈麦斯连续会谈了5个小时。查理五世就像我们看到的,将他的远见卓识扩展到西班牙王朝统治下的各个地方,他早已经通过他坚定的思维,预见到了在意大利发生的事情,并且坚持所有以两个半岛的安定和捍卫西班牙人在非洲海岸占领的所有城市为准绳的措施。2月20日①,拉绍与皇帝告辞以便可以尽快返回佛兰德,查理五世交给他几封信让他转递,信中他说:"他在尤斯特修道院非常开心,他绝对不会离开,但是会给他的儿子腓力国王行动和口头的协助,以

---

① 此处原文如此,可能作者有误。——译注

使国王对手中的重大事务供给充足和支援得力。"尽管腓力二世乞求他离开修道院并继续保留皇位,但他没有同意这样做。虽然他的女儿西班牙女执政官希望他到阿拉贡,他也没有去,这是为了让那里的人们可以承认新国王的权威。他只是给他的这两个儿女提供了宝贵的建议,并在紧要关头出面进行有效的斡旋。

鲁伊·戈麦斯并没有在很短时间内筹集到足够维持巨大战争开销的军饷。军队数量、纪律、忠诚,甚至胜利都取决于金钱。总体上,从军事化雇佣兵国家雇用的军人,比如德意志和瑞士,各种各样的信仰提供了为各种原因而战的士兵,如果薪水优厚,他们会积极地服从命令,勇敢地上场杀敌;但是如果军饷不及时,他们则会叛乱,在战争的前夜拒绝服役,有时甚至转投到另一方的麾下。腓力二世在匈牙利和德意志招募的军队应该通过亚得里亚海(Adriatique)到达那不勒斯王国,通过阿尔卑斯山谷到达米兰,或从莱茵河岸来到低地国家,在这里他计划集结5万多人,以便组成实力最强的军队。因此他就需要钱在地中海供养他的舰队和多里亚的战船;供给他计划在意大利、非洲地区和佛兰德驻守的军队。

当时,君王们的财政收入永远赶不上他们的事业需要;然而,西班牙国王们却拥有其他国王君主们所没有的资源。在塞维利亚,有一个巨大的银库,那里他们可以按需取钱。他们在这个城市中集中了所有新世界的贸易,成立了一个名为"西印度交易所"(Casa de contratacion)的机构来对贸易进行管理和垄断。这个"交易所"位于老塞维利亚王宫阿尔卡萨尔(Alcazar),那里集合了商人领事并且在它旁边还有皇家官员,那里曾经是所有商人从西班牙出发去美洲的起点,或是从美洲回到西班牙的终点。每年武装船队满载从墨西哥和秘鲁的金银矿中采集到的金银在那里靠岸,或是给国王的,或是私人所用。所有金属物质,无论是何用途,都要在这里登记,而且只有得到政府的许可才可以提出去,在困难的情况和迫切的需要下,政府会提走个人所有的款项,许诺给予利息和将款项偿还。因此"交易所"是一个巨大的金库,像一个永远向西班牙政府敞开的银行,使得它可以非常容易地,不需要借款人的同意就借到数目可观的钱。类似这样强制性的借款却扰乱了商业贸易的运转,损害了私人财产,而且政府很少会偿还。于是人们尽量避免被借款,或者在还没有被登记在案的时候就抽走船上的金条,或者以一种偷漏的形式将已经登记在册的金银运出"交易所"。这种情况下就发生了下面的事。

根据登记,在塞维利亚应该有500多万金子,腓力二世打算将这些钱用在即将开始的战争中。他从根特多次写信说任何人都不得动这笔钱,因为它们将有大用处,并且他的臣民和封臣有义务支援他;但是大部分钱都已经在"交易所"官员的勾结下被取出了。当腓力二世得知这个消息,他非常绝望,他写道:"我已经处在这种如此大的困窘中,我确定没有什么其他的消息可以令我更加痛苦和烦恼;可以说那些协助做此事的人不仅是同我开战,也是对我的国家和我的财富作对,他们明知道将发生的危险,却还是将它们置于危险之下,而且这些人还将我的荣耀和声望拿去冒险。"

查理五世对此甚至比腓力二世更加愤慨。他并没有通过严厉的控诉和懦弱的痛惜来表达他的不满;他爆发出强烈的愤怒和可怕的威胁。他在给胡安娜公主的信中表达了他的感情,他对她说:"如果我身体健康,我会亲自去塞维利亚,调查出最近这些钱是从哪里被非法转移走的;我会责问所有"交易所"的官员并且跟他们谈话以便能查清这件事情。除非为了了解真相和惩罚罪犯,否则我不会走通常的司法途径;我会查封他们的财产并将其变卖,同时我还会把他们本人安排到一个让他们挨饿并为他们所犯的错误付出代价的地方。

我带着怒气对你说这番话,并不是没有原因的,因为在我从前拮据的时候,当我想要钱的时候,钱就在那里,如果有一笔巨款到了,他们绝不会在这笔钱已经被提走之后才通知我。但是现在,有700万~800万杜卡托的钱曾经被运来,其中竟然只登记了500万;而在这500万中,却只有50万杜卡托留在库中。不要忘了如果那些任由钱流走的人必然是从中分了一杯羹,不然这事不可能发生。"

查理五世催促他的女儿让那些窃走的钱款的人归还这些钱或者惩罚所有窃取钱的帮凶;接着他补充说:"如果这还不起作用,我保证我会将此事写信告诉国王,让他对此更加愤怒;我会建议他不要再采用普通的司法程序,并且,如果他觉得我可以很好地完成此事,尽管我已行将就木,我还是会很高兴地去做此事。但是有句谚语说得好'老好人找不回他的牛',而且我的儿子不会任凭自己陷入巨大的困境中。如果不能找回来这笔钱,如果我们不惩罚那些窃走钱的人,至少我会完成一个父亲应该做的事,以尽到我对儿子的爱。"

在这件棘手且错综复杂的事中,他严厉的评价和批评甚至波及了巴斯克斯·德·莫利纳和其他大臣部长,并且此事使他忙碌操心,心神不宁了几个月的时间。他命人向他汇报塞维利亚的检控,而他认为诉讼不够快速也不够令人信服。他起诉说应该将之前"交易所"的所有官员都关进监狱并且由公主重新换人。他甚至希望将发生偷漏走私金银的货船主人和船长抓起来,然而他因为害怕这些人转而为法兰西国王服务,只能这条要求上让步。印度议会(Le conseil des Indes)[①]和塞维利亚负责监管金银的委员会写信给他,为了替自己辩护同时平息他的怒气,他给他们回信说他控告所有人,直到错事得到弥补,罪犯得到惩戒。但是他强烈的指责和一贯的严厉却没有能使他找回一分钱,只是造成了一个不幸的"交易所"的官员弗朗西斯科·特略(Francisco Tello)的死亡,他被关在锡曼卡斯堡垒的监狱里,几天之后在那里忧愁过度死去。然而,过去的经验却启发了他,应该在之后采取一些预防措施,于是每年从西印度群岛回来的舰队出现在亚速尔群岛的时候,他就写信给他的女儿,让她派一些她信任的人,在商船还未驶入塞维利亚的时候提前到达那里,以防之前出现

---

① 正式名称为"印度皇家最高议会",是西班牙帝国对美洲和亚洲最重要的行政机构。——译注

过的偷漏行为再次发生。

　　查理五世参加筹集饷银,对他的儿子、国王来说非常有用。国王为了补足因为偷漏而缺少的部分,而想方设法寻找资金。他找银行家帮忙,并且对每袋从西班牙出口的羊毛征收 1 杜卡托金币的税,对每袋从国外进口到佛兰德的羊毛征收 2 杜卡托金币的税;他从埃斯卡洛纳(Escalona)公爵的矿征收 6 万担的明矾进行变卖;他向西班牙大公、贵族阶级、主教和王国的大学借款。鲁伊·戈麦斯负责进行这些借款的谈判,他于 5 月 14 日返回到皇帝身边,并且在这方面得到了皇帝的大力支持。尽管他毫无困难地使主要的主教们都接受了向他们征收的赋税,但是塞维利亚大主教费尔南多·瓦尔迪兹(Séville Fernand Valdez),这位也是宗教裁判所的大法官,却什么都不愿意给。当皇帝知道了此事,便立刻写信给他:

　　　　尊敬的神父,塞维利亚大主教,各王国反对邪教异端和弃教行为的宗教裁判所的和我们委员会的大法官,
　　　　……我得知您不仅没有提供我们所要求的款项,还表现出没有丝毫提供它的可能。我对您做出这种事情非常震惊,因为您曾经是我的心腹,我的侍从,多年来您一直享有主教的收入,而且我很高兴看到您一直以来,凡事都为我服务。我认为应该请求您,强烈要求在如此紧迫的情况下,您能为了这项您所知道的正义事业,支援我的儿子一笔,以他的名义向您征集的钱款。我希望您能这样做,我也知道至少您能给他所要款项的大部分。您不仅要完成您应当做的和您必须做到的,您这也是为我而做的,但愿您能快速行动,这既是取悦于我,同时也是为我效劳。如果您没有这么做,国王不会任凭别人支配本属于他的东西,而我也不会建议他这样做。

　　这位固执的大主教并没有立即让步。皇帝不得不非常谦卑地请

求原谅,为了要他支付这笔强制性分摊额,再次写信给他,同时语气更加强烈。他还命令他的女儿：如果大主教仍然坚持拒绝,"应该对他采取另外一种方式向他示威了,如果是如此,也还需要保持事情得体。"但是大主教并没有等到示威的时候；他决定让步,借出要求款项的1/3,给出5万杜卡托。萨拉戈萨大主教交出了2万杜卡托,然而科尔多瓦主教交了10万杜卡托,托莱多(Tolède)大主教给了40万杜卡托。皇帝因为最后两位主教的慷慨解囊而感动不已,对他们表示了感谢。他在为募集资金做出了贡献的同时,还指挥将军费运到各个战争发生地,尤其是距他儿子很远的地方。腓力二世恳切地为此请求过他,他曾写信给鲁伊："我希望,您可以将意大利的事务汇报给皇帝,并且请他能帮助注意意大利,因为我身在战场,无法兼顾此事。我恳求陛下,当您受命为尼德兰和意大利筹集的军费运达之后,您能够参与进来,催促、鼓励、管理那些从最近开始负责供养意大利军队的人,因为这特别的必要；如果战争持续,这种对军费和供给的需要会日益变得更加迫切；如果土耳其的舰队出现在他们的海岸,现在看来已是事实,这种迫切性更是加强了。"

  皇帝以一种难以置信的热情努力为阿尔瓦公爵和他的儿子成功筹集到了军饷,招募到了他们两人所需要的部队。加泰罗尼亚的船早早地就给阿尔瓦公爵带来了第一次兵力和财力援助,他之后很快又收到了55万杜卡托,并且皇帝还准备给他送去40万杜卡托和一支卡斯蒂利亚步兵。在大西洋海岸,2支舰队接连分别从拉科鲁尼亚和拉雷多驶出,2支舰队上共载着给尼德兰的120万杜卡托和6 000名西班牙步兵。第3支舰队已经在拉雷多准备停当。鲁伊·戈麦斯于7月中旬的时候再次来到尤斯特修道院,并且之后与军饷的其余部分和腓力二世所需要的部队一起登船离开。

  多亏有了皇帝的反复催促,这些兵力和财力的援助才能快速及时地到达意大利和尼德兰,这为阿尔瓦公爵击败吉斯公爵和卡拉法家族联军；埃曼努埃尔·菲利贝托打败蒙莫朗西陆军统帅和科利尼海军上将，取得决定性胜利做出了贡献。阿尔瓦公爵负责捍卫王国，他采取了最能保护王国措施之后，就带着比入侵军队更强大的军队向阿布鲁齐（Abruzzes）边境进发。当他逼近时，吉斯公爵已经在奇维泰拉滞留了20天，于是他从这个要塞撤围，他已经在这里打开了一个大缺口，也进行了几次徒劳无功的猛攻，他希望能通过奇袭来弥补之前的失败，为了在别处打开通向那不勒斯的路，他对他的敌人发动了进攻。但是谨慎的西班牙人已经占据了无法撼动的有利地位，并且力图避免将已经稳固的王国暴露在不确定的战争命运之下。他耐心地等待吉斯公爵战栗着从教皇国撤军，因为当时他既不能夺城掠地又无法前进一步。攻占那不勒斯的计划泡汤了。而在意大利其他地方的法国人和教皇军的情形也好不到哪里去：腓力二世已经因为奥塔维奥·法尔内塞攻占了皮亚琴察更加站稳了脚跟，他完全战胜了佛罗伦萨大公，后者将锡耶纳城让给他，阿尔瓦公爵已经准备好作为战胜者出现在那里。但与此同时，联军在尼德兰的边境上遭遇了一个更大的失败。

　　腓力二世也完全成功实现了英格兰之行的目标。玛丽女王对她丈夫的爱超过了对教皇皇权的服从，尽管遭到了教皇保禄四世的威胁，她还是于6月7日对亨利二世宣战。她组建了一支由8千名英国人组成的辅助军队，加入西班牙大军。这支大军已经非常庞大，有3.5万名步兵和1.2万匹马。这支军队待遇丰厚且领导得当，主要是由德意志人和西班牙人组成，7月，由埃曼努埃莱·菲利贝托·德·萨伏伊领导开拔行军。这支军队首先威胁了香槟大区，在罗克鲁瓦（Rocroy）一侧吸引了法军，而法军数量比西班牙军队少一半。萨伏伊的军队突然袭击了法军的右翼，并且向防御不善的皮卡第边境前进，接着出其不意地围困了关键要塞并且从圣康坦撤军，在圣康坦，大军几乎毫无困难地进入了伊勒（Isle）郊区。

　　科利尼海军上将是在北面拱卫巴黎的大区领主，他觉得，敌军夺取圣康坦为他们打开了直通法兰西王国心脏的路。处于这种人尽皆知的危险之中,他跟他的舅舅蒙莫朗西陆军统帅共同商讨后,蒙莫朗西临危受命来到这里统帅法军,而科利尼带领几个连的武装士兵和步兵,通过拉费尔(La Fère)和哈姆(Ham),历尽千辛万苦,冒着生命危险,损兵折将,终于在8月2日进入了被围困了4天的要塞。他在城内重振勇气,并且他的积极与干劲也曾经一度振奋了防御士气。但是如果没有支援,他也支撑不了太久。于是他又到了已被部队占领了的拉费尔和哈姆周边地区,竭尽全力为圣康坦输入必不可少的援助。第一次由科利尼的兄弟当德洛(Dandelot)指挥的尝试失败了,海军上将自己进行第二次尝试,他的军队人数更多,安排更周密,似乎此击必中。8月8日,他自己探查清楚在城东南有一片沼泽地,他必须要从那里穿过,那里半程是狭窄小路,半程需坐船才能进入圣康坦。

回到拉费尔之后,在9日晚上他高度保密地为他的探险做准备,8月10日一大早,他便带了大约900名武装士兵、500~600名轻骑兵、15名法国军连的步兵、22个连的德意志步兵、6门大炮、4门蛇炮、4门小型加农炮出发了;他在大约八九点之间到达了伊勒近郊。通过突然猛烈的进攻,他将敌军的前哨赶出,他的加农炮对在此镇守的萨伏伊公爵的阵地造成了相当大的混乱。西班牙将军的帐篷被掀翻了,埃曼努埃尔·菲利贝托刚刚穿上护胸甲,仓促地向驻守在稍远的另一侧的艾格蒙特伯爵的营地撤离。这次快速进攻使得向被围困的城内输送援助变得方便了,并且这次在沼泽中的进攻中并没有遇到任何阻挡。但是在那里,很多士兵却在他们所不熟悉的蜿蜒小路上丧了命,而剩下的人成功走到了科利尼令人准备好的船上,他们穿过很深又泥泞的水域,因为数量过多的人突然入水,有一部分人陷入了泥沼。因此只有500人最后在勇敢的当德洛的带领下进入了圣康坦;其余的人或是在沼泽中被淹死了,或是在后面的作战中被西班牙人杀死。

但是这次不完美的救援却付出了高昂的代价:海军上将为了打

开要塞入口而实施的大胆行动是非常危险的。他现在面对着退回城外阵地的，被他激怒投入战斗的部队，而这支部队军力远在他之上。海军上将却还是进行了尝试。上将为了从圣康坦回到拉费尔，需要重新走之前所走过的从拉费尔到圣康坦的路，而这条路的后方有一条小路，敌人可以从此突破并且从侧面袭击他。他派了几支部队到那里，可惜兵力太少不足以守卫。果然，埃曼努埃尔·菲利贝托和艾格蒙特伯爵就是通过那条小路，带领一支有9 000骑兵的庞大军队，向他猛攻而来。这一小支快速出动的法国军队，在它退回拉费尔的路上侧翼遭到了奇袭，不堪一击，全军覆没。这不幸的一天，以鲁莽开始，以溃逃结束，法军没有了它的长官们，因为他们几乎全部或被擒或战死，丢了它的旗帜和大炮，这也累及法兰西的安全。身受重伤的海军上将落入了敌人之手，同时被擒的还有他的一个儿子，以及圣安德烈元帅（maréchal de Saint-André）、蒙庞西耶公爵（duc de Montpensier）、隆盖维尔公爵（duc de Longueville）、曼托瓦亲王卢多维克（prince Ludovic de Mantoue）、罗什富科公爵（comte de la Rochefoucauld）和一群勇敢的领主和贵族，其中有昂吉安公爵（le duc d'Enghien）、蒂雷纳子爵（le vicomte de Turenne）和很多其他战死沙场的人。这个失败带来的是举国慌乱和深深的沮丧，怀着这种情绪，讷韦尔公爵力图守护从此之后敞开的边境，而此时的西班牙国王取得了全面的胜利，这使得他可以毫无阻挡地直到巴黎城下，在那里迫使战败的法国国王接受媾和条件。

腓力二世从英格兰回到欧洲大陆已经3个星期了。当圣康坦胜利的消息传来的时候，他却仍然没有出现在距离他不远的战场上。他内心因为没有参加就在他附近发生的战役而感到羞辱，并且他非常担心父皇会因此对他有什么看法。所以第二天即8月11日，他转送此战役的战报给他父皇并且非常惭愧地写信说："陛下可以通过附信随送的战报得知这场战役的细节。因为我并未参加此役，我担心陛下您会因此有看法，这令我难以释怀，而且我只能将我听说的讲述给您。"他补充说道,圣康坦会像他希望的那样马上被攻下,皇帝应该决定在金钱足够的情况下,在法兰西着手进行的重要事情,他说:"目前事情就是如此,我以我最谦卑的态度乞求陛下,希望您能尽量给我最后一部分的援助,以便我可以在炮火中维持这些军队。如果事情顺利,我认为一切都会向更好的方向发展。这也是为什么我再一次向陛下您做同样的请求,希望您能帮助我充分利用目前有利的局势。望上帝如我之愿保佑陛下。陛下您非常谦卑的儿子,国王。"

查理五世因为阿尔瓦公爵在那不勒斯王国的顺利抗敌已经欣喜若狂;而圣康坦大捷使他满心欢喜。9月6日他写信给他的女儿:"通过您寄送给我的信件,我已经听说所有地方都获得了胜利,并且最后,法国人战败,法国海军上将和其他所有人被擒;我对此的满意之情超出您的想象,我非常感谢上帝恩宠,可以使我看到国王的事业初战告捷,并且我相信他会一如既往地凯歌高奏。为了配合他的需要,对此您了然于心,在他自己写给我的信中也提到了,他需要鲁伊·戈麦斯给他带去更多的钱。这笔钱,我们或是从印度群岛到亚述尔群岛的舰队中抽取,或是通过其他途径筹集;但是尤其需要在最短时间内,1分钟都不要耽误地完成。同时以我的名义将我说的话转达给财政委员会。"

皇帝的满意中却也掺杂了苦涩。尽管这位政治家为取得的胜利而高兴,但作为父亲,他却遗憾他的儿子并没有亲自参与其中。9月4日,基哈达写信给巴斯克斯:"您可以肯定地告诉陛下们(王后们)和殿下们(公主和王子),皇帝因为这些(胜利)的消息而表现出从未有过的开心。他将此归于上帝的恩赐,今天他聆听了一场非常庄重的弥撒;他进行了忏悔和大量布施……但是,跟您说实话,我感到他因为他的儿子丝毫未参与其中而感到痛苦,我也同意他的看法。他甚至还责骂把他儿子留了很久的英国人!"西班牙人试图将他们年轻的国王远离战场的账都算到英国人身上,而不是归因于国王自己对战争的无甚兴趣。

但是腓力二世觉得必须要出现在他的军队中,至少要参加夺取圣康坦的战役;于是8月13日他来到了这个要塞前,这使得包围更加严密。14天后,8月27日,尽管科利尼顽强抵抗,终于在打开了11个突破口后,最终攻陷圣康坦城,科利尼落入了西班牙人手中。查理五世得知腓力二世带领一支强大的部队并且冲锋在最前面时,他已经使得所需款项到达了佛兰德以支持更长时间的战斗,并且出于对他的关心,还有一笔90万杜卡托的新款项已经准备发往尼德兰,同时还在西班牙积攒了70万杜卡托的预留款用于不时之需。查理五世认为他的儿子不应该留给此时已经无能为力的亨利二世任何喘息的机会,并且腓力二世要一直进攻到法兰西王国的中心去。因为他有能力做成的事,他希望他儿子也能做到。"陛下,"基哈达写信给巴斯克斯,"特别希望知道他儿子、国王陛下在他胜利之后做什么决定。他对此表现得非常焦急并且他盘算着国王应该已经在巴黎城下了。"这位大胆的将军和伟大的政治家在修道院里,根据敌人脆弱的状态和恐惧的情况,将他所设想的建议给了腓力二世。一位在圣康坦战役中幸存的法国参战士兵说道,西班牙人"可以圆满地全部歼灭法军并且夺走所有的资源和任何可以使我们东山再起的希望……但是看起来至高无上的统治者,胜利之神仅仅在那里(西班牙人)停留了很短的时间"。腓力二世的极端谨慎让西班牙军队停滞不前,只是一步一步地在法兰西领土上前进,围困了勒卡特莱(le Catelet)和哈姆,占领它们后,进入了努瓦永(Noyon)和绍尼(Chauny)便再也不敢深入更远的地方。两年之后,也许是想起了这位君王不明智的审慎,迈克尔·索里亚诺(Michel Soriano)大使在威尼斯参议院会议上提到腓力时说:"如果他愿意效仿他的父皇或者他的外祖父天主教徒老国王,加上拥有强大的权力和非常繁荣的财富,他将成为世界上最了不起的君王。"

此时,查理五世已经回到西班牙有1年时间了,而他隐居在尤斯特修道院也有8个月的时间了。整个夏天,除了身体的残疾无法通过休息、气候和艺术治愈外,他的身体仍然健康,而且他已经很久没有这么健康了。他继续坚持服用药物和用番泻叶做的催泻酒,更多地是出于习惯而非为了治病。他过得并不比在哈兰迪利亚的时候更有节制,并且他继续在修道院收到从帝都巴利亚多利德,甚至佛兰德送来的甜食和礼物,他的儿子通过海运给他寄来装满东西的货箱,还给他带来了皇帝希望在他死后,确保能给他的忠实仆从们的养老金的公证文书。在这个季节,埃斯特雷马杜拉升高的气温使这里有了生气,也让皇帝恢复了体力,他甚至可以外出一段时间打猎。卡斯特鲁6月5日信中写道,"陛下要了一把火枪,他在无人帮助的情况下自己起身,也不需要人帮他拿枪,打中了两只鸽子。"三天之后,他甚至心血来潮地,去修道院的餐厅跟修士们一起共进晚餐。在那里,他坐在一张分开的桌上,由教士们服侍他,从他们的厨房带来菜肴给他,然后冯·马勒在他面前切好食物;但是他好像不想继续他还没有吃完的这顿饭了,因为他剩下了好几道动都没动过的菜。为了不让修士们伤心,或因为他如此突然地离去而惊讶,他很有风度地对他们说,给他留着他还没有吃过的菜,这些菜他还没吃完呢。"然而他再也没有自己要求去或者被邀请去修士们那里吃晚餐。

从前毫无生气、冷清僻静的尤斯特修道院却变成了各种活动的中心。基哈达在离开这里去韦拉-加西亚之前,抱怨说他在这里成了所有尤斯特访客的接待者和西班牙所有恳请者的委托人。信件不停地从这里进出。所有的消息被一条不落地寄送给皇帝,对必须准备或者解决大部分的事情,询问他的建议或者听从他的命令。人们让他裁决争端,向他请求宽恕。阿拉贡海军上将唐·桑乔·德·卡多纳向他控告与他有争端的蒙特萨(Montesa)的宗教修会和军事领主;胡安·德·维加(Juan de Vega),曾经是西西里总督,后来因为皇帝提携成了卡斯蒂利亚议会主席,来到尤斯特对他行吻手礼并且与他会谈了一个半小时。当他回到帝都巴利亚多利德,他送来了必要的路标,使得夸克斯有了市场和法庭,以便皇帝和他随从们的食物供给更加容易,生活更加方便。

查理五世在修道院还接待了两位来访的历史学家——博学的塞普尔韦达(Sepulveda)和勇敢的唐·路易斯·德·阿维拉(don Luis de Avila)。赛普尔韦达在1557年春天来看望他。他此时在努力用拉丁语写作文风雅致的历史,不久之后查理五世在修道院推荐了这本著作,将其和弗洛里安·德·奥坎波的历史著作仔细地汇编成册并出版,而此时这两位编年史家因为上了年纪,已经过世了。皇帝非常喜欢历史,同时非常注意历史的真实性。与奉承和诽谤相比,他更不能忍受谎言。他曾经称路德·斯莱顿(Luthérien Sleidan)和保罗·朱庇特(Paul Jove)为"说谎者",因为他们的笔完全由他们的偏激的情绪和唯利是图的目的所控制。一天,赛普尔韦达恳求皇帝亲自澄清一些他一生中的重要文书,并且向他提议呈给他一些从最有权威的人嘴里听来的消息,请求他或者以沉默确认它们的真实性,或者通过几句话来进行修正。查理五世简单地对他说:"我觉得读到或者听到人们所写的关于我的事情让我很不自在。等我死后,再让别人看吧。但是如果您希望知道一些关于我的事,您可以直接问我问题,我会很容易地回答它们。"赛普尔韦达于是询问是谁曾经极大地提升过他伟大的灵魂,宫廷当中最见多识广的大人物之一曾经跟他讲过什么,谁最可以知道此事。查理五世回答道,他已经记不起来了。赛普尔韦达关于此事进行了动人的叙述。他完全张皇失措地请求皇帝允许他可以向科沃斯和德·格朗维尔求证事实。"您不需要这样做。查理五世回答,他可能担心科沃斯和格朗维尔不敢反驳那些对他错误的赞颂;此事中没有一点真事,纯粹是捏造出来的。"

为了重新还被歪曲的历史以真实,他写了回忆录,而这份回忆录的丢失实在让人扼腕不已。有一次,弗朗西斯科·波吉亚到修道院中拜访他,皇帝曾将这本回忆录给他看,并且皇帝还满腹疑虑地问他,人们是否会指责一个叙述自己故事的人是自负。他对弗朗西斯科说:"我讲述了所有我的企图以及它们的原因和促使我完成它们的动机,不是追求荣耀的野心,也不是狂妄自大使我决定这样做,而正是出于要将事实公之于众的需要,因为有些事实由于我们这个时代的史学家对我的热爱或者憎恨而被篡改或忽略了。"

这种对事实的渴求,他也曾将其展现给阿尔坎塔拉骑士团团长,此人曾经在1557年夏天来到修道院看望他。唐·路易斯·德·阿维拉深得皇帝喜欢,皇帝甚至还为他在餐桌上留了菜肴。他曾经是皇帝的大使,被派到教皇保禄三世和庇护四世(Pie IV)身边,负责处理主教会议的事务,他也是皇帝的贴身男仆和战场上的战友,还是一名历史学家,写出了1546年和1547年大捷的历史。他是政治家、战士、作家、朝臣,在机智地完成在意大利的谈判后,又勇敢地转战非洲和普罗旺斯,并在德意志领导皇家骑兵部队。他带着热烈的崇拜之情,讲述了他曾经忠心耿耿地侍奉的主人的丰功伟绩。之后,他隐退到埃斯特雷马杜拉。多亏皇帝,他才能成为阿尔坎塔拉骑士团的长官,也是因为皇帝,他才能跟富有的米拉贝尔女继承人(héritère des Mirabel)结婚,拥有了侯爵爵位,入住普拉森西亚奢华的居所。在那里的生活富足甜蜜且安逸,他品味着艺术带来的乐趣,沉湎于迷人的文学知识中。他对皇帝感激敬佩之情在他的宫殿里随处都有展现,他的宫殿是一个典雅精美的建筑,宫殿的内廷装饰着摩尔式的喷泉,四周有2层带着多立安式和爱奥尼亚式柱的走廊。在最显眼的窗户上三角楣的地方刻着基督教和哲学箴言:"一切都会过去!"在一个悬空的花园式露台上,则有罗马铭文和古代半身雕刻像。其中有奥古斯丁和安东尼·庇护(Antonio le Pieux),还有一座查理五世的大理石头像,非常精美,是唐·路易斯·德·阿维拉送给他的。这座雕像由老莱昂尼或者他的儿子庞佩约·莱昂尼(Pompeyo Leoni)雕刻的,在雕像的手臂上,他放置了一块铜牌,上面带着一圈西班牙语和一圈意大利语的铭文:

致查理五世。一名足矣,名扬四海,妇孺皆知。

唐·路易斯·阿维拉用来装饰宫殿的画作，都是描绘他的英雄一生中最辉煌的事件的。他曾经参加过其中的几次大捷。他曾经告诉过皇帝在这些画作中，有他和皇帝最后一次与法兰西国王在朗蒂的会战，皇帝于是问他画作是怎么描绘的。当他知道法国人在画中看起来像是被从他们的地方赶了出来，并且溃败逃亡时，查理五世并不接受这种被人奉承为巨大胜利的画法，对他说："路易斯，让画家修改这幅画作，将其描绘成法兰西国王体面的撤军，而不是一次溃逃，因为事实并非如此。"

皇帝还接见了来看望他的军人遗孀，她们的丈夫曾经在非洲、意大利、佛兰德和德意志作战。她们前来恳求皇帝的慷慨恩赐，有的是求接济，有的是要津贴，有的则是向皇帝讨得给他的儿子国王或女儿胡安娜公主的推荐信；他从来都满足了她们的要求后才让她们离开。只有事关王朝的重大事务才会呈交给他。我们可以看到，他关切地注意着意大利和佛兰德的军事活动。他的参与如此积极且众人皆知，以至于让人们以为他准备离开修道院，去援助他的儿子并且带领西班牙军队通过纳瓦拉进入法兰西。这个传闻被他的女儿宣传开来，用以迫使法兰西国王，将在皮卡第遭受重创的一部分法国军队，撤离到比利牛斯山边境，因此此消息被传得跟真的一样。查理五世因为曾经一时表达过亲自去塞维利亚追查罪犯的意图，几乎让他身边的人都相信了他会离开修道院，因为他已经有了离开修道院的计划，这便引发了人们对皇帝在隐退修道院的时候就后悔退位了的猜想。阿尔坎塔拉骑士团团长、唐·路易斯·德·阿维拉大约在此时离开了皇帝，在 8 月 13 日写给巴斯克斯的信中写道："我不再打扰查理修士了，他终于清静了，并且他仍然对自己的体力有信心。他认为这些都足够他离开修道院。从我的拜访之后，所有一切都变了；但是唯一不变的是，我相信他对他儿子的爱、他无畏的勇气和他过去的习惯，因为他在战争中成长起来的就如同蝾螈浴火而活一样。

公主曾经给纳瓦拉城写信,信中她宣布,陛下提出现在离开尤斯特修道院,并且通过纳瓦拉进入,让所有人都准备停当。实际上,我认为没有一个人能陪他同行。但愿如果就像意大利人所说的,这种大胆的冒险必须实施的话,一定要立刻实施,因为我们绝不能再拖延下去,因为纳瓦拉不是埃斯特雷马杜拉,它的冬天来得更快。"

实际上,皇帝却从来没有打算,或者可能进行这次军事远征。当基哈达从韦拉-加西亚回来几天之后,他写信给巴斯克斯说查理五世比他离开时候更加健壮了,但是心情却不太好,他补充道:"至于人们道听途说的,关于皇帝要离开这里的传言,在我看来完全是无稽之谈;更确切地说,我更能感觉到他正在全心休息,并且这种状态已成定局。如果他曾经对此事说过什么,可能是出于实用目的而非其他。其余的,说到底,都是毫无可能的。"

查理五世实际上乐于补充他在修道院的人员机构,使它的服待更加令人惬意。他在灵修和政治通信以外的时间都用在这上面了。他除了关心意大利和法兰西那边事关重大的问题外,也没有停止关心纳瓦拉国王及葡萄牙公主的未尽事宜。埃斯库拉在布尔戈斯和哈兰迪利亚恳求皇帝,将西班牙的伦巴第让与准备与西班牙联盟,而与法兰西反目的安托万·德·波旁之后,又来到尤斯特修道院重启谈判。他曾经在4月和7月来到修道院。第二次来时,纳瓦拉国王的一位名叫布尔多(Bourdeaux)的心腹秘书陪他同来,他们与回到尤斯特修道院的鲁伊·戈麦斯一起讨论了这些联盟条件,比如让与条件。查理五世委派鲁伊将这些条件带到帝都,并且将它们传达给国会。但是因为信不过曾经想要与亨利二世达成协议的安托万·德·波旁,他要求安托万首先要占领法国的纳瓦拉和贝阿恩(Béarn)的要塞,并且将他的妻子和儿子交出来作为人质。谈判并没有就此结束,不久之后安托万·德·波旁再次找阿尔伯克基公爵的儿子唐·加布里埃尔·德·拉库埃瓦(Gabriel de la Cueva)帮忙,于是他带着这位亲王的提议来到帝都,而西班牙政府命他将提议呈交给皇帝。"目前没有什么可做的，"查理五世回复说，"除了毫不让步地继续谈判。"

这样拖延了纳瓦拉方面的敌对的同时，他不得不再一次坚持从里斯本宫廷将玛丽亚公主夺回来。曾经许诺让公主离开的国王若昂三世突然在 6 月 11 日去世。这中断了公主的动身，并且差点引发了国王的寡后卡特琳娜和他的儿媳胡安娜公主之间的权力冲突，一位是新王的祖母；另一位是新王的母亲，而她们之间只相差 3 岁。若昂三世曾经将国家行政和他孙子的监护权留给了卡特琳娜，她是查理五世四个妹妹中最小的一个。但是胡安娜公主作为未成年的国王的母亲，要求对他进行监护和掌握摄政权。她从帝都巴利亚多利德派唐·法德里克·恩里克斯·德·古兹曼（don Fadrique Henriquez de Guzman）到里斯本，以她的名义要求监护权和摄政权，法德里克必须从尤斯特经过，以取得皇帝的命令。

查理五世在修道院为缅怀他的妹夫若昂三世举行了祭奠仪式，7 月 3 日接见了唐·法德里克·恩里克斯，同时还接见了西班牙常任葡萄牙大使唐·胡安·德·门多萨·德·里贝拉（don Juan de Mendoza de Ribera）。他指导两个人说，他们应该如何催促葡萄牙公主到西班牙。他取消了由法德里克带来的，他女儿写的命令，代之以别的命令，这些命令既庄重又巧妙。他在 7 月 5 日用这样的措辞对胡安娜公主宣布了这个决定："我的女儿，我听人读了您交给法德里克·恩里克斯，关于他应该在葡萄牙所做事情的命令。在我看来，您都不应该用任何方式跟我的妹妹、葡萄牙王后商讨在您的儿子、葡萄牙国王未成年期间王国管理的事情，也不能探讨涉及她的宫廷和仆从任用的事情，更不能与其他人通过书信的方式来探讨。因此我禁止这种行为：这会在目前情况下会带来麻烦，并且以后也不适合提及。我给他的命令也给您附上副本，其中规定了他应该如何行事。其他的，他还有时间。在这样的情况下，手足之间最好更加谨慎，并且高度理智地处理各种关系，作为王后的儿媳，您应当这样做。"

唐·法德里克·恩里克斯接到了皇帝写给他的命令，带着皇帝给整个葡萄牙王室的吊唁信，从尤斯特修道院出发。他到里斯本并没有执行胡安娜公主的命令，而是执行了查理五世的命令。查理五世既表达了作为兄长对妹妹的手足之情，也有作为隐退红尘，且走在必经的死亡之路最前面的基督教徒，对若望三世寡妻的哀悼，还有作为一名老练的谈判家对葡萄牙女摄政官的谨慎暗示。他对国王塞巴斯蒂昂一世的母亲和祖母之间的调解恰到好处，因为这使得其中一位的要求不会触犯另一位的权力。卡特琳娜王后保留了经过国会确认的，葡萄牙摄政权和塞巴斯蒂昂的监护权，直到4年后，查理五世去世，摄政权和监护权才落入了亨利枢机主教，而非胡安娜公主手中。查理五世除了将临时任务交给法德里克·恩里克斯外，他还亲自委派唐胡安·德·门多萨·德·里贝拉作为他在里斯本宫廷的大使，以便他拥有首要地位，以防法兰西国王的大使试图与他争夺任何场合的优先权。门多萨和唐·桑乔·德·卡多纳不停地催促葡萄牙公主动身去西班牙，此事已得到了允诺，却一再被推迟。公主也已最终决定去看望她的母亲埃莉诺王后。而埃莉诺王后则与一直相伴左右的匈牙利王后一起来到埃斯特雷马杜拉等待女儿。

在他的妹妹们到他身边来之前，查理五世已经从韦拉-加西亚的城堡中叫回了基哈达，为了让他做好安顿他妹妹们的一切准备，再说此人他一刻不能离。基哈达不无抱怨地重新走上了返回埃斯特雷马杜拉的路。他说，"陛下认为我和玛格达莱娜（Magdalena）一起住在这里，能给他的服务和他的休息提供便利。尽管我哀求他能体察我已经整整35年寸步不离地在他的宫廷中服侍他，更何况我所有的兄弟都是为他效忠而死，我的家族中只剩下我一个。实际上，离开我的家园、我平静的生活和我消遣的时光，来到这个地方，对我来说非常痛苦，在这里我要不停地顶着酷暑严寒和雨雪雾霜去修道院，因为修道院里没有可以供我居住和生活的容身之处。而我还将我的妻子和家族从他们现在愉悦的住所中硬生生地搬离出来，带他们到这种凄凉冷清又不方便的住处，这同样让我感到痛苦。我的反对并没有任何作用。凡陛下所想,我就应该服从。"

他于8月上旬回到了埃斯特雷马杜拉,安排哈兰迪利亚城堡来接待查理五世的两个姐妹。他同时还在皇家小住所布置了2个房间让两位可以在那里休息。基哈达说:"当她们来看望陛下的时候,我们给她们喝冰冻饮料,这是我们能给她们最好的招待了。"

9月18日两位王后从帝都出发,去和10个月未见的兄长重聚。她们不慌不忙地向埃斯特雷马杜拉前进,9月28日到达了尤斯特。皇帝见到她们非常开心。她们发现查理五世正在操心着法兰西发生的重大事件,于是她们便通过布置皇帝的住所和在他的花园里种花弄草来消磨时光。在她们到达的前一晚,基哈达写道:"陛下正关心着突然出现的情况,以及他儿子结束行动以后要走的路线。陛下认为只是天气原因妨碍了他收到新消息。

皇帝很乐于通过修建花园来作为消遣,这个花园建在高台上,高台中间有一个喷泉,并且在它四周种满了很多橙树和鲜花,以覆盖这个高台。他打算在下面的区域建成同样形式的花园,他还准备在那里修建一个祈祷室。"

查理五世还起草了另外一个建造计划,他准备给他的儿子在他旁边建造一个住所,以便他回到西班牙到尤斯特修道院看望他的时候可以居住。他没有给他的姐妹们、两位王后在他的房子里安排任何住所,因此她们在哈兰迪利亚住了两个半月。她们时不时地来到尤斯特享受与她们的兄弟、皇帝陛下在一起聊天的时光。她们都对皇帝做出了无私的奉献,而皇帝也一直都对她们非常信任和友爱。49岁的埃莉诺比皇帝大15个月:她心地善良、温柔亲切、温顺听话、毫无野心,并且几乎毫无主见,她曾经是她弟弟灵活的政治工具,在他的安排下,她先后成为葡萄牙和法兰西的王后。在她的第二任丈夫——才华横溢但是生性风流的弗朗索瓦一世去世后,她与她的妹妹匈牙利王后日渐亲密,并且相依相伴到终老。匈牙利王后对查理五世怀着敬仰之情,她称他为"她次居上帝的全部",她同皇帝一样头脑灵活、品格高贵、洞察世事、果断坚定、高傲自负、孜孜不倦,正适合行政管理,甚至战争事务,她在困境中仍有对策,对待危险总是意志坚定且有男子气概,从来不会被各种事件所惊吓或打倒。在为她哥哥服务了 25 年之后,尽管她总是那样机智灵活,她却已经不愿再继续为她的侄子效劳了。她恳求查理五世满足她的愿望,允许她随他到西班牙,这样可以使埃莉诺王后与她的女儿葡萄牙公主距离更近,并且她自己也可以在皇帝身边生活。1557 年的整个秋天,他的两位姐妹都住在皇帝的附近,并且匈牙利王后跟他进行了几次愉快的交谈,内容是关于西班牙王室的事务,皇帝对这些事务的处理都构思了计划,并且一直心怀期望,希望可以让匈牙利王后参与进来。

第六章

相比第一年,在修道院的第二年,查理五世受到了更多疾病的困扰,而且外界事务使他极度地忧郁。冬天给他带来了严重的病痛。大约在1557年11月底,他的左臂痛风强烈发作,接着蔓延到右臂,这使得他在几天内都无法使用其中任何一只胳膊。查理五世从来没有预料到会遭受如此强烈的病痛。11月20日,人们费了好大的力气才给皇帝穿上衣服,并且将他移驾到教堂的一个座位上听弥撒。也正是在这次延续到12月的病痛发作中,他得知了意大利事务了结得有损颜面。

在将法国军队逼退到那不勒斯边境且令吉斯公爵撤围奇维泰拉之后,阿尔瓦公爵带领着优势兵力重新回到了教皇国。他穿过奥尔维耶托(Orvieto)山谷,经过班科(Banco)和索拉(Sora),并且在萨科门附近与马尔坎托尼奥·科隆纳会合,后者夺取了普拉提卡(Pratica)城堡,并且占领了帕莱斯特里纳(Palestrina),在瓦尔蒙托(Valmonte)和帕利亚诺(Paliano)之间击溃了教皇军队,包围并夺取了罗卡·马西莫(Rocca di Massimo),强力进入了塞尼(Segni)。在与科隆纳会合后,他便向罗马进发,计划奇袭罗马。教皇保禄四世此时已是束手无策。吉斯公爵因为卡拉法家族左支右绌地支持而非常恼怒,于是撤兵并且驻扎军队在马切拉塔(Macerata)。教皇保禄四世雇佣的德意志人几乎都是路德派，这些人与其说可以保护教皇的臣民不受敌人的迫害，其实反而妨害了教皇。阿尔瓦公爵正是在这时候，于8月26日夜里到达了罗马城下。此时他可以很容易地进入城内；但是，或许是因为看到城市灯火通明，认为城内已经做好了抵抗的准备而害怕失败；或许是他在又一次可怕的罗马之围面前退缩了，他没有将他的计划执行到底。但是这个威胁仍然在教皇城内引起了惊愕与恐慌，教皇保禄四世也因此充满了怒火与不安。威尼斯大使纳瓦格罗说："真是一件可怕的事情啊，整整几天，慑于内忧外患，每家每户夜不熄灯。罗马城内怨声载道，有的人希望教皇归天，其他的人则要求阿尔瓦公爵立刻进入罗马城内，罗马人民之间甚至商量着如果公爵来了，他们就去为他打开城门。教皇得知这个消息，痛斥他们玷污了他们古老的血统，自降了罗马人的身价。"

教皇保禄四世将他最后的希望寄托在了法国军队上，法军此时已经从马切拉塔赶来援兵，并已经安营在蒙泰罗通多（Monte-Rotondo）和蒂沃利。但是圣康坦战役失败后，吉斯公爵突然被他的主君、法国国王亨利二世召回，命他去大陆另一端法军失利之地，因为他认为只有这位机智的将领可以阻止所向披靡的敌人。亨利二世写信告诉他所采取的措施以及他已下令招募了大军，并用简洁而高贵的语气说："怀揣勇气，无所畏惧。"他让吉斯公爵在教皇国、锡耶纳、托斯卡纳几个关键要塞留下重兵把守后，立刻带着最精良部队出发。"我处境窘迫，"他补充说道，"我只知道您应该在路上了。"

吉斯公爵于是离开了意大利，并在离开时说："我非常热爱天主教会，但是我绝不会做出与一位教士的誓言和信仰相违背的举动。"教皇保禄四世就成了与西班牙人作战的主将，而教皇此时处境困窘，感到很不愉快。一段时间以来，他不再摆出不近人情的态度。腓力二世不停地向他传达谦恭的请求，甚至近乎屈从。他无法忍受与教皇权威为敌对战；因此他命令阿尔瓦公爵，要以不让教皇陛下蒙羞的条件与之议和，因为他更在意对罗马教廷的尊重而不是他本人和他王国的利益。虽为查理五世的儿子,在这一点上,他不怎么像他的父皇,因为他已经准备接受教皇在意大利的律法了,当他处于优势地位,可以将法律强加给教皇的时候,调解变得容易且快速。9月14日,教皇保禄四世和腓力二世之间达成了两个协议:一份公开协议和一份秘密协议。公开协议规定腓力国王归顺教皇,而教皇断绝与法兰西的联盟;教皇收复所有被从其手中夺取的要塞,其中包括将被攻下的堡垒;帕利亚诺(Paliano)作为争议尚存之地,由卡拉法家族的亲戚约翰·贝尔纳丁·卡尔博内(Jean Bernardin Carbone)代管,直到这些地方以其他方式最终决定归属。秘密协议则规定罗萨诺城(Rossano)成为公国,并且由约翰·卡拉法接管;而约翰·卡拉法(Jean Caraffa)将帕利亚诺让与西班牙国王,于是争议结束并且将堡垒夷为平地,西班牙国王可以将此地交给任何国王认为合适的人选,但不得是被教会开除的,和与教皇为敌的人。这就排除了马尔坎托尼奥·科隆纳(Marcanotonio Colonna)拥有此地的可能,因为他曾经作为西班牙人的朋友而被剥夺了这个权力,他还作为他们的同盟参加了最后一场战争,并且被视作教皇的顽敌。协议另外还规定"为求得教皇对于国王冒犯行为的谅解,恳请教皇陛下接受天主教徒国王的全权代表——阿尔瓦公爵的所有必要的谦恭致意。"

  专横高傲的教皇保禄四世力求要在一次公开的宗教仪式上,当众羞辱曾经战胜他的西班牙国王。他坐在教皇宝座上,由枢机主教围绕,在华丽庄重的阵势中接见了阿尔瓦公爵,公爵双膝跪地恳求他赦免,而教皇则因为国王和皇帝使其蒙受战争而对他们的贬责。教皇于是带着主人和上级的傲慢威严与宽宏大量赦免了他们。接着他在枢机主教会议中说:"他给罗马教廷带来了从未有过的优待,并且通过西班牙国王的例子教育未来教皇人选们:要让那些不知道应在所有方面都听从教皇的君主们,都低下高傲的头颅。"保禄四世安排阿尔瓦公爵住在梵蒂冈宫殿中,并且让他与自己同桌进餐,而公爵却更多地感到了自己主君的软弱:"如果我是西班牙国王,"他说,"我会让卡拉法枢机主教去布鲁塞尔，跪在腓力二世的脚下，乞求他的原谅，就像我之前在教皇保禄四世面前做的那样。"

与罗马教廷重修和平让虔诚的西班牙王国欣喜若狂，教皇在西班牙仍保有有力的影响，尤其是在教会中。所有城市中的钟都被敲响了，并且在帝都还有两支谢主恩的仪仗队伍，西班牙女摄政和卡洛斯王子都加入其中。查理五世却一点都无法享受这种喜悦。巴斯克斯给他送来了西贡萨枢机主教的信，信中向他汇报了合约的谈判和阿尔瓦公爵在梵蒂冈宫殿中被接待的情况。西班牙统治者在意大利积怨已深的敌人收复了他们曾经被夺走的领土，而他们的支持者却没有拿回被夺取的土地，甚至奥地利王室的领土也被夺走了，这些在一位有政治头脑且骄傲的皇帝看来，不仅是个错误，更是个耻辱。"尽管他有痛风，"卡斯特鲁11月23日写信给巴斯克斯说，"皇帝昨天让人读完了你们寄来的所有快报……他对这个合约非常气愤，因为他觉得这让他颜面扫地，并且的确，陛下从来没有预料到在这种有利的情形下竟会发生这样的事。"

查理五世无法接受这个消息，甚至一个多月之后，他还带着无法抑制的怒气提到过它。基哈达12月26日写道："皇帝没有一天不是咬牙切齿地嘀咕着与教皇的和约。"那些保留条款也丝毫没有平息他的怒火，并且他说："他认为秘密的妥协跟公开合约一样糟糕。"阿尔坎塔拉骑士团长亲眼见证了皇帝的指责和恼怒。他给皇帝带来了阿尔瓦公爵语气非常谦卑的信，信中跟皇帝讲述了他在罗马所做的事情，告诉皇帝他已经登船去伦巴第，并将使那里的事务回归正轨，他希望接着可以向国王请求，念及他25年的奔波劳苦，允许他退休颐养天年，并且允许他去西班牙亲吻皇帝陛下的手。尽管阿尔坎塔拉骑士团长作为信使为公爵多加美言，但是仍不足以让皇帝接受这封信。查理五世未加任何回复，甚至不愿意听到与公爵有关事情的细节。他说他已经听够了。

而在葡萄牙这边，皇帝也并没有得到更多的慰藉。玛丽亚公主最终决定来到西班牙看望她的母亲。这次出行费尽周折才最终以向公主意愿妥协,方才达成。公主并不是永远留在她母亲埃莉诺王后的身边,而只是来见她一面;同时她并没有像最初约定的那样来到哈兰迪利亚,她只走到巴达霍斯(Badajoz),在那里她会见到她的母亲,接受母亲的拥抱和祝福,之后如果她希望,她可以从那里回到里斯本。长达近1年的谋求,只得到这样一个并不理想的结果,却已经令两位王后非常满意,皇帝也只能听之任之。与之前他商定帝国的重大事务相比,他用了更多的时间、更多的谈判代表,来促成一桩母女之间的重逢。参与此事的,不仅有常任大使胡安·德·门多萨和曾经多次被召到尤斯特修道院的特派员唐·桑乔·德·卡多纳,皇帝甚至还派遣了弗朗西斯科·波吉亚神父去里斯本,平衡葡萄牙教会对公主的影响,因为冷漠又固执的玛丽亚公主虽然傲慢,但却对宗教同样虔诚。

从玛丽亚公主确定成行开始,这两位法兰西和匈牙利的寡后便准备动身去迎接她。然而查理五世却不愿意他的两位姐妹在一个高海拔且冬天阴冷潮湿的地方待太长时间。他希望她们从南部经过,并在那里等着自己的女儿、外甥女。两位王后于12月14日来到尤斯特修道院,向皇帝道别。第二天她们离开了哈兰迪利亚,走上了去巴达霍斯的路。她们动身后不到8天时间,弗朗西斯科·波吉亚神父从里斯本来到了皇帝身边,向他汇报在葡萄牙时,皇帝曾托付给他的几项任务。除了关于玛丽亚公主来西班牙的事务商谈和葡萄牙王国摄政问题之外,查理五世还曾经交代他,如果他年幼的外孙塞巴斯蒂昂一世早夭,要周密安排使得他的另一个孙子卡洛斯王子继承葡萄牙王国大统。

他还交给他一封由卡斯特鲁执笔的绝密训令,这表明了他孜孜不倦的抱负野心,若不是为了他自己,至少是为了他的家族。查理五世1558年在尤斯特修道院时,就已经预见了将伊比利亚半岛两个王国合并为一个国家的可能,这个计划由腓力二世于1580年在马德里实现。他在将葡萄牙并入西班牙之前,先是给葡萄牙安排了一位西班牙国王。他建议卡特琳娜王后在塞巴斯蒂昂一世去世的情况下,让葡萄牙承认卡洛斯王子为王国继承人,他将先在里斯本继承葡萄牙大统,之后再一起统治西班牙。这个计划是有伊莎贝拉皇后的继承权作为基础的,但是却与亨利枢机主教的继承权冲突,亨利枢机主教是葡萄牙王室父系王权的代表。查理五世出于跟父辈一样的贪婪,对此并不在意,并且弗朗西斯科·波吉亚作为一名忠心耿耿的西班牙人,已经去葡萄牙,完成这件他曾经的主人交给他的秘密任务了。

从西班牙去葡萄牙的这段路途,他完全是顶着夏日酷暑,拄着拐杖步行完成,弗朗西斯科·波吉亚神父在埃武拉(Evora)曾经一度病危。当他可以重新上路的时候,他一直走到了塔霍河边的拉加耶加村(Aldea Gallega),卡特琳娜王后派了皇家双桅横帆船将他载到现在叫沙布雷加什宫的地方[①],这个宫殿就成为了他在葡萄牙的住所。当卡特琳娜王后得知她哥哥的意图之后,葡萄牙摄政王后惊恐万分。因为非葡萄牙人的身份已经饱受怀疑的她,作为极端民族派,一直支持亨利枢机主教,并且几年之后在主教的动作下不再摄政,她不能参与这个如此危险的计划。于是她对弗朗西斯科神父宣布说,这个计划难以实施;这会让葡萄牙人不满,他们的忠心能看到这个预言中,塞巴斯蒂昂一世这个年轻生命,不久将以死亡结束的厄运;并且为了两个王室的利益,应该放弃这个计划。王后打消了皇帝继续这个计划的念头,同意保守这个秘密,并将这个为时过早的商议永远忘记。

弗朗西斯科·波吉亚神父从里斯本回来之后,他将皇帝关心的所有关于葡萄牙宫廷的事情都告诉了他,他们还谈及了两人以不同形式展开的宗教生活。弗朗西斯科神父已经到达了真正基督教徒的遗世忘俗,他已经超脱了所有的俗世利益和人间情愫。他已经对他

---

① Xabregas,以前叫 Enxobregas 或者 Emxobregas。——译注

子孙的利益,甚至他们的生活都不再过问,仅仅珍视他们的灵魂,只为他们的灵魂得救祈祷。他说自从上帝保佑了他的心灵之后,他就将上帝作为他的主人,不论活人死人都不能使其心绪不宁。而皇帝却正相反,他却是一个红尘未断的基督教徒,一个饱含父爱的修士。同时他还关心自己的荣耀,他仍然对他的儿子和孙子充满了深情厚意与野心勃勃的期待。因此他对他这位虔诚又超凡脱俗的朋友惊叹不已。

在向弗朗西斯科神父询问了他孩子们的情况之后,他对神父说阿拉贡海军上将唐·桑乔·德·卡多纳向他控诉了唐·卡洛斯·德·波吉亚公爵(duc don Carlos de Borja),前者指控后者非法占有了属于自己的皇家村庄。向波吉亚神父询问此事之后,查理五世希望知道神父是如何看待自己儿子的权力以及他应该做何决定。"陛下,"弗朗西斯科神父回答说,"我不知道是哪一方的权力。但是我请求陛下您不仅要还上将一个公道,更要给他所有符合公道的恩赐。""为什么?"皇帝又问道,"您不管您的儿子们了?难道公爵不值得被特赦此事吗?""陛下",弗朗西斯科神父回答道,"阿拉贡海军上将似乎比公爵更需要这片领土,应该优先照顾最需要的人。"

皇帝并不喜欢放弃亲情、过于禁欲派的耶稣会,他感觉无法如此苦修。他对和衣睡在板床上的弗朗西斯科神父说:"对我来说,因为我一直以来的残疾,我不能以我所希望的方式苦行赎罪。尤其我不可能和衣而眠。"——"陛下,"弗朗西斯科神父回答说,"您不能和衣而眠,是因为您曾经好几晚穿着战袍而卧。让我们感谢上帝,您曾经多次征战沙场,当您为了捍卫上帝的信仰和宗教,全副武装整夜警戒时,很多的教士们却正在他们的房间里盖着他们的粗毛衬衣睡觉。"查理五世让他住在修道院里离他不远的地方,并且每天给他送去自己桌上的一道菜肴,神父在修道院待了2天之后,向皇帝行了吻手礼,并告辞去了锡曼卡斯为耶稣会建立的初学修士所。

查理五世不仅遭受严重病痛折磨,遇到了非常令他气恼的事情,他还碰到了不少小麻烦。他曾经在夸克斯建立了一个特别法庭,并委任了一位名叫穆尔加的有学士学位的法官。由于夸克斯穷山恶水出刁民,虽然这位住在附近的修士(指查理五世)有权有势,而且他还每月都给拉韦拉贫穷的居民分发很多的施舍,村民也没有对他表现得非常尊重,因此这个法庭显得更加必要。他们与查理五世的侍从们争吵;如果侍从们的奶牛进入了森林里村民们的草地上,村民就将它们据为己有;村民们还捕捞在山中水域里为皇帝养殖的鳟鱼。这个新法庭却令普拉森西亚的市长,唐·佩德罗·萨帕塔·奥索里奥(Pedro Zapata Osorio)心生不悦,他将其视为对他权力的侵犯。一天,被嫉妒权威的情绪冲昏了头脑,他派人去夸克斯执行他的命令,却遭到了穆尔加的警官的阻止,于是他带着他的副官、书记官、两名警官和两位普拉森西亚的议员亲自来到了夸克斯,监禁了冒犯他权威和拒不执行他命令的警官。查理五世被如此僭越的放肆行径激怒,他让他的女儿暂停了唐·佩德罗·萨帕塔·奥索里奥的职务,国会将他召回帝都;这位伟大君主的敌人中不仅有弗朗索瓦一世、教皇克莱芒七世和苏莱曼二世,还多了一位埃斯特雷马杜拉的小市长。

有人胆大包天竟然偷盗了皇帝箱子中的物品,穆尔加法官被召到尤斯特修道院去追查这个案子:800 杜卡托要用来施舍的金子被偷走了。只有皇帝的仆役们才知道地点和放置了钱的事,也只有他们才有可能将其拿走。在徒劳无益的搜查之后,穆尔加向皇帝请求允许他用酷刑审问所有偷盗嫌疑人,皇帝却不想这样:"这里有些事,还是不知道最好。"这种人道的宽容在他身上并不常见:他曾经在一些事情上表现得冷酷强硬;如他敕令与法律中的严苛条款;他那言辞凶残的信,这些信是写给他女儿西班牙摄政官和他儿子腓力国王的,信中劝说他们要打击西班牙出现的新教教徒。

在他的姐妹们离开普拉森西亚的拉韦拉之后,弗朗西斯科神父来尤斯特修道院看望他不久前,查理五世曾经经受了痛风的第一次发作,并于 12 月 12 日基本康复。1558 年 1 月 4 日,痛风再次发作,并且更加严重,从手臂蔓延到了膝盖,并引起了腹部的剧痛,使他不得不一直卧床到1月20日。在痛风这两次发作之间,甚至在疼痛发作不太严重的时候,他都积极操心着儿子的利益,并且将他的远见卓识集中在法兰西事务上,因为所有努力的成败在此一举,所有重大事件将在此落幕。他让唐·胡安·德·阿库纳(don Juan deAcuna)来到尤斯特修道院,此人从尼德兰来,并亲眼见证了最近一次战役,他对巴斯克斯说:"因为我希望从他口中听到一些关于佛兰德地区的事情,并且您最好也告诉我所有您经历的事情。"

12月14日他接到了女儿写给他的信,信中表达了她迫切想要放下权力重担的愿望,她要求哥哥腓力二世国王回到西班牙,自己承担管理责任并且加冕成为阿拉贡国王。胡安娜公主另外给她的父皇呈交了国会决议,其中通报了王国的财政枯竭,因继续战争而不断增加的困难,以及应当利用取得胜利的机会,以有利条件议和。12月26日皇帝回复她,驳斥了她这样的想法:"诚然,"他对她说,"一直以来和平总是最好的,也是人人向往的。但过去经验表明法兰西是靠不住的,而我从来不曾将法兰西的躁动不安作为战争的借口,让基督教频遭巨大苦难,因为法国人总是尽一切可能地在过去,甚至现在违背他们的诺言。另外,我还没有想到在一切事情尽在国王掌握的情况下,国王可以用何种合适的方式自己来提出议和。尽管我知道国王回到西班牙跟您所说的一样必要,然而他并不合适远离佛兰德,尤其是在目前的情形下。"

国会建议,如果战争继续,派一支由西班牙城市和贵族提供的步兵、骑兵,以及从前军队中的4 000名德意志人和2 000名西班牙人组成的军队,从比利牛斯山边境进攻法国,他补充道:"我承认我们可以这样有效的牵制敌方兵力,但是这在我看来却困难重重,因为我认为这个行动无法获得我们所期望的胜利。通过纳瓦拉进入法国,但没有舰队和旺多姆的粮草支援(纳瓦拉国王),我不知道当军队前进时可以如何为它们提供补给……因此我认为最好先将此次远征的粮草支援落实好,明年再全力进攻皮卡第和诺曼底,因为我望主保守,法兰西国王的事业至此终结,我们如果一直这样压制他,他将在很长一段时间内无法抬头。他永远不会有,或者需要等待很多年才能获得一个让他翻身的机会。"

但是腓力二世并不像他的父皇查理五世;他仅仅从大好形势中获得了蝇头小利。夺取了圣康坦、哈姆、勒卡特莱、努瓦永后,他巩固了前两个城市的防御,却将后两个的城墙炸毁。他还遣散了他的军队,因为维持军队花费颇多,仅仅保留了守卫最前面和最重要要塞必需的驻军。他还给亨利二世留出了充足的重整军力、亡羊补牢的时间。亨利二世向他的人民和贵族中的爱国分子乞求了支援,已经获得了大笔款项,并在他的身边集合了所有军队,还花钱雇用了 1.2 万名瑞士人和 6 000 名德意志步兵,召集了所有听命于他的骑士团中最英勇的骑士,任命勇敢的吉斯公爵作为全军将领,吉斯公爵带着他队伍中的精锐和良将刚刚从意大利回来。他计划趁着西班牙人解除武装的时候,在一次冬季战役中,一雪夏季之战中的耻辱。

查理五世早先就已经预料到了这个计划并对此忧心忡忡。他曾经在 11 月 15 日写信给他的女儿:"法兰西国王好像已经在怒发冲冠地备战了,他很可能在今年冬天发动战役,以试图能收复他失掉的几个要塞,或者一举将其他的也奇袭拿下。"他建议由士瓦本(Souabe)军队的首领博尔维莱尔男爵[①](le baron de Polviller)领导,此人曾经遵照皇帝和腓力二世的命令,集合了一支有 1 万步兵和 1 200～1 500 名骑兵组成的小军队,去击退亨利二世可能发动的进攻,这支军队进入拉布雷斯(la Bresse)和萨伏伊地区,并且在那里,以支持被剥夺了权力的埃曼努埃莱·菲利贝托为名,煽动起义。他说:"如果国王力不从心,他可以命令博尔维莱尔去加入他的阵营……并且,有这支军

---

① 此处 Polviller 疑似德语转译过程中的错译. 即 Bollweiler,现法国上莱茵省的一个市镇。——译注

队在身边,他就可以更加从容地面对敌人,破坏敌人的企图并且阻止敌人获得胜利的尝试……他处境有利且更有益,他可以更加容易地支援友军,在进攻敌人时也可处于上风,因为我曾经在瓦伦谢讷(Valenciennes)、那慕尔(Namur)、朗蒂都这样做过。"这个谨慎的建议并没有被贯彻到底。博尔维莱尔(Polviller)的远征队伍在拉布雷斯遭遇了失败,德意志长官在那里意外遇到了吉斯公爵从意大利返回的法国军队,这支军队由吉斯公爵从马赛带回,也曾追随奥马勒公爵(le duc d'Aumale)穿过阿尔卑斯山。这一小支军队被打得全军溃逃,腓力二世得知后万分意外,而自己却遭遇了更巨大的失败。

吉斯公爵被作为救命恩人一样地迎接回朝,而他也没有辜负国王和整个王国寄予他的殷切期望。他策划了一次非凡卓越的举动,并且足以挽回圣康坦的失败和沦陷的损失。英国人曾经长期占领了几乎所有法国西海岸,尽管法国国王菲利普·奥古斯特(Philippe-Auguste)从他们手中夺取了诺曼底,查理七世(Charles VII)夺回吉耶纳,英国人仍然在欧洲大陆上拥有一块落脚之处,他们并没有被完全驱逐出去。英国国王爱德华三世(Édouard III)在 1347 年夺取加莱,作为那里的主人,他们从 200 多年前开始驻扎此处并修筑堡垒,还将伦敦的平民和根特公国的农民带到这里。那时加莱作为英国在大陆上的延伸部分俨然是一个英国殖民地;这是英国与低地国家羊毛贸易的中继站,也是远征法国的出发点。它位于远离海岸的一边,被大西洋和沼泽地包围,拥有一座内部堡垒,两侧有 4 个防御堡垒,围绕着满是阿姆河、吉讷河、马克河河水的宽阔深沟,并且由两座名为尼约拉莱(Nieulay)和里索邦(Risban)①的堡垒守卫,其中第一座俯瞰并且控制着唯一一条通往城里的陆路,而第二座则护卫着港口并且从海岸一侧阻挡入口,因此加莱城堡被认为是牢不可破。但是确信安全往往会致其失守。英国人对这两个城门有如此狂妄自信的

---

① 此处疑似原文拼写错误。nieullay 疑为 Nieulay,Risbank 疑为 Risban。——译注

描述:"当铅弹像野兔一样会在水中游泳的时候,法国人就能攻下加莱了。"因此他们甚至没有对堡垒进行足够的维护。他们习惯于在冬天减少驻军,因为今年法国在皮卡第和意大利遭遇的挫折使得围城更加不可能。于是根据他们历年的习惯,不顾指挥官温特沃思伯爵(lord Wenworth)的抗议,他们召了一部分驻留在加莱地区的军队回到英国。

吉斯公爵利用了英国人的自负,通过一次出其不意且猛烈的进攻夺取了这个要塞。首先他先秘密地传播他打算夺回圣康坦的消息,并通过巧妙的手段骗西班牙人和英国人相信此事。他巡视了所有法国边境要塞,从香槟大区到布洛涅地区(le Boulonnais),就像在防范入侵一样。秘密做好了所有围城的准备工作,还下令让停靠在加斯科涅、圣通日(Saintonge)、布列塔尼(Bretagne)、诺曼底和皮卡第的船只驶向英吉利海峡,之后,他便向目标城市靠近,没有引起任何怀疑,1558年1月1日夜里,他突然来到加莱城下。他一包围加莱便开始了围城战。

他拼尽全力进攻了尼约拉莱和里索邦两个堡垒,并且在1月3日将其一举拿下。他成为加莱主人之后,便将炮火转移到河边城门,推倒了那里的防御城墙;接着击溃了中心堡垒并打开了缺口。6日,他用武力屠杀了所有守城人,然后进入内城。尽管吉斯公爵占据了及其有利的位置,从南到北全城都在他的统治之下,却无法长期守住加莱。英国人也试图孤注一掷重新夺回加莱;但是他们并没有成功,于是他们投降求和。1月8日,投降条约签订;1月9日,吉斯公爵扣留了温特沃思伯爵和50名驻军军官作为战俘,其余的人都被用帆船送回了英国。法国占领了加莱地区,这个曾经花费了爱德华三世11个月时间围困才拿下的地方,法国夺回它却只用了几天。吉斯公爵不仅有守护梅斯城的卫国荣光,还有重夺加莱的赫赫战功。

吉斯公爵乘胜追击,1月13日来到了从1351年起就被英国人占领的吉耶纳,并在13日当天占领了这座被英国人放弃的城市,21日迫使躲藏在城中的英国人投降。他轻而易举地就夺取了阿姆城堡，这是英国人在奥耶公国(le comté d'Oye)最后一个驻地，他们早已撤离，这样吉斯公爵就使得奥耶公国全境都回到法兰西的治下。吉斯公爵通过结束英法之间，持续几个世纪的领土争端而备受尊重：他使得法国重新获得了海岸边境地区并且将英国人赶回了他们的本岛，借此对英国掺和到与它无关亦无益的战争中的行为进行了惩罚。在修复了加莱的防御工事后，吉斯公爵将加莱领导权交给了英勇且身经百战的保罗·德·泰尔姆(Paul de Thermes)，由他负责防守重新夺回的海岸地区。之后，公爵便立刻去低地国家，在那里讷韦尔公爵攻占了荷贝蒙特(Herbemont)城堡、雅穆瓦涅(Jamoigne)城堡、希尼(Chigny)城堡、罗西尼奥勒城堡(Rossignol)和维尔蒙(Villemont)城堡，以及需要吉斯公爵亲自坐镇围困的军事重镇蒂永维尔。

法国人攻克加莱使得佛兰德海滨地区唇亡齿寒，加之围困蒂永维尔威胁卢森堡公国。腓力二世国王只能转为防守，他自己在1557年底，1558年初曾经让法兰西国王亨利二世身处同样的险境之中。加莱被攻克的消息通过巴斯克斯，于1558年1月31日从帝都巴利亚多利德送到了尤斯特修道院。这个消息使皇帝痛心不已。两个半月以来他一直深受几乎从未中断的病痛折磨。2月2日的圣母取洁瞻礼日，他希望能在教堂中聆听大弥撒，于是他被用椅子抬到了教堂并且在那里领了圣餐。尽管被羽毛枕头围满，他仍然感到痛入骨髓。当2月4日基哈达告诉他加莱失守的消息时，他对政治的焦虑、对于病痛来说更是雪上加霜，其实基哈达前一天夜里就已经收到了这个消息，为了不在深夜惊扰皇帝，他故意隐瞒到2月4日才告诉他。他说："他的一生中还从未经受过如此大的痛苦。旗开得胜的法国人向格拉沃利讷进发，皇帝担心将无法阻止法军了，因为这时的法军士气高昂，处于胜利鼓舞之下。"我的女儿，"他2月4日写信给西班牙女摄政，"我已感觉到加莱失守能造成何种程度的后果了。我越想越能了解他们的动机，越能发觉更多的危险，而加莱失守已经是我能接受的最坏消息了,既是因为加莱地理位置对于目前手无军队、更无银饷的腓力国王的重要性,也是因为失守将会带来的后果。尽管我试图能找到立刻需要给国王提供的东西,可是我发现目前在等待国王的指令和计划之前,只需要做一件事,那就是立刻派出运送银饷的舰队,以供国王有钱可使用。因此立刻下令给统领舰队的佩德罗·梅嫩德斯(Pedro Menendez),命他一刻都不要耽误,立刻起航。"另外,他还要求摄政官遵照腓力二世的命令,将塞维利亚的金锭银锭取出,以便准备将它们立即运往低地国家。他补充说:"尽管我确定我的女儿在得知国王处于如此混乱窘迫的情形之后,理所应当会给他提供帮助,可是我还是希望能告诉您这些,因为我已经感到事情已到了非常严重的程度,这也会带来严重的后果,对此我不禁惴惴不安,直到局势得到扭转,损失得到弥补,我才能放下心来。

与此同时,来自非洲的信函也给他带来了令人不安的消息:奥兰即将被进攻,此地是由阿尔考德特伯爵守卫的。在皇帝看来,法国人在进攻布鲁塞尔的路上,只有根特这个驻有防御工事的障碍了;而另一边柏柏尔人将可以攻取已经被西班牙人占领了近半个世纪的奥兰,并且通过占领此城,柏柏尔人可以遏制住曾经的征服者。更令查理五世苦恼的是,与之前在位时相比,他从来没有在如此偏僻之处、信息闭塞的地方待过,因此他命人要认真地告知他,所有法国边境和非洲海岸发生的事情。他给巴斯克斯传达了最急迫的命令,催促他将准备好的钱送给腓力二世。然而恶劣的天气却迫使舰队回港。他命人马上派出了一艘轻型船,载着给腓力二世的第一笔钱出发了。剩下的银饷将会立刻通过其它大船和结实的帆船送到低地国家,这些船只可以不受冬季限制,自由出入拉雷多港。巴斯克斯同时在坎波城附近的市场,将 14 万杜卡托金子转换为汇票,汇给多里亚亲王(prince Doria),以便他可以在地中海为西班牙舰队集合双桅战船,并且保护伊比利亚半岛的海岸不受进攻的土耳其海军的侵扰。

这些非常费心劳神的思虑影响了皇帝的健康。他的痛风又一次发作：这已经是这个冬天的第 3 次了，然而这次并不严重也没有持续很久。2 月 8 日，他稍有了食欲，他吃了新鲜的生蚝并且要求把西印度交易所送来西印度群岛的香料和菝葜制成药剂喝下，对此基哈达说："国王们大概都觉得他们的肠胃和体质非同寻常吧。"然而被如此惨痛频繁的危机折磨的恶劣情绪却都从外部发作了出来，并且侵袭了他羸弱的四肢，使他整夜腿上都不能盖任何东西。

正值 2 月初，他归隐修道院的周年纪念日，皇帝却满腹忧愁地被困于他的房间里。根据圣哲罗姆派修士的记载，查理五世被认为在这个房间里进行了类似修士初修期满后的立誓。初学修士的导师会见了莫龙骑士、皇帝的衣帽男仆，并且笑着对他说："莫龙先生，陛下在这里已经快一年了。他的初学期就要结束了。陛下认为修道院是否合意，他需要在年末之前说，他是否想要做修满立誓。因为立誓之后，如果他想要在以后离我们而去，我们就不能放任他离开。我对此进行提醒，以防当为时已晚时，我再受人埋怨。"莫龙大笑起来，并将这些话带给皇帝，逗他开心。查理五世也被逗乐了，尽管他仍然身受痛风的折磨，他对莫龙说："去跟初学修士导师说，让他放心，如果修道院对我满意，并且愿意接纳我待在他们的教会里，因为我满意他们所有人，所以我非常高兴借此机会立誓修行。"初学修士导师并没料到莫龙将他的话告诉给了皇帝。在得到了这个令他心花怒放的回答之后，他补充说："莫龙先生，如果我们连这样一位初学修士都不接受，那我们也未免太难缠了，因为这位初学修士堪为楷模。如果陛下立誓修行，我们本院所有人都将是他的仆人和神父。"

皇帝希望将此事进行到底。他召来他的忏悔神父胡安·雷格拉并且向他请教了，这个教派如何接纳一位修士。神父告诉他需要检验其是否出身名门、血统高贵，并且没有混入摩尔人或犹太人血统，接着通过庄严立誓来接纳新的修士，还要通过讲道来向他解释宗教义务，最后，这一天将由一餐丰盛的饭菜和田野散步而划上句号，他命人就按照上面的步骤为他来准备他的立誓仪式。2 月 3 日，没有进行先前的血统认证，便开始了弥撒、讲道、立誓和赞美颂。弗朗西斯科·比利亚尔瓦神父布讲了基督教徒放弃广阔的土地，抛弃一切来侍奉基督所能统治的帝国，要比领导世界上最广阔领土更加广大。夸克斯的弗拉芒人这一天穿上他们节日盛装，来到了尤斯特修道院，并且从普拉森西亚给皇帝送来了松鸡、山羊羔和野味，他用其中一些款待了修士们，剩下的放养在森林中，它们可以沐浴着和煦的阳光在林中自由地奔跑，修士们从回廊的尽头可以看到它们。为了彰显他们教派这个高贵却并不严肃的组织的荣耀，尤斯特修道院的圣哲罗姆派教士从此用上了一本新的立誓修道登记簿，并且在其扉页上，头一句写道："为了永远记住显赫的君主、伟大的国王，也为了能让未来的修士看到他们的名字和立誓出现在这位光荣的君王之后，而引以为荣。"

不久之后，在圣哲罗姆派修道院3年一次的视察时，教派主视察者尼古拉·德·塞古拉修士（fray Nicolas de Segura）和胡安·德·埃雷拉修士（fray Juan de Herrera）来到了尤斯特修道院，对皇帝行吻手礼，并且向他请求，允许他们完成他们的职责。查理五世回答说非常欢迎他们，并且他在修道院不应该以任何方式妨碍既定惯例的遵守。他们于是恳求他告诉他们，在尤斯特修道院中是否发生过任何忤逆君意的事情，以便他们可以竭尽全力地弥补。皇帝回答说，除了一件事，其他一切都好。他说："在修道院门口来了很多乞领施舍的年轻女子，而修士们争相与她们攀谈；这令我的仆人们很反感。"于是主巡视官下令，从此在尤斯特修道院不再分发成斗（蒲式耳）的谷物，今后都将它们带到拉韦拉的村子里分发，并且分发时由治安法官们将修士与贫民分开。而皇帝为此改革下达的刑罚，更是体现了他从未有过的严酷。他命人在临近的地方吹起号角宣布，任何女人必须保持在修道院两支弩箭的距离之外，否则将处以100鞭刑。

当巡视官们向皇帝告辞时，他们其中最年长的一位神情庄重地对他说："如果陛下您允许，我们想向您发个牢骚。""请讲，神父，"皇帝稍显吃惊地回答。"陛下,这些并不是要您做什么,更恰当地说是哀求您不要让下列事情发生:首先,我们乞求陛下您不要再给这个住所里面的修士分发额外的食物"。"只有一次,"皇帝回答说,"我只送给过他们一点东西,使他们开心。"这位巡视官补充道:"教派已经给了足够让他们精力充沛又心怀喜悦地侍奉上帝的食物。如果他们从陛下您这位伟大的君主这里获得了充足的食物,便不再向上帝祈祷、潜心冥想、完成圣职,而只是满足于陛下您给予他们的食物,他们就会开始打盹、闲聊、浪费时间,上帝保佑他们没有做更恶劣的事!""您说的对,"皇帝说,"我会改正。请继续。""第二件事,我们请求陛下不要给任何教士可以自由使用的金钱。所有在陛下身边的教士都会得到来自教派的,足够他们出行、居住和返程的钱。陛下像君主一样随心所欲地赏赐钱财,就给了他们接触财富的机会,而这是上帝所不喜悦的。教士会认为这笔钱可以随心所欲地花掉,但是他被禁止这样做,因为教士只要身在修道院就必须身无分文。""我不会这样做了,"皇帝说,"您还有什么要补充的吗?""我们恳求您的第三点是,您不要保护,也不要请求您尊贵的女儿保护,任何来向皇帝您乞求支持的教士,无论是教会下令施行苦鞭、体罚或者任何惩罚,因为出于对皇室的尊重,这会造成极大的不便。""我一直注意此事,"皇帝说,"并且我更是这么做的;还有其他的事吗?""最后一个请求就是如果陛下需要任何教士,甚至是总会长,您尽管召唤。无论是谁都会放下一切来完成陛下的心愿。但是请陛下不要给予修会任何荣誉、职位或者头衔,来记住这个完成此事的人。如果修会得到了陛下赐予的这样的回报,它也就失去了所有它曾经服务陛下的功勋了。"

尽管皇帝对着严格的巡视官允下了这些诺言,但是他并没有全部遵守。皇帝的立誓修行虽然被修士们记入了他们的登记簿,不久他就以一种高高在上的无所谓态度和并不怎么像修道士的方式来对待此事了。在修道院院长去世,院长位置空置了一些时间之后,修士们请他写信给圣哲罗姆会总会,以便可以允许他们重新选举另外新的院长。查理五世却明确地拒绝了他们,并且对他们说:"他不希望通过任何方式掺和到这种事情中去,也不想掺和到他们教派中去。"

大约 2 月底,他经历了家庭变故的悲痛。法兰西寡后和匈牙利寡后来到巴达霍斯,玛丽亚公主于 1 月 27 日来到这里见她的母亲埃莉诺王后。胡安娜公主派安东尼奥·德·卡雷尼奥港先生(don Antonio de Puertocarrero)问候公主并向她行吻手礼。皇帝也交给这位使者几封给他的姐妹和他外甥女的饱含深情的问候信函,但是由于痛风,他无法在上面签名,因此他在上面盖上了用于这种情况的绝密印章。同时与西班牙女摄政和皇帝的使者来到巴达霍斯的,是陪伴公主的唐·曼努埃尔·德·梅洛先生(don Manuel de Melo),他们声势浩大地向尤斯特修道院前进。两位王后给这位公主倍加宠爱并赠予了大量礼物,但是公主却并没有去拜访她的舅舅、查理五世皇帝,并且她拒绝在母亲的陪伴下住在西班牙。公主在她母亲身边待了大约 15 天的时间之后,这个高傲薄情的女孩启程返回里斯本;尽管两位王后忧郁凄凉地走着返回,计划去瓜达卢佩圣母修道院朝圣。但是她们并没有实现这个计划;在到达塔拉韦鲁埃拉(Talaveruela)之后,埃莉诺王后就一病不起。就像她弟弟一样,她深受哮喘折磨,而因为危险的高烧,病情更加恶化,从生病初期,她的医生科内利斯就对她的康复没抱任何希望。而查理五世派到特鲁希略(Trujillo)看望他的姐妹们的秘书卡斯特鲁,得知埃莉诺王后在塔拉韦鲁埃拉病倒的消息后,就一直追到这里。2 月 18 日是埃莉诺王后生命中的最后一天,卡斯特鲁见到了坐在椅子上被严重高烧折磨的王后,她还因为哮喘而被压迫得一口紧接一口地喘着气;但是她仍然神志清醒,意志坚定,她命卡斯特鲁向他汇报了事务情况并且向他讲述了她与她女儿玛丽亚公主的会面。当他晚上大约 6 点钟再次见到她时,她已处于弥留之际了,普拉森西亚主教给她做了临终涂油礼。她一直说着话,充满了无穷的温柔与安详地说着世界上最动人的话。她要求简朴地葬在梅里达(Mérida),并且希望将用于她葬礼的金钱分发给穷人。她最后的话语是留给她的女儿玛丽亚公主和她的弟弟皇帝陛下的：她充满慈爱地将女儿托付给她的弟弟，并且她并没有等到她女儿回来之前就断了气。

他姐姐去世的消息使得查理五世陷入了深深的悲伤之中。他的第4次痛风，在他正为得知埃莉诺王后的疾病而担心的时候发作了。他立刻派基哈达在卡斯特鲁之后去看望他的姐姐。留在他身边的医生马特仕于2月18日写信给帝都巴利亚多利德说，皇帝情绪悲伤且身体不适。他在20日的信中补充道，皇帝因为忧虑而疾病加重："右臂的疼痛加剧了，陛下只能用左手吃饭并且吃得很少。晚上他发烧又焦虑，手臂的疼痛更加严重。夜里他睡得也不好。昨天他的右腿膝盖也开始疼痛，陛下的双臂痛风都开始发作并且一动不能动。因为卡斯特鲁回来之后说，埃莉诺王后疾病恶化且回天乏术，您可以想象陛下是多么的伤心。"当查理五世知道他一直深爱的姐姐去世了，他泪如泉涌。埃莉诺王后比他大15个月；他感觉她只是比他先走一步，他也将不久于人世："15个月后，我大概也要去陪伴她了。"而仅仅过了这个期限的一半时间，他便和两位姐妹在地下安息之所团聚了。

匈牙利王后绝望了。尽管她的体力足够她掌控情绪，但是她却不能克制她的痛苦；当她谈及她的姐姐，她就泣不成声。她去她的哥哥那里寻求相互慰藉。皇帝已经命人去帝都火速送来他和他姐妹随从的丧衣，希望能在他妹妹匈牙利王后到达之前将一切准备好，并且这次他让妹妹住在了他的住所里。为此他下令在一层为她准备好了套房。在此期间，皇帝深受痛风折磨，此时痛风已经侵袭了他的左腿膝盖和胯骨，嘴唇发炎，舌头浮肿，所有饮食缩减为只能吃一些小杏仁饼和蜂蜡糕的点心。2月24日，他痛苦地在他的房间里度过了他的生日，而去年的生日他还是在喜悦和感激中，心满意足地度过的。4天之后，阿尔坎塔拉骑士团团长来到了尤斯特修道院吊唁，并与皇帝聊天解闷令他愉快，他发现皇帝有了巨大改变。"我安慰了他，"他写信给巴斯克斯说,"在失去了他的姐姐法兰西王后还有加莱和吉斯地区之后,陛下好像已经死了(心如死灰)。这种忧愁、他姐姐的去世还有这个冬天的严寒已经将他彻底击垮"。

匈牙利王后3月3日夜里到达尤斯特。皇帝希望但又害怕她的到来。他曾经多次对基哈达说:"我一直觉得,非常虔诚的基督徒王后(埃莉诺)没有死,除非看到匈牙利王后自己一人进来,不然我不会相信。"她一个人进来了,皇帝看到她,尽管他试图克制自己的情绪,但仍非常悲悯。王后再也无法克制她自己同样悲伤的感情。她在哥哥身边停留了12天,皇帝的身体慢慢地有了起色,但仍然非常虚弱。他只能吃一些刺激性的菜肴,一些鲱鱼、咸鱼和大蒜,并且他无法也没有力气去做一些对他身体有益的锻炼。马特仕对此非常遗憾,并且写信给腓力二世:"陛下的身体机能在这种牢笼般的生活中几乎已经废掉了。这令我非常忧虑,我对他可以活动身体不抱任何希望了。皇帝每天勉强能走15或者20步;剩下的时间,都是坐在行军床上移动,他自己甚至很少走路。的确最近几天,因为腿部发疹而造成了小的伤口,他无法下地用双脚走路。既然脚长在他身上,就不是毫无用处的,但是就算他的脚可以活用的时候,他也从来不用它们。"

3月16日匈牙利王后离开了尤斯特修道院,打算去锡加莱斯(Cigales)的住所,并在那里定居。在她离开之前,皇帝与她进行了长时间秘密的会谈。他的妹妹在20年统治国家的过程中,表现出了高超的技巧和能力,皇帝想要她在西班牙王室处于严重危机时,到他女儿的身边(辅佐她),他女儿好像对如此沉重的负担已经厌烦了,因为她不久前曾经表达过想要将重担卸下并转交给她哥哥、腓力二世的意愿。于是他力劝匈牙利王后不要拒绝辅佐西班牙女摄政,并且命基哈达陪伴她去,因为基哈达要去将他妻子玛格达莱娜·德·乌路亚和年轻的唐胡安从韦拉-加西亚带到最靠近尤斯特的夸克斯,让他们在那里住下。基哈达遵令要经过帝都巴利亚多利德;他必须要以她父亲的名义说服女摄政官,在重大事务上要请教匈牙利王后,尤其关于低地国家的事务。基哈达执行了他的任务,但是却没有成功说服公主。胡安娜公主对这个要求很气愤。她回复说匈牙利王后的性格并不是愿意给予建议,而是更想要指挥别人;统治权已经交给她,就不能再经受新的变化了;另外,此中会生出不断的麻烦,这些麻烦不仅会影响决策的保密性,还会影响决策的一致性,她表示更希望引退并且放弃领导权。她写给皇帝的信的意思就是如此。同时她还拒绝所有分享西班牙权力的要求,她一直力图获得葡萄牙由她的姑姑和婆母卡特琳娜王后掌控的统治权。弗朗西斯科·波吉亚神父曾经在他上次去里斯本的会谈中谈到过这个话题。胡安娜公主再一次要求皇帝的协助并且对他说:"陛下可以给这位王后(卡特琳娜)写信,以便葡萄牙的国事诏书可以尽快生效。您可以建议这位王后,当她归天之后,她可以在遗嘱中写明,将国王的监护权和王国的统治权留给我,尽管陛下您比我计划得更好,但是我觉得您的计划可能还是会带来损失。葡萄牙王国中有几位要员并不喜欢王后,并且我知道其中大部分的人都更愿意我在那里。很明显除了王后,只有国王的母亲才能成为国王的监护人;但也许如果王后将监护权传给我,那些反对她的人会对此不满。托上帝鸿福愿她身体康健,如果陛下赞成此事,我将在那里安插几个眼线,来向我通报那里发生的所有事情和每个人的意愿。如此一来,陛下也能了解情况,以便更好地决定所有事情。弗朗西斯科神父在这里;陛下如果能将此事告诉他,当他去到葡萄牙那边的时候,他便可以稍微留意此事了。请陛下告诉我,您希望我们做什么。"

皇帝放弃了将他的妹妹加入她女儿领导的西班牙政府的打算,但是他想要将匈牙利王后的丰富经验和她具备的政治才能,通过另一种方式来为他的儿子所用。步步为营的或者说野心勃勃的西班牙女摄政官维护着自己在西班牙唯一的权力支配权,却没有能在掌握葡萄牙权力的计划上再前进一步。出乎她的预料,不久之后在葡萄牙,当塞巴斯蒂昂一世国王仍然未成年时,枢机主教亨利亲王接替了卡特琳娜王后的位置。卡特琳娜王后派她最亲信的仆人之一，唐·阿隆索·德·祖尼加（Alonzo de Zuniga）到尤斯特拜访皇帝、她的哥哥，并且给他带来了几个礼物，这些礼物可以供他使用或者解闷。皇帝在隐修院里，一直关心着家族事务，并且也没有忘记给生者谋利、为逝者增荣。3月23日，他命人将他母后的遗体运送到格拉纳达的皇家教堂，并且指派塞维利亚大主教和科马雷斯侯爵（le marquis de Comarès）护送。没过多久，按照惯例，他在5月1日他妻子皇后祭日这天，虔诚且深情地参加了为她的灵魂安息而举行的盛大宗教仪式。第二天，他非常满意地得知，他不得已保留的最后一项王冠——帝国皇帝皇冠，已经转交到他弟弟费迪南的头上。

就像他已经期待了多年的那样，用他自己的说法，他终于放下了所有。这并不容易：他在放弃最高统治权的过程中，遇到了几乎与获得这个权力时一样多的阻碍。他的儿子恳求他仍做帝国皇帝；他的弟弟斐迪南也并不急于获得皇位，并且请求他至少推迟放弃皇位。当鲁伊·戈麦斯来到尤斯特修道院，向皇帝转达腓力二世关于此事的愿望时，斐迪南曾经写信给后者说："上帝知道，如果陛下能够听从殿下对他新的恳求，决意保留皇帝头衔，我将会有多么欣喜若狂。这是我一直以来的心愿，并且我仍然怀揣着这个希望。"

尽管查理五世对他的儿子满怀舐犊之情，并维护他在事务中的利益，但是对于此事并没有回转心意。心意已决的皇帝并没有听进鲁伊·戈麦斯巧妙的恳求和基哈达大胆的陈情，尽管基哈达认为，放弃帝国皇位，就相当于将意大利和低地国家毫无保护地暴露于危险中。就像他之前做的那样，他仅仅是等待帝国会议的结果，这次帝国会议并没有在海布召开，3位教会选帝侯和德意志有王权的伯爵，在这个西法战争要蔓延到德意志边境的时刻，都不敢离开他们的封地。在腓力二世的请求下，斐迪南尽他最大努力推迟选帝侯会议，再说他也很难能让他们达成集合的时间和地点。3位北方选帝侯想要在雷根斯堡，而4位南方选帝侯则希望在莱茵河畔的乌尔姆或者法兰克福。斐迪南一世先是确定，在 1558 年 1 月 6 日将他们召集到乌尔姆，这一天也正是三王朝圣节，但萨克森和勃兰登堡选帝侯不能出席，并且要求稍晚一些时候在另外一个城市召开会议。后来，斐迪南一世确定，在德意志中心城市法兰克福，于 2 月 20 日召开帝国会议，这是这位新皇帝经过艰苦努力之后，给出的最后期限了。教皇保禄四世却想给这事设置绊脚石，重拾长期以来被遗忘的中世纪教皇权威。他宣布，帝国皇帝退位必须要经过教皇，作为封建君主，查理五世仍然是帝国皇帝。另外，他反对萨克森公爵、勃兰登堡边伯和德意志王权伯爵的选举权，因为他们信奉异端宗教而被剥夺了权力；他还反对"罗马人民的国王"的被选举权，因为其接受宗教和平也有宗教异端的嫌疑。尽管他无礼反对，美因兹、科隆和特里尔大主教，波西米亚国王，勃兰登堡边伯，萨克森公爵，莱茵王权伯爵（le comte Palatin du Rhin）在 2 月 28 日承认了查理五世皇帝退位之后，3 月 12 日，他们一致同意让斐迪南一世作为皇位继承人。

一个半月以后查理五世才得知，他终于如愿以偿地退下了帝国皇帝宝座。这个消息在查理五世详细了解情况之前，已经隐约传到了尤斯特修道院；最终，4 月 27 日，巴斯克斯给他转达了帝国会议选举决议。查理五世立刻放弃了所有仍在使用的头衔。他不再称呼巴斯克斯为他的秘书和顾问，他回复他并且在信封地址处写道：致胡安·巴斯克斯·德·莫利纳，国王——我的儿子的秘书和顾问。他对巴斯克斯说："我已经收到了您 4 月 27 日的信，我非常高兴地得知了，关于我退下帝国皇位的确切消息；此事处理得当，尽管跟几天前说的有所出入……我已经命令卡斯特鲁给您写信，告诉您需要制作 2 枚印章，印章的大小和形式他会告知您。您马上让人着手制作它们，并且将它们送来。"卡斯特鲁在同一天写信给巴斯克斯："陛下要求我告诉您，他退下皇位的请求已经被采纳，他从此不能再在他的信中使用皇帝或者类似的称呼。陛下还希望，您能给他制作两枚没有皇冠、鹰饰、金羊毛标志和任何纹章的印章，他希望这些印章可以在完成后，以最快的速度交给他。"这些毫无装饰、完全本色的印章，直到西班牙军队被勃艮第军队打得落花流水之后才送到。

查理五世终于完全交出了所有伟大的头衔，这件事他已经等待了很久。他命人取下了他套房中的徽章，还要求在教堂祷告和弥撒祭祀中去掉他的名字，取而代之的应是他弟弟斐迪南一世的名字。他对他的忏悔神父胡安·雷格拉说："对我来说，叫我查理就够了，因为我什么都不是了。"这番漂亮简单的话，他又在感动的仆人面前重复了一遍。但是，尽管皇冠已经在他套房中没有了踪迹，虽然他的名讳已经不再被公开祷告提及，但他在所有人心里，仍然是原来那个他。从帝都到布鲁塞尔，人们不停地给他写信："致皇帝，我们的王"，同时当人们提到他时，总是称呼他"皇帝"。

第七章

他曾经强烈盼望着做一个平民百姓,只为自己负责的愿望终于实现了,他感到心满意足。但是查理五世品味这种纯粹的宁静和满足的时间并没有持续很长,完全意想不到的事情就立刻打破了他生活的清静平和,并且扰乱了他的信仰。在西班牙接连发现了两起新教教徒:一起就在卡斯蒂利亚老城的中心——帝都巴利亚多利德,而这里正是王室所在地;另一起则在安达卢西亚商业化和教育程度最高,且最重要的城市——塞维利亚。

任何一个国家都不曾像西班牙这样成功地抵挡住了新教教义的侵袭。这种教义尽管观点不尽相同,却以稍有不同的形式,在德意志占了上风,在瑞典和丹麦占据了主要地位,在瑞士的大部分地区被接受,在法国获得了发展,进入了低地国家并且马上要重新占领英格兰。宗教裁判所的宗教法庭通过它的酷刑威慑和严密监控来阻止新教的产生和传入。这个法庭在征服了整个王国的摩尔人之后,通过阿拉贡的费尔南多和卡斯蒂利亚的伊莎贝拉,成了一个更加令人生畏的组织和权威,以期通过宗教统一来实现全国统一。王权赋予了它权力,教会给了它法则,新的西班牙宗教裁判所严酷地下令,让犹太人和摩尔人皈依或将他们驱逐。它烧死2万多名受害者,迫使40万犹太教徒和50万穆斯林逃亡异乡,使得从纳瓦拉边境到安达卢西亚的边界,自潘普洛纳至格拉纳达,西班牙只能信奉天主教。由国王创立,被教廷确认的西班牙宗教裁判所,其首领是总法官,由最高理事会领导,在每个大省通过特别法庭执行,安排了他的亲信、警官和法官,覆盖整个西班牙领土,并且在很多地方将世俗和宗教司法权结合在一起,同时进行世俗轻罪和宗教罪行的追究起诉,且不受任何节制。因为宗教裁判所不经上诉就可以宣判,要求且奖励告密行为,行事秘密且使用酷刑,处以犯人最严酷和最耻辱的刑罚,它可以掘出死人,烧死活人,没收犯人的财产,贬黜犯人家庭,使他们几辈人无法翻身,宗教裁判所遏制冒险精神,恐吓动摇的信仰,这样毫不费力地禁止了所有比利牛斯山南侧的异端。

这个天主教徒费尔南多曾经多次当作反对外来种族,实现统一的绝佳工具,查理五世则用来清除宗教异端。他的外祖父用来维护国家统一,而外孙则用来维护宗教一统。查理五世既是费尔南多政治事业也是宗教事业的继承者,在各异端国家领地上坚定地维护基督教的正统地位。他在这方面,与力图实现西班牙的天主教一统的、他的外祖父并无分别,与同样倾尽其力,支持欧洲天主教化的其子、腓力二世毫无不同。他绝对是出自他的家族,他具有这个家族狂热的虔诚,并且遵循他所处地位所决定的法则。尽管他在德意志违背了他的家族传统和追求:他不得不暂时容忍了那些他本想制止的新教教徒的存在;还和本来要去打击的异端份子妥协,他对此也是深感遗憾。就像他曾经在位时和在修道院里所说的,他担心因此无法实现他灵魂的救赎。但是在别的地方他严格执行他的宗教政策。他增强了宗教裁判所在西班牙的力量,在西西里岛对它进行了巩固,他还在低地国家也建立了一个,甚至他试图在那不勒斯也建立一个裁判所,那里的人民起义反对它,并迫使他放弃了这个可恨的机构。

他虽是其世袭领土上狂热的教廷正统维护者,但在帝国德意志选区里,却也无能为力,只能宣布新教徒为敌,那么他怎么会接受被王权和宗教裁判所共同防范的新教,进入半岛的命运呢?希腊语和希伯来语、《圣经》的研究、莱茵河畔大胆的宗教问题辩论家的几次交流，以及对他们作品的阅读，早已经在之前，就使得路德宗的教义，渗入了压制这些事情发生的西班牙，曾在1546—1552年跟随查理五世到德意志的人，又再一次更加广泛地将它们传播开来。与这些知识接触之后，皇帝的西班牙传教士和神甫都立刻被它们所感染了。对教条热烈的探讨使他们走得更远，因为之前并没有几个西班牙语言学家曾经对《圣经》经文进行解释。因此，在知识更加丰富并且更加理智的欧洲，好奇心使人们有了更多的胆量，开始思考宗教信仰问题，所有这些都是异端加速发展的温床：他们有了知识，再加上他们的虔诚，便引发了争议。这也发生在查理五世的两位主要神学家身上，即康斯坦丁·彭塞·德·拉富恩特（Constantin Ponce de la Fuente）和奥古斯丁·卡萨利亚（Agustin Cazalla），时间就在这位热诚的皇帝进行反对德意志新教徒的天主教圣战期间。

康斯坦丁·彭塞在安达卢西亚扩散了革新的萌芽，而奥古斯丁·卡萨利亚则在老卡斯蒂利亚进行传播。康斯坦丁博士藏身的塞维利亚城已经处于裁判所严密的监视之下，裁判所已经开始追查那些传播他们知识和正确生活方式的罪魁祸首，例如，城市教堂的地方议事司铎、托尔托萨民选主教胡安·吉尔（Juan Gil）和在埃纳雷斯堡大学（l'université d'Alcala de Hénarès）的巴尔加斯博士（le docteur Vargas）：第一位在讲道时雄辩有力，第二位则因他深刻的著作获罪。西班牙宗教裁判所在1550年起诉胡安·吉尔，而在1552年对此和解，却将他一直关押到1555年。但是死于1556年的胡安·吉尔却在不久之后被判决焚烧尸骨。康斯坦丁·彭塞代替他成了塞维利亚的地方议事司铎，他曾经拒绝接受昆卡（Cuenca）和托莱多地区显赫的职位。康斯坦丁之前曾经领导过安达卢西亚这个辉煌首府的教理学院，并且在那里建立了一个令人不安的《圣经》讲坛。这三位学识渊博的博士已经扩散了被禁的观点，尽管他们是秘密进行并且取得了巨大成功，但是久而久之必会被一直瞪着眼睛的宗教裁判所识破，因此他们的行动只是维持了很短的时间。在裁判所将手伸向胡安·吉尔之后，很多的隐藏的路德派教徒都离开了塞维利亚，并且隐藏在宗教宽容的威尼斯或者宗教自由的日内瓦：其中就包括卡西奥多罗斯·德·雷纳(Cassiodoro de Reina)、胡安·佩雷斯·德·皮内达(Juan Perez de Pineda)、西普里亚诺·德·瓦莱拉(Cipriano de Valera)和朱利亚尼奥·埃尔南德斯·德·比利亚韦德(JulianilloHernandez de Villaverde)。虽然自己因新教事业而被驱逐，这些逃亡者在异乡都希望为他们国家的这项事业服务，他们将根据新教教义解释的基督教教理书、各种版本的《圣经》、基督教教义摘要翻译成卡斯蒂利亚语并且印刷。勇敢大胆的朱利亚尼奥负责将这些书籍运输到塞维利亚：他乔装为赶骡子的人，成功将它们运到了西班牙。两个装满书的大桶被秘密地放在胡安·彭塞·德·莱昂(don Juan Ponce de Léon)的家中，此人是拜伦伯爵(le comte de Baylen)的二儿子、阿科斯公爵(le duc d'Acros)的日耳曼表亲以及贝哈尔女公爵(la duchesse de Béjar)的亲戚，另一个藏匿地点是圣伊西德罗·德尔·坎波(San-Isidro del Campo)的圣哲罗姆派修道院，这两个地方都在塞维利亚城外，该修道院的院长、副本堂神甫、代诉人以及大部分的教士都信仰了改革后的新教。还有多明我会的修士们也采信了新教，比如梅迪纳-西多尼亚公爵(le duc de Medina-Sidonia)的儿子道明·德·古斯曼(Domingo de Guzman)修士、圣保罗修道院的讲道者和圣伊丽莎白修道院的方济会修士也已经接受了新教。路德派教会安排在塞维利亚虔诚富有的伊莎贝尔·德·巴埃纳夫人(Isabelle de Baena)家中。

查理五世曾经的讲道者，康斯坦丁·彭塞·德·拉富恩特吸引了其他的新教支持者。他神采奕奕地出现在大都会的讲坛上，周围围绕着安达卢西亚的贵族和塞维利亚的教士。在他的布道中，康斯坦丁博士在惯用的教义中加入了很多路德派的格言：这样他就让听众熟悉了新教。弗朗西斯科·波吉亚神父曾在1557年经过塞维利亚时听过他的布道,并将康斯坦丁·彭塞的布道比作"特洛伊木马",同时劝告天主教徒说,不要相信他的话,因为他的布道是为了欺骗他们信仰所设的陷阱。来听他布道的多明我会修士则毁了这一切,他们比耶稣会的总特派员[①]做得更加过分:他们向西班牙宗教裁判所揭发了康斯坦丁。裁判所质疑他的教义,曾经多次召他到特里亚纳(Triana)城堡,即裁判所法庭所在地,以了解他所提出的一些主张。它还试图起诉他,但是考虑到查理五世对他非常看重,裁判所并不敢造次。康斯坦丁博士的朋友们看到康斯坦丁如此频繁地被叫到特里亚纳城堡,感到非常不安,于是他们焦虑地问他,为什么宗教裁判所的法官让他去那里。"为了烧死我,"他回答他们,"但是他们觉得我还太青涩了。"不过,为了避免这个他已经感受到威胁的厄运,他清理了他家中路德和加尔文的书,以及他自己的手稿,因为他的手稿中有着跟这些伟大的改革家相似的理论;他将它们交给了一位女士——孀妇伊莎贝尔·马丁内斯(Isabel Martinez),他对这位女士的宗教感情和忠诚度都很了解,她将这个危险的寄存物放在了她家中地窖的一面墙后。然而,在塞维利亚还有圣伊西德罗·德尔·坎波的 12 名圣哲罗姆派修士仍处于危险当中,他们则谨慎地逃到了日内瓦躲避起来。

当这些事情在安达卢西亚发生的同时,奥古斯丁·卡萨利亚则在老卡斯蒂利亚中心进行着路德派教义的传播。他出身于西班牙一个管理财政的贵族之家,他的父亲在帝都担任总会计师。奥古斯丁博士曾在埃纳雷斯堡大学学习。在他担任萨拉曼卡的修会神父和善于雄辩的议事司铎时,他被选为查理五世的传道者之一。他有文化,温和虔诚,道德高尚,无可指摘,思想大胆但性格懦弱。在离开皇帝之后,他带着从德意志了解到的宗教主张,重新回到了萨拉曼卡做议事司铎;他在暗处将这些主张传播到帝都,他经常去那里,并且不久

---

① 指波吉亚神父。——译注

之后这些主张得到了发展,但并没有引起注意。秘密会议在他母亲唐娜·昂诺尔·德·韦比诺家(dona Léonor de Vibero)中举行。这所房子就是路德派的圣殿;他们在这里阅读圣典,聆听新教话语。奥古斯丁·卡萨利亚使得教士、律师、法官以及高官贵胄都改信新教。这个新教的中心位于皇宫的旁边,影响力一直到萨莫拉、托罗和洛格罗尼奥(Logrono),在塞维利亚的新教中心被发现之前,这个新教据点于1558年春天,被裁判所总法官巴尔德斯(Valdès)发现了。

巴斯克斯·德·莫利纳和西班牙女摄政4月27日将这个发现告诉了皇帝,此事令他感到深深的痛苦。查理五世对新教进入西班牙的消息非常气愤,同时又很困惑。他希望用最严厉的手段对付那些放任自己被愚弄的人。他的建议非常严格以至到残酷的程度,这位西班牙政治家并不希望国家出现分裂,而作为一名狂热的天主教徒,他厌恶异端,并且担心对外表现出对异端的过于宽容。"尊贵的公主,我挚爱的女儿,"他对女摄政说,"尽管我确信这严重影响荣誉和对上帝的侍奉,同时威胁众王国的稳定,感谢上帝恩慈,保护信仰不受侵蚀,我们要倍加勤勉地着手调查、追究,我敦促您,命令塞维利亚大主教绝不能袖手旁观;派他去各地追查,并且以我的名义,严格要求宗教裁判所的理事会成员,让他们去做所有他们认为合适的事情。我相信他们可以快刀斩乱麻,我也相信您可以给他们提供帮助,并且给予他们需要的热情支持。必须大张旗鼓地找出所有罪犯,并且根据他们的罪行严惩不贷,一个都不能放过。如果我身体康健、体力尚佳,我将努力尽我所能地,对他们进行惩罚,这让我在这方面遭受的折磨又增添了新的痛苦;但是我知道,不需要我亲自出马,按照适当的方式进行就好。"他坚持必须要马上严厉地惩罚这些路德派,他说:"我从德意志和佛兰德的经验中得出,一个宗教教义不一致的地方,永远不会有安宁和繁荣。"

胡安娜公主给裁判所总法官巴尔德斯看了皇帝的信,此人已经不需要被激发,就有足够的虔诚热忱。与捐献他的杜塔托相比,贪婪强硬的塞维利亚大主教更喜欢屠杀异端来维护信仰。他不知疲倦地、残暴地追查着西班牙新教徒：他成功抓住了罗哈斯侯爵（le marquis de Rojas）的儿子道明·德·罗哈斯修士（Domigo de Rojas），虽然此人已经藏了起来；他同时命人逮捕了此人的兄弟，圣雅克军事骑士、金塔纳领主唐·佩德罗·萨米恩托·德·罗哈斯（don Pedro Sarmiento de Rojas, chevalier de l'ordre militaire de Saint-Jacques et commandeur de Quintana）和他的妻子；还有这个家族的继承人、侯爵的孙子唐·路易斯·德·罗哈斯（donLuis de Rojas）；阿尔卡尼伊塞斯女侯爵（la marquise de Alcanices）的女儿唐娜·安娜·恩里克斯（doña Aña Enriquez）和这个家族的唐娜·胡安娜·贝拉斯克斯（Juana Velasquez）。在洛格罗尼奥，唐·卡洛斯·德·塞塞骑士（le caballero don Carlos de Sesse）和埃雷拉学士（le licencié Herrera）；在帝都，巴埃萨学士（le licencié Baeza）的女儿弗朗西斯卡·德·祖尼加（Francisca de Zuniga），卡萨利亚博士（le docteur Cazalla）的两个兄弟，此二人都是教士，还有他的一个姐妹、唐娜·凯瑟琳·奥尔特加（doña Catalina de Ortega），另外，还有埃尔南多·迪亚斯学士（le licencié Hernando Diaz）的女儿，以及美女胡安娜·桑切斯（Juana Sanchez）和金银匠格雷西亚（l'orfévre Garcia）；在托罗，圣-让教会的胡安·德·乌路亚（Juan de Ulloa）和赫尔南多学士（le licencié Hernando）；在萨莫拉，唐·克里斯托弗·帕迪拉（don Cristoval de Padilla）；在帕洛（Palo），佩德罗·索特罗（Pedro Sotelo）；最后还有路易斯·德·罗哈斯（Luis de Rojas）的仆人安东·佩宗（Anton Pazon）。这些人都被逮捕起来并关入裁判所的监狱。总法官巴尔德斯关于如此重大的发现和人数众多的监禁人员，向腓力二世提交了一份很长的报告，他也给查理五世呈交了一份。尽管宗教裁判所还没有深入塞尔维亚新教的核心，当得知天主教信仰已经在如此众多的地方被破坏之后，查理五世既震惊又痛苦。5月25日，他写信给女摄政：

我的女儿，您相信吗，这件事情使我非常忧虑并令我非常痛苦，我已无法对您言说，尤其当我看到，这些王国在国王和我缺席时，完全处于清静中并且避免了这个灾祸。但是今天，当我归隐在这里休息并专心侍奉上帝的时候却发生了这件事，就在你我的眼皮之下，放任这些人做出了如此严重冒失的可恶之事，并且他们明知道我在德意志因为此事而经受了多少的劳苦，花费了多少金钱，并不得不抛弃了自己一部分灵魂永福。当然，你我并不确定，您身边的宗教裁判所理事会成员是否已经将罪恶连根拔起，因为这仅仅是开始，还未投入强力深入调查，同时要对罪犯严厉处罚，以免此事进一步恶化，我不知道是否还忍耐得住，不让自己离开这里去亲自补救此事。"他补充，必须要毫不留情，就像他之前在佛兰德所做的那样，那时异端曾经通过相邻的德意志、英国和法兰西进入那里。这些地方的政府都反对建立宗教裁判所，因为那里没有犹太人；但是我们指派一些数量的教士，负责寻找那些信奉异端的人，并且立刻杀了他们，将他们的财产充公：烧死那些活着的顽固分子，砍下那些悔罪、与教廷和解的人的脑袋。"我的女儿，"查理五世在信的最后说："请您相信，原则上，一定要使用这些惩罚和措施来阻止此种罪恶，不放过任何人，我不希望不久之后国王或者任何其他人将再也无法阻止它。

查理五世在同一天写信给巴斯克斯、基哈达、匈牙利王后和腓力二世。尽管他已经没有任何权力，但是他仍然保留了指挥他人的习惯，并且皇帝直到死后才得享清静。他又称呼巴斯克斯为"他的秘书"。同时，他命令基哈达从韦拉-加西亚去帝都，以他的名义与他的女儿摄政官、裁判所总法官巴尔德斯、国会成员、卡斯蒂利亚委员会成员、宗教裁判所成员进行商谈，督促他们立刻行动，狠狠地出击。他告诉他的儿子腓力国王，关于这方面所有已经完成的事，并且建议他在这种境遇下，表现出绝不姑息的严厉。腓力二世完全与他的父皇心意相通，他狂热喜悦的情绪激扬，在皇帝书信的边缘写了："为在这方面父亲所做的决定而亲吻他的手，恳求他继续这样做。"他热烈地感谢了父亲,并且相信他所采取的措施,他在之后给他妹妹的信中说:"我已经看到了塞维利亚大主教和宗教裁判所理事会的人给我们写的报告了,并且我们的父皇已经下达了,根据他的感情和他一直以来保护和弘扬天主教信仰的虔诚与热忱而下达的命令。我确信他一直以来都是在兢兢业业地打击罪行,在严厉处罚罪犯并以儆效尤之前,绝不能撒手不管此事,因为这件案件的性质需要我们这样做,且此事事关上帝的宗教事务和这些王国的利益、稳定和安宁。鉴于我在这里忙于战事,为了不因寄送报告到我这里咨询意见而耽误行动,我写信给塞维利亚大主教和宗教裁判所理事会,告诉他们,此事可以特别汇报给陛下,为了确保陛下愿意不厌其烦地听他们的汇报、给他们帮助、处理将会发生的事,我将亲自写信恳求他。"

基哈达并没有在帝都见到西班牙摄政官和塞尔维亚大主教;他们去阿布罗霍蒙(Abrojo)的皇家森林过圣灵降临节了。基哈达也去了那里。他给皇帝的女儿传达了她父皇权威的建议。胡安娜将她父皇的建议又寄送给总法官巴尔德斯、卡斯蒂利亚议会议长胡安·德·维加(Juan de Véga)以及王国各个理事会要员。基哈达发现塞维利亚大主教非常积极却没有皇帝急切。巴尔德斯希望根据宗教裁判所的恐怖做法,巧妙地放缓追查速度,放长线钓大鱼,以便给罪犯最严厉的处罚。基哈达代表查理五世对他说:"在这种情况下最好还是抓紧时间,对于供认不讳的犯人,我们要在比通常来说更短的时间内处罚他们"。"这也是很多人的要求,"大主教回答说,"甚至是人民的公开要求。我对此非常高兴,因为这向我证明没人指责我,并且人们希望司法惩治异端。但是这并不是为了匆匆忙忙地来做此事:我们还没有深入到每件事中,并且还没有彻底了解案情。头领自己会暴露出来。不能以比目前速度更快的节奏来推进此事了。我们采取的方式是为了查明所有事实,因为如果罪犯今天不招,那总有一天会招,或者通过说服,或者通过争论,如果他们拒绝招供,我们就可以酷刑虐待和折磨他们。这样我们就可以知道一切了。"

然而,宗教裁判所理事会和国会被问及此话题时,却宣布说根据皇帝的意愿,此事刻不容缓。基哈达写信给查理五世说,"他们所有人都想急于向上帝和陛下尽忠……他们了解陛下的心情后,非常关心此事,并且催促快速行动。当人民得知陛下想要走出修道院,来承担这件辛劳之事后,也都非常欢欣鼓舞。"追查一刻没有延缓,并且每天都有新的囚犯被逮捕。总法官巴尔德斯派塔拉索纳(Tarazona)主教唐·佩德罗·德·拉加斯卡(don Pedro de la Gasca)作为他在老卡斯蒂利亚的代表,他还派唐·胡安·冈萨雷斯·德·穆尼布雷加(don Juan Gonçalez de Munibrega)去安达卢西亚做他的代表。

至此,藏身在塞维利亚的路德派暴露了。塞维利亚的宗教裁判所监禁了博学的巴尔加斯(Vargas)和虔诚单纯的道明·德·古斯曼教士。宗教裁判所不再召能言善辩且有嫌疑的康斯坦丁·彭塞·德·拉富恩特到特里亚纳城堡了,而是直接将他投进了监牢。孀妇伊莎贝拉·马丁内斯的儿子被吓坏了,将他们出卖给了宗教裁判所的熟人,于是被她藏在墙里的康斯坦丁的书籍和手稿被发现了,而这位孀妇也被追究为异端。康斯坦丁博士因为他自己的著作而暴露了,重要的异端分子首领这次都提供对他的不利证明,他们供认所有这些书籍曾经归他所有,并且其中的思想与异端的一致,他再也不能寻求任何脱身之计了;他对此供认不讳。他被投到了一个又深又黑的沟里,里面又湿又臭,之前裁判所不得不谨慎地对待他,这次(有了证据)宗教裁判所对他进行了更加严酷的虐待。当查理五世得知他曾经的传道士被逮捕的消息,考虑到这位教士的精神力量时说:"如果康斯坦丁是异端分子,他就是一个伟大的异端分子。"但是他补充提到了道明·德·古斯曼修士:"人们监禁他是因为他的愚蠢而非他是异端。"

宗教裁判所的法官们命人在塞维利亚又抓住了800多各阶层的男女。恐慌的情绪在这个人口密集的城市扩散开来,其中很多嫌疑人都逃跑躲避到英国、瑞士和德意志。这些流亡者在他们安全的隐蔽处发表了两篇反对宗教裁判所的著作,其中一篇之前已经寄给了皇帝,其中用最悲怆的语气和最强烈的愤慨,控诉了宗教裁判所的腐化贪婪,对基督教的无知、残暴和不人道。但是与之观点相反,在查理五世看来,被强烈抨击的宗教裁判所是一个维护宗教权威和民族统一最有效的方式。他对尤斯特修道院院长马丁·德·安古洛修士说,他甚至惋惜没有在1521年杀了路德,来阻止新教的发展,彼时路德出席了沃尔姆斯帝国议会,他的命落入了皇帝手中;这个想法他还在他去世前几天的追加遗嘱中表达过,并且向他的儿子腓力国王表明了他最崇高的愿望:"作为父亲我命令他,他必须要服从,要仔细地确保异端都公开严厉地被追查和惩罚,使他们罪有应得,不管他如何恳求,也不管他的阶级和职务,绝不允许姑息任何人。还有,为了我的愿望能够完全充分地实现,我敦促您要在所有地方保护宗教裁判所的办公场所以便他们可以阻止或者惩戒大量的罪行……这样才对得起上帝保护他的治下繁荣,亲自引领他的事务并且保护他不受敌人入侵,以使我能得到最大的安慰。"

查理五世建议中流露出的感情,他嘱托中体现出的政治远见,让他同1559年在帝都和1560年在塞维利亚进行的可怕的宗教处决,产生了千丝万缕的联系。尽管他没有在有生之年看到处决,但是他已经为它做好了准备。因此4次宗教处刑他都参与其中,这四次声势浩大的处刑分别发生在:1559年5月21日,胡安娜摄政官、卡洛斯王子和所有王室成员都参加了这一次;1559年10月2日的有腓力二世出席;塞尔维亚的处刑在1559年9月24日和1560年12月22日,当着安达卢西亚的教士和贵族的面进行。悲惨的卡萨利亚尽管懊悔不已,仍被处以火刑;尽管他已经死去,康斯坦丁·彭塞·德·拉富恩特的尸骨还是被放上了火刑架。火刑架上的火焰一共吞噬了63个活着的罹难者。在被杀死的人旁边,有另外137个犯人到审以上帝宽恕之名,受到较轻的判决,这些人被烙上耻辱的圣贝尼托记号,与教廷和解。这些恐怖的大屠杀和侮辱性和解,在这个专横的教会、无情的王权和狂热的人民拍手称快的见证中完成了。宗教裁判所胜利了：在战胜了异端之后，可以这样说，它控制了王权。西班牙女摄政、卡洛斯王子和国王腓力发誓将对它无限信任，并给予它毫无保留的支持；之前皇帝已经向它表示过服从。根据西班牙教会严格捍卫教义的规定，西班牙教会禁止使用通俗语言来解读《圣经》的《旧约》和《新约》，查理五世皇帝向宗教裁判所申请，允许他用法语阅读《圣经》；他获得了这个许可，并将其视作他坚定的信仰和对他权力尊重的恩惠。他的《圣经》（法语版）是尤斯特修道院皇家住宅中仅有的一本；学识渊博的马特仕医生被要求，在忏悔神父胡安·雷格拉的面前毁掉了他那本精美的法语版《圣经》，那是他从佛兰德带来的，因为宗教裁判所不允许他保留它。

然而1558年，埃斯特雷马杜拉夏天比往常来得更晚，这使得查理五世虚弱的身体略有好转。5月18日，马特仕医生写道："陛下从复活节过后便有了力气，这让他非常开心。樱桃在树上多待了15天。皇帝吃了很多樱桃还有草莓，查理五世习惯就着它们一起吃一碗奶油。接着他吃了一个有很多的香料、熟火腿和炸咸肉的肉饼，以上就是他一餐的大部分东西。"这些辛辣且咸的菜肴，再加上从不间断地食用海鱼，破坏了水果的缓解作用。这些饮食使得他小腿的发疹更加严重，这让他无法入睡并且还伴随着一些特别症状。马特仕对此感到不安，并且为这个固执病人的不良习惯而痛惜，他补充说："皇帝吃得很多，仍然喝很多酒，并且不愿意改变他过去的生活方式，疯狂地相信他体质的天生力量，但是人们常常比自己想象的更早倒下，尤其当身体中还充满了不良情绪的时候。"然而，在沐浴的帮助下，他有时一天泡两次，查理五世可以止住腿部的过敏发痒，但是却不能将它消除。他仍有头痛，有时会在一天结束的时候发作，这种头痛在他吃夜宵点心或者在他睡觉的时候会消失。7月炎热的气温好像驱散了他所有的病痛。"这里非常热，"马特仕写道，"高温之中，陛下的身体一直都好。"

在7月1日这天，基哈达将他的家人带到了埃斯特雷马杜拉（Estrémadure），他是奉皇帝的命令将她们从韦拉-加西亚（Villa-Garcia）找来的。他在夸克斯村里最显眼的房子里安排好了一切，来安顿他的妻子唐娜·玛格达莱娜·德·乌路亚和一个将来会战胜摩尔人和土耳其人，以及打败哈拉斯人（Alpujaras）、突尼斯（Tunis）人和勒班陀（Lépante）人的英雄的孩子。查理五世著名的私生子，不久被取名为"胡安"，此时不为人知的名字是"杰罗尼莫"（Geronimo）。他出生于1545年2月24日，他的母亲是来自雷根斯堡的美丽女孩，名叫"芭布·布隆伯格"（Barbe Blumberg）。查理五世曾经小心地对所有人隐瞒这个孩子的出世，并且在他年轻的时候，将他托付在可靠的普通人手中。1550年，他通过这个秘密的唯一知情人，他的两位贴身侍从——男仆阿德里安·迪布瓦和侍卫奥吉尔·博达尔将孩子交给了他的古提琴手弗朗西斯科·马西（Francisco Massi），此人和他的妻子安娜·德·梅迪纳（Ana de Medina）一起回到西班牙。根据6月13日的合同，马西开始照管这个孩子，他以为这个孩子是阿德里安的，他承诺抚养这个孩子并对他视如己出；他获得了100埃居，来支付他的旅费和第一年的抚养费，接下来的几年减为50杜卡托。

古提琴手马西签订的文书规定，如果阿德里安向他要回孩子，他保证归还。这份文书被交给查理五世，1554年他将其放在了他最重要和隐秘的遗嘱安排的旁边。他将它和关于纳瓦拉有关的秘密文件，还有他亲自安排的，他私生子将来命运的文件放在一起。他在他的遗嘱中说："除了其中包含的事情，我宣布当我在德意志鳏居时，我同一个未婚女子生下了一个名叫杰罗尼莫的私生子。经过慎重思考，我的意愿如下：如果我们可以轻易将他引上宗教之路，那么就遵照他自由自发意愿，让他成为某个教会的改革派修士，但是绝不能使用任何暴力或者强制手段逼迫他这样做。如果我们不能令他走上这条路，并且他更愿意继续他的世俗生活，我希望，也是命令你们，每年固定给他2万～3万杜卡托的年金,这笔钱从那不勒斯王国支取,同这笔年金一起,还要给他一些土地和船只。关于土地的分派和年金的份额,我将交给我的儿子腓力国王决定,如果他不能,就交给我的孙子卡洛斯王子来决定……如果杰罗尼莫并没有选择我所希望的(修士)身份,那么上面提到的年金和土地需够他此生衣食无忧,并且在他之后,他的子孙可以享有合法的继承权,来继承这些东西。无论杰罗尼莫选择何种生活,都应由他自己决定,我已经向我的儿子和我的孙子特别强调了这一点……要尊敬他并且下令命所有人尊重他,给他应有的重视,对这份我亲手签名,并且通过加盖我的机密小印章来密封的文件的内容要保密,并且完成落实好,这些应作为我遗嘱的条款来遵守和生效。写于布鲁塞尔,1554年6月6日。"

为了能让人找到这个他带着深情关怀供养的孩子,他又在另一份文件中写道:"我的儿子或我的孙子……如果当翻开我的遗嘱和这份文件的时候,你们还不知道杰罗尼莫身在何处的话,你们可以询问阿德里安,我的贴身助手,如果他已经去世,就去问奥吉尔、我的贴身侍卫,以便可以给他按照我上面提到的方式安排……署名,我本人,国王。"这些文件被藏在一个用封印封着的信封里,当皇帝于1556年离开布鲁塞尔的时候留给了腓力二世,他已经得知了他父皇的秘密并且在信封上写道:"如果我先于陛下去世,这封信需交回陛下手中;如果我在陛下后去世,则务必交到我儿子或我的继承者手中。"

这个被托付给马西并由他在1550年带到了西班牙的孩子,在距离马德里两法里的莱加内斯村(le village de Leganes)生活了几年。他在田野中自由自在玩耍,经常在麦田中用一只小弩捕猎鸟类,而安娜·德·梅迪纳不久后便失去了丈夫,他在安娜的身边,更喜欢跟他差不多大的孩子一起奔跑玩耍,而不是去本堂神甫家里,上神甫的和村里圣器室管理人的读《圣经》课。他夏天暴晒在卡斯蒂利亚高原炎热的骄阳之下,冬天经受着从瓜达拉马(Guadarrama)寒冷山脉吹来的刺骨冰冷的寒风,这个神秘的孩子有着遗传自他家族的高额头,额头下闪烁着蓝色的眼睛,他被晒成褐色的迷人脸庞周围有着金色的长发,当他从莱加内斯村被送到韦拉-加西亚的城堡的时候,他已经变得有力、灵活和勇敢。1554年皇帝侍卫去那里将他带回来,此时查理五世已经准备好一切退位和归隐西班牙的准备,侍卫带着路易斯·基哈达的信,将年轻的杰罗尼莫交到了玛格达莱娜·德·乌路亚手上。皇帝的管家因为被他身边的职责而牵绊,只能写信告诉他谨慎的妻子说,这个托付给她照料的孩子是他一个不能言明的伟大朋友的孩子。

玛格达莱娜·德·乌路亚于1549年与基哈达结婚。她出身于乌路亚家族一个文武双全的家庭,这个家庭从胡安二世国王(le roi Juan II)时期,就开始参与西班牙朝廷最重要的事务和最辉煌的战争,并且与葡萄牙王室、卡斯蒂利亚王室和阿拉贡王室都有联系。她是拉莫塔侯爵(le marquis de la Mota)的妹妹,并且忠于乌路亚原来的传统。玛格达莱娜头脑聪明且精神高贵,她和基哈达并没有孩子,她满怀爱意地收养了查理五世不为人知的孩子,并像一个忠实尽心且经验丰富的母亲一样抚养这个孩子。在她的身边,这个孩子上了充满有益知识的课程,得知了基哈达曾经作为战士的光荣事迹,默默无闻的杰罗尼莫正做着将来成为具有英雄气概的唐·胡安准备。

他本应该在更早时候来到皇帝身边的;但是夸克斯的住所直到1558年的夏天才准备妥当。直到那时,基哈达才将他的妻子以及作为她年轻侍从的孩子安顿在那里。但是他高贵的出身很快就遭到了冒失好奇的修士和佛兰德人的怀疑。基哈达将他们到达的消息告诉了腓力二世,他是这个孩子真实身份的唯一知情人。基哈达自己却掩饰这个秘密,对他说:"我同玛格达莱娜和另一个人尽早离开了我的家,7月1日我们到达这里,并且发现陛下身体很好,他比我离开时更加健壮,气色和心情都极佳。陛下有时会有些头痛,腿有些发痒,但是这两种不适都没有特别令他痛苦。

玛格达莱娜小姐在夸克斯安顿下来之后，查理五世立刻在修道院接见了她，当然在那里查理也见到了另外一个人。卡斯特鲁在7月19号写道："陛下想要让路易斯·基哈达领主的妻子玛格达莱娜小姐参观修道院并且盛宴款待她，第二天她来到修道院并向陛下行吻手礼，皇帝盛情接待了她。"查理五世可能跟基哈达一起经常见到小侍从，皇帝对他表现出了一直无法向他表达的父亲一般的慈爱。小侍从很喜欢带着他的弩在周边的森林穿梭，他甚至有时会在夸克斯的果园里探险，当然这要比他之后在阿拉斯的山冈和非洲海岸的探险逊色多了。150多年后，作为一个流传下来的传统，在参观埃斯特雷马杜拉的时候，该村粗犷的农民用石块砸下一棵树上的水果，而游客则将果子采集起来，正是那个不久之后将摩尔人和土耳其人打得逃窜的人，曾经采过果子的那棵树。这个年轻的征服者拥有敢闯的热情和爱冒险的想象，并不适合被禁锢在修道院里，他充满尊重敬意地拜访了这个伟大的皇帝，而他晚些时候才有了称他为"父亲"的荣耀，在他最殷切的抱负就是在他死后长眠在他父亲的身边。在他33岁的时候，弥留之际，他才向他哥哥腓力二世要求，念及他在格拉纳达的山中、勒班陀海湾、突尼斯的海滩，让布卢①平原为基督教事业和西班牙朝廷所做的一切，给予他这个恩典。他说："我恳求国王陛下，鉴于皇帝的请求和我想要侍奉他的心愿，请您给予我，将我的尸骨安葬在我的领主和父亲身旁的恩典：如能得偿所愿，我所有的付出和辛劳就都得到了认可与报偿。"他的这个愿望最终被实现。在皇帝生命的最后几天才来到他身边，在临终前一晚还秘密关怀着的，他高贵亲爱的孩子，终于被葬在埃斯特雷马杜拉皇帝的墓穴中，安息在了他的右边。

胡安娜公主希望能将另一个跟私生子同岁的孩子送到查理五世的身边，这个孩子的结局更加仓促和悲惨：这就是卡洛斯王子。他

---

① Gembloux 位于比利时那慕尔省的一座城市。——译注

暴躁的性格、暴力的倾向、不学无术，遭到了家庭教师奥诺拉托·胡安（Honorato Juan）的抱怨，也令女摄政官担忧。也许她对他无计可施，以为只有皇帝才能压制住这种桀骜不驯的天性。关于西班牙王子出格的行为，她已经提醒了腓力二世，同时还告诉他将朝廷都城迁出巴利亚多利德的益处，她已经在此地待了5年，并且她长期逗留此地已经引起了混乱。腓力二世给予她，将王廷迁到除了马德里外，任何她认为合适地方的自由。因为打算尽快回到西班牙，他希望皇帝能让匈牙利王后下定决心重新在低地国家执政。他同时表达了希望卡洛斯王子同皇帝一起生活的愿望，并且写信给女摄政让她恳求他们的父皇同意。胡安娜用最紧迫最意味深长的措辞写了这封信。

她对皇帝说："我对这个计划感到非常高兴；这会给陛下您带来一点麻烦，但是这却能给王子带来新生。因此我恳求陛下您能下令让王子立刻去到您身边，因为陛下可以想到我们是多么需要陛下给我们这个恩典。尽管这样一来，在帝都只剩我一个人了，但是我也心甘情愿，因为我深知此事的益处。"

在得到了她哥哥的允许，可以将王廷迁离巴利亚多利德之后，她询问查理五世，是否可以迁到瓜达拉哈拉，或者托莱多，或者布尔戈斯。她补充说："如果陛下同意迁都，在迁离此处定都别处的过程中，请陛下允许我去向您行吻手礼。我和王子以及匈牙利王后将一同前去。尽管我并不情愿，他们二人将留在您那里，我会一人回来。王后同去是因为我哥哥写信让我恳求陛下，让匈牙利王后来到修道院，然后力促她去佛兰德。正如陛下所知，国王非常希望这样，以便这些国家领地可以得到很好的管理。如果陛下想要给予我哥哥这个恩典，召唤匈牙利王后，那么陛下也可以将另一个恩典赐与我……因为对于卡洛斯王子来说，越早来到陛下身边，对他就更好。"

西班牙女摄政习惯对所有事情都询问皇帝的意见，女摄政向查理五世请教了关于如何处理关于加纳利群岛州长的事情，此人曾经跟女摄政随从中的一位女士订婚，但是却在损害了她的名誉之后拒绝履行他的承诺。她也以总法官的名义告诉他,信仰路德派的犯人们提到了托莱多大主教,这令人对他生疑。他们将他们的新教观点一直追溯到了他身上;并且巴尔德斯对卡兰萨心怀嫉妒和敌意,说如果不是看在他大主教尊严的份上,他早就将他抓起来了。他请求皇帝,当这位西班牙人拥戴的大主教去尤斯特修道院拜访他,完成他在佛兰德接到的、来自腓力国王的任务时,提防此人。

查理五世十分关心在这个时期持续进行的战争,战争中,在低地国家和地中海的前线,还发生了对腓力二世不利的事件。他不停地刺激着西班牙各王国国会和大臣们建言献策的热情,这些人因为爱好争论而容易拖延。他命令地中海各岛屿和西班牙各海岸要加强堡垒工事,防范不要让正在逼近的土耳其舰队登陆。他催促尽快发出腓力二世在佛兰德等待的银饷,以期在这场战役中重新赢得压制敌方的优势。从大伤了英国元气与败坏了西班牙人名声的致命突袭开始,1558年这一年,英西两国接下来的时间仍是诸事不顺。讷韦尔公爵在阿登地区(Ardennes)又夺取了几个城堡,并且吉斯公爵已经袭击了摩泽尔河(la Moselle)上的蒂永维尔。吉斯公爵6月4日开始围攻这个重要军事要塞,并已经从老城将其围困,梅斯首领在18天之后光荣地结束了这场围城战。6月22日,在猛烈的推进攻势和大胆突袭之后,他攻入了这座城市,并迫使它投降。他接着拿下了阿尔隆(Arlon)和几个其他小要塞,还打算要攻取卢森堡公国。

在吉斯公爵取得了摩泽尔河上的胜利的同时,保罗·德·泰尔姆带领一支小队伍成功侵入了佛兰德沿海。他没有进攻筑有防御工事的格拉沃利讷和布尔堡(Bourbourg),他直接向敦刻尔克出发,并且在4天后攻占了这里。他留了守军驻守这里,接着洗劫了贝尔格-圣-维诺克(Bergues-Saint Winoc),他的军队将这个地区直到尼厄波特(Nieuport)都变成一片废墟。从阿尔瓦公爵离开之后,腓力二世在意大利的战事也进行得不太顺利,老苏莱曼二世派来对付西班牙人的土耳其舰队,已经出现在了属于基督教徒的海面上。这支不可战胜的舰队由 130 艘帆船组成。它在索伦托海湾（le golfe de Sorrente）登陆，它在那里掠走了 4 000 多名俘虏，这些人后来成为土耳其人的奴隶；舰队出现在厄尔巴岛海岸（l'île d'Elbe）上；接着向科西嘉岛驶去，希望能够追上不久前出发的法国舰队，同他们一起对梅略卡（Minorque）岛进行猛攻，土耳其人已经在那里包围并占领了休塔德利亚（Ciudadela），并将那里一部分不幸的人民带上了他们的战船。

查理五世出于警惕心和先见之明，不断地叮嘱着"要不遗余力地支援国王，向边境供给军需品，给驻守军队提供补给，"他还要求"每天都要向他汇报佛兰德和意大利的消息。"当得知这些不断增加的失败消息时，他深感忧伤。卡斯特鲁给巴斯克斯的信中写道："陛下因为蒂永维尔失守以及土耳其人在梅略卡岛的洗劫和掠走俘虏的事情而如此痛苦，我们无法为他排解他的情绪，安慰他的心灵。他埋怨这两个地方采取的措施都不得当。"查理五世的儿子腓力二世国王已是负债累累，从 1558 年初，腓力二世就欠他的军队 100 万杜卡托的军饷，欠银行家们 60 万杜卡托，当支付新战役的钱还没有着落的时候，他却给了阿尔瓦公爵 15 万杜卡托的赠款。查理五世认为考虑到阿尔瓦公爵在罗马门前达成的毫无益处的和平，这个慷慨馈赠完全错付，他气愤地说："国王给予公爵的，要多过公爵给予国王的。"

但是命运的青睐和敌人的过失却帮助腓力二世补救了他的失利并且以有利的条件结束了这场战争。法国国王亨利二世的建议，在夺取了蒂永维尔和阿尔隆之后，吉斯公爵要带着他的军队和他的兄弟奥马勒公爵的队伍在拉费尔（la Fère）集合，接着带着这支集合好的队伍向佛兰德进发，与此同时得胜的保罗·德·泰尔姆也向佛兰德前进。这个计划堪称完美，它的执行会将腓力二世置于危险的境地中。但远距离的协同作战毫无失误，完全实现的实属罕见，并且经常是两边都不能到达，或者是一方因为迟到而无法参与，或是因为发生了意料之外的事：这次会师就发生了这样的事。吉斯公爵因为在阿尔隆和维尔通(Virton)休整军队浪费了2周,而保罗·德·泰尔姆自己则无法在佛兰德沿海支撑等待下去。

埃曼努埃尔·菲利贝托公爵已经在莫伯日(Maubeuge)集合了他的军队,并且向那慕尔伯爵领地前进,去抵挡吉斯公爵的行进。在这期间,艾格蒙特伯爵带领1.2万名步兵和3000骑兵向敦刻尔克和加莱之间的格拉沃利讷挺进,并且他在那里等待着保罗·德·泰尔姆以切段他的后路。这个英勇的上尉不久前刚取代斯特罗齐,被任命为法兰西海军元帅,最终在蒂永维尔前战死,但是却并没有辱没他的能力。泰尔姆元帅受痛风折磨,他带回一支数量更少并且满载战利品的军队,他骑上战马一直走到拦住他去路的,艾格蒙特伯爵火枪射程之内。他决定突击敌人右翼并且利用海洋的退潮,经过沿海地带前往加莱。于是他往前行军,在阿河(la rivière d'Aa)河口附近,借着大海退潮的时候很容易地渡过了阿河。然而艾格蒙特伯爵也在格拉沃利讷上方渡过了阿河,追上了法国军队,并布阵在他们的对面。

至此,战斗不可避免。泰尔姆海军元帅只能穿过西班牙人,才能返回加莱;他对此已经果断地做了准备并且做了最好的布置。尽管遭到了急切的艾格蒙特伯爵带领兵力更强的军队的袭击,他仍然支撑了很长时间。战局未定之时,12艘英国军舰无意中到达了这个地方,正好攻击保罗·德·泰尔姆以大海作为屏障来防御的法军右翼。这个出乎意料却致命的炮击使他陷入了混乱:骑兵逃走,步兵被打得落花流水;保罗·德·泰尔姆受伤,并同他主要副官一起落入了艾格蒙特伯爵的手中,而伯爵于7月13日通过格拉沃利讷大捷,修复了他的君主腓力国王所遭受损失的事业。

腓力二世立刻写信将这个重大消息告诉了他的父皇,这令皇帝欣喜若狂。查理五世即刻说"这是一个夺回加莱的好时机,因为此地的驻军必定会为了增援泰尔姆海军元帅而减少。"腓力二世不久之后就很好地掩饰了这个损失,因为在英国的玛丽女王去世后,她的妹妹伊丽莎白女王登基,腓力二世也不再是英格兰国王,加莱的失守对他来说并没有那么敏感了。他的敌人始料未及地失利了，财政也枯竭了；而其实西班牙人自己的财政状况也不比他们的敌人好。蒙莫朗西陆军统帅不甘忍受俘虏的身份，给出的建议招致了重大损失，继圣康坦战败将法国置于入侵的危险后，又使得法国不得不签订卡托康布雷齐这个侮辱性和约，这个和约使得法国接受了本可以避免的、最残酷的牺牲；软弱轻率的法国国王亨利二世听从了陆军统帅关于此事的建议和瓦朗斯公爵夫人（la duchesse de Valentinois）的流毒，这位夫人头脑内心都无比强大，却让腓力二世不久之后，不仅找回了他在这次战争失去的所有，还有之前战争中失去的东西。

格拉沃利讷胜利说到底其实无关紧要，并不应该导致这样的结果。这个明显但并非决定性的损失迅速被弥补了。吉斯公爵离开了卢森堡公国急速向香槟和皮卡第大区交界的皮埃尔蓬（Pierrepont）前进，以防范敌人进攻这两个大省。他已经在他身边重新集合了所有法国军队，这是法国国王在8月7日巡视军队时组建起来的，这支庞大军队由4万名步兵、1.2万名骑兵组成，在如此机智又勇敢的将军的带领下所向无敌。公爵将这支军队部署在从亚眠（Amiens）到蓬雷米（Pont-Remy）的索姆河上，牢固战线的后方。他打乱了西班牙人的计划，使得大量支援进入了他们试图围困的科尔比（Corbie）。他同时干扰了由埃曼努埃尔·菲利贝托公爵队伍掩护的，与其相距5~6小时的路程的腓力二世的军队，使得腓力二世的军队只能防卫而不敢再有任何行动。

此次战役的好处至少也是被分享了。格拉沃利讷大捷取得了辉煌胜利，但是对于西班牙人来说却是毫无成果，已经被他们攻取的加莱、吉耶讷、蒂永维尔这几个重要要塞仍然由法国人继续掌权。在这种情况下，由洛林女公爵斡旋，已经开启的谈判又重新开始，双方的全权代表们集合到赛尔康（Cercamp）的修道院。双方中止敌对状态并且遣散了部分军队。这次他们却无法达成统一意见。但是几个月之后，在安内·德·蒙特莫朗西陆军统帅的煽动下，法国国王亨利二世竟然难以置信地同意了，与西班牙人达成了《卡托-康布雷齐和约》，和约所带来的无法弥补的挫折和迫在眉睫的危险，仅仅是损失中的冰山一角。法国放弃了这118个军事重镇和城堡，收回了圣康坦、哈姆、勒卡特莱和泰鲁阿讷地区(le territoire de Thérouanne)，而查理五世军队已在这些地方将城市夷为平地，只是保留了他所攻克的加莱、吉耶讷、梅斯、图勒和凡尔登。法国国王亨利二世归还西班牙国王腓力二世夏洛来伯爵领地(le comté de Charolais)、马尔堡(Mareinbourg)、蒂永维尔、蒙梅迪(Montmédy)、当维尔(Damvilliers)、瓦伦扎和所有他们在米兰公国占领的城堡；将拉布雷斯、比热(le Bugey)、萨瓦、皮埃蒙特大区归还给埃曼努埃尔·菲利贝托公爵，但是除了都灵、基那尔(Quiers)、皮内罗洛(Pignerol)、希瓦斯(Chivaz)、维拉诺瓦达斯蒂(Villeneuve-d'Asti)，剩下这几个城市在他祖母路易丝·德·萨伏伊(Louise de Savoie)对这些地方的所有权归属问题解决之前，由别人代为保管；将卡萨尔(Casal)和蒙菲拉归还给曼托瓦公爵；将科西嘉岛归还热那亚共和国；将蒙达奇诺(Montalcino)以及他在锡耶纳地区仍然占领的地方，归还给佛罗伦萨公爵；最后将布汶和布永公国(le duché de Bouillon)归还给列日主教(l'évêché de Liége)。为了巩固和延长和平，西班牙又得到了意料之外的好处，法国国王亨利二世没有同意他的亲戚安托万·德·波旁关于重新建立被侵占的纳瓦拉王国的合理要求，并且将自己的女儿伊丽莎白，嫁给了自玛丽·都铎死后鳏居的腓力二世，将他的妹妹贝里女公爵玛格丽特·德·法兰西(duchesse de Berry, Marguerite de France)，嫁给了埃曼努埃尔·菲利贝托公爵。查理五世却没能有幸看到这个和约的达成，这个和约使得欧洲大陆最强大的两个王朝达成和解，并且使得已经由他扩大了版图的西班牙，获得了更大的荣誉，这个和约还结束了长达1个多世纪在意大利的斗争，最终西班牙人占领了这里。在双方认真开始赛尔康谈判前不久，他就已经病入膏肓。

第八章

查理五世的生命已经临近尾声。他腿上的疹子剧烈发作。他无法忍受发疹带来的发炎瘙痒,他放任自己采取危险的方法。8月9日,马特仕医生写道:"他腿上开始发痒。这对皇帝来说非常不舒服,他使用强烈刺激来止痒,并且保证说,他觉得这比我认为的更能令他舒服。我不喜欢这些强烈刺激的方法,因为它们非常危险。尽管陛下告诉我跟瘙痒比起来,他更喜欢轻微灼热的感觉,我却不认为人可以自己选择自己的不适。我非常清楚这会引起比他现有的疼痛更加恶劣的不适。上帝保佑这不会发生,并且保佑他如我们期望的那般健康!"

这位有远见却腼腆的医生,不得不屈服于他无药可救病人的专横意愿之下,尽管敢于指责他饮食上的偏差但却无法阻止它们。他放任皇帝在8月的夜里大敞着窗户和门睡觉,此时虽然夜里闷热,但是清晨时却非常凉爽。同时查理五世所使用的这种降温方法引起了他的嗓子发炎,接着使得他痛风发作,尽管这个疾病在夏季是很罕见的。8月10日,他去听弥撒的时候,不得不被人抬着去;8月15日圣母升天节时,别人抬着他到了教堂,在那里他坐着领了圣餐。圣母升天节的第二天,他开始头痛并有了一定程度的晕厥。从此,他一直很虚弱,全身乏力、发烧、没有食欲,这些都是不好的兆头。这个季节爆发了数量众多的疾病,这些疾病在尤斯特修道院附近盛行,并且一直传播到了帝都巴利亚多利德和锡加莱斯。间日疟高烧肆虐了该地区;临近村庄很多人都死于这个病;奥罗佩萨伯爵在哈兰迪利亚的城堡也被感染了,甚至查理五世的仆人们身处尤斯特高山之上也没能幸免,染上了这个病,他的仆从中相当多的人都生病了。

8月28日开始变天了。这一天,山上爆发了猛烈的暴风雨,27头牛在那里被闪电击中,老树们被剧烈狂风吹倒。空气变得清新凉爽。直到此时,查理五世还在操心着重要或者棘手的事务,这些事务都是涉及西班牙王朝的重大利益,或者事关他有点失和的家族事务。他曾经在尤斯特接受了很多次的探访,并且他还在等其他人的来访。乌鲁埃纳伯爵(le comte d'Uruena)带领众多的随从曾来向他行吻手礼。查理五世很高兴地从巴利亚多利德最近召开的国会首席代表,布尔戈斯总督佩德罗·曼里克那里,得知这次于7月底结束的大会内容,以及在这次大会上投票通过了一个常任财政处和特别财政处。佩德罗·曼里克去布鲁塞尔告诉腓力二世,他之前已经向皇帝汇报过的关于这个有益辅助机构的事,同时皇帝根据胡安娜公主的请求,交给佩德罗一封给腓力国王恩典的信,这是皇帝写给腓力二世的最后几封信之一。

与佩德罗·曼里克同时来到修道院看望查理五世的,还有加尔希拉索·德·拉·维加,他是同托莱多大主教卡兰萨和阿拉贡摄政官菲格罗亚(le régent d'Aragon Figueroa)一起从佛兰德来的。加尔希拉索给他带来了布鲁塞尔和巴利亚多利德的快报,以及关于所有军事事件的详细叙述。腓力二世还委派卡兰萨大主教和菲格罗亚摄政官将最绝密的情报告诉他的父皇;他强烈恳求皇帝劝匈牙利王后在他离开的时候,重新管理低地国家。腓力二世还恳求查理五世通过他无法抗拒的权威,干涉他的女婿波西米亚国王的生活,要求他对玛丽公主好一点,因为她曾经向腓力二世抱怨过这件事。

查理五世如饥似渴地读了这些从低地国家或帝都巴利亚多利德

寄来的信函和战报。他非常高兴地得知军队已处于优势状态,了解了格拉沃利讷大捷之后,他儿子在皮卡第前线的事务;他对阿尔伯基克公爵以及卡瓦哈尔,在法国比利牛斯山另一侧取得的胜利,也同样非常开心,他们在那里长途行军并且烧毁了圣让德吕兹城(Saint-Jean-de-Luz);最后他因为确切地得知,土耳其军队已经返回,向黎凡特海面(les mers du Levant)驶去,而倍感宽慰。8月27日一整天他都在忙着给西班牙女摄政,匈牙利王后和大臣巴斯克斯写信,并且在给后者的信的最后写道:"如果不是绝对必要,不用着急送来佛兰德的信函,等我听过托莱多大主教和菲格罗亚的汇报,回复了国王通过他们送来的信以及加尔希拉索代表国王给我的汇报之后再说。"

8月28日大风暴来了,皇帝与加尔希拉索进行了长谈。由他口述,加尔希拉索执笔写下了需要交给他女儿——胡安娜公主和他妹妹——匈牙利王后的命令。他并没有对卡洛斯王子送到尤斯特修道院的强烈要求,和将都城从巴利亚多利德迁到别的城市的事情,给予说明;但是他极力通过最有说服力的理由来恳求匈牙利王后接受低地国家的管理权。他说:"王后不会允许,我们家族过去所拥有的、我们从父辈们那里继承的、已经保存至今的荣誉和遗产,在我们这个时代遭受公然侮辱和削弱,王后本人也曾为它们深受疲苦,现在我们和国王却将要背负失去他们的骂名,要知道国王不仅是我的儿子,也如她的儿子一般。告诉她,尽管之前在我和她之间,或者她和其他人之间发生了一些事情,但我仍然相信她的善良,她对我手足之情以及她对国王的关怀爱护,鉴于目前威胁我们家族的危险,她将准备牺牲其他一切,前往低地国家来防范这个危险。这是她为上帝做的最重要的贡献,也是她最擅长的事情,同样也是她可以为所有人和我们的家族所做尽的,本应是国王和我的义务。"接着,加尔希拉索带着皇帝交给他的任务,动身去帝都巴利亚多利德以及锡加莱斯,将皇帝的命令传达到那里,并遵帝命,立即返回尤斯特。他离开两天后,导致查理五世死亡的疾病第一次发作了。如果相信历史学家都普遍遵循的圣哲罗姆派修士们的记述,这次疾病之前,查理五世希望在他活着的时候为自己举行葬礼,这也从一定程度上引发了这次疾病的发生。

8天以前,那时痛风刚刚康复,小腿上的发炎就又重新开始折磨他,而此时他正积极地关心政局以及他数量颇多的通信。根据编年史家、修道院院长马丁·德·安古洛修士的说法,皇帝曾经与他的理发师之一尼古拉·贝尼涅有过如下的对话:"尼古拉师傅,你知道我在想什么吗?""想什么,陛下?"理发师回答说。皇帝接着说:"我在想我有2 000克朗的积蓄,我在盘算应该怎么将它们用在我的葬礼上。""陛下不要操心这件事,"贝尼涅反驳他:"因为如果您归天了,我们将让您永垂不朽,我们知道我们应该怎么做。""你并不理解我的意思,"皇帝说,"行路中,灯在身后还是在前面区别还是很大的。"尤斯特修道院院长的编年史补充说在这次交谈之后,皇帝下令举行他双亲和他自己的葬礼。桑多瓦尔提到了这次谈话,但是没有提到葬礼;因为他将其隐去未提,很有可能说明了他并不相信这种说法,。

巴卡岑先生整理的一位无名教士的手稿,很有可能是约瑟夫·德·西贡萨神父从圣哲罗姆派教会史里面抄写了这份手稿,在他们的记述中讲述了更多这方面的事情。根据他们的叙述,查理五世身体很好,感觉比以往都要神清气爽,叫来了他的忏悔神父胡安·雷格拉并对他说:"胡安教士,我觉得我身体不错,病情缓解也没有任何痛苦了;您觉得我可以为我的父亲,母亲和我的妻子皇后举行葬礼仪式吗?"忏悔神父同意了皇帝的计划,皇帝立刻下令,准备好一切举行宗教仪式的东西。葬礼于周一(8月29日)在对他父亲的追思中开始,并且持续了几天。约瑟夫·德·西贡萨修士补充道,每天皇帝都要由一名年轻侍从举着点燃的蜡烛去参加仪式。他置身在祭坛的脚下,满怀崇敬地在简单且不加修饰的日经诵读中,完成所有的宗教仪式。这些虔诚的纪念仪式结束后,他重新召来他的忏悔神父,并对他说:"胡安修士,您看,在给我的亲人举行葬礼之后,我是否可以也给我自己办一场?毕竟我也将不久于人世了。"胡安教士听到这番话,非常动容,不禁热泪盈眶,于是他尽可能地安慰他说:"上帝保佑陛下万寿无疆,您不能这么早地向我们提到您的死亡。如果上帝允许,我们当中寿命更长的人还在世,就是要为死去的人履行这种义务的。"皇帝因这番话提起了兴致,对他说:"您一点都不认为我可以从中受益吗?"胡安教士回答说:"对啊,陛下,我觉得对您非常有利,一个人在他一生中所完成的虔诚业绩,都是源自他最大的功德,并且这些生前功绩要远比他死后,别人为他所做的一切,都更能完成他的救赎。我们尽力所完成的让上帝所喜悦的事,我们也就能有更多的善念!"皇帝下令晚上要准备好所有要用的一切,并且立刻给他举行葬礼。

人们在大礼拜堂的中央设立了一个由蜡烛围成的追思台。陛下所有的仆人都身着丧服从上面走下来。这位虔诚的君主也手持蜡烛,身穿丧服,来到这看自己被埋葬和为自己举行的葬礼。他为这个曾经在一生中蒙受上帝很多恩典的灵魂祷告,以使他在人生大限之时得到上帝的怜悯(可以进入天堂)。这场仪式引得所有在场的人泪流满面,哀声叹气,甚至比他真的死去的时候哭得更厉害。对他来说,当在他葬礼的弥撒上,将蜡烛献祭到神父的手中时,就像他将自己的灵魂交到上帝的手中一样,之前的葬礼中也是这样代表的。葬礼只持续了一上午,当天8月31日下午,他召来他的忏悔神父,对他说他是多么高兴举行了这些葬礼仪式,他感觉灵魂非常喜悦,而这种喜悦之情已经涌入他的体内。

同一天,皇帝叫来了他的王室金银珠宝保管员,并且将他妻子皇后的肖像交给他。他注视了一会儿这幅肖像。然后他对保管员说:"把它收藏起来吧,给我那幅《橄榄园中祈祷》的油画吧。"这幅画他看了很久,并且他的眼睛好像散发着来自灵魂的光芒。他把画还给保管员并且说:"拿给我另一幅《最后的审判》的油画来吧。""这一次他注视了更长的时间,进行了更深的沉思,以至于马特仕医生跟他说,注意不要因为这么长时间灵魂力量的悬空而导致生病,因为他认为是灵魂力量领导着身体的活动。这时,皇帝打了一个寒战,转身对他的医生说:"我感觉不好。""这是8月的最后一天,凌晨大约4点的时候。马特仕给他诊了脉,发现他疾病有点恶化了。他被立刻抬回了他的房间,从这时起,他的疾病日益加重。"

这是一个安排得天衣无缝的场景。大部分的历史学家都接受了教士们的说法,并且他们其中的几位还加入了更加不同寻常的细节。他们不仅说查理五世参加了他自己的葬礼,还说他像死人一样躺进了棺材里。并且在棺材里,他还跟为他的死亡祈祷的修士们一起唱着圣歌。这个特别的情景是真实的吗?仪式的性质、皇帝的身体状况、他的时间安排、他头脑所专注的想法、他的仆人们的见证都驳斥了教士们的记述,真正的事实跟这个奇怪的行为所发生的时间不符,因此不足为信。

首先怎么会容许这种仪式?天主教教廷只允许给死者办葬礼,葬礼不适用于还活着的人。如此不合适的仪式,既毫无效力也是无理取闹,也就变成了对仪式的亵渎。教会为那些死去再不能自己祈祷的人祈祷。它给死去的人提供了从此以后他们再也无法参加的基督教祭祀机会。这种虔诚庄重的仪式陪伴死者灵魂,从尘世进入永生,只有在真实发生的时候才有价值和体现出它的伟大之处。每人都会享有这个仪式,但是仅限于给死去的人。教会如果同意让一个活人滥用这个逝者所专享的,为了让他们灵魂安息的仪式,就应该受到指责。另外,查理五世非常了解,他为自己祷告,通过领圣餐擅用救世主耶稣的祭品,跟别人为他祷告,通过教会的虔诚操持此事间接地通达上帝相比,并不会享有多少益处。这是他15天前曾经做过的,并且他不久后还要再做一次。遗体只是宗教的附属品,教会至高无上且面面俱到的大祈祷能够帮助离世的人不再痛苦、不再行善、不再完善他们的灵魂,也不能改变自己的命运。

这些是主要论据,如果只有这些,它们还不足以让人质疑这些葬礼。另外还有别的可以质疑这种说法(查理五世自己给自己举办葬礼)原因。教士们所叙述的大部分情景都是若有似无,或者是假的。

圣哲罗姆派编年史宣称说查理五世为这个仪式花了他的2 000克朗积蓄。但是，除了这笔仪式所用巨额款项数目的客观性存疑外，还有一个更加决定性的证据，证明了这笔钱根本不存在。从8月17日开始，也就是皇帝生病前13天，尤斯特修道院就没有钱了。作为曾经在收获季节受雇为皇帝行宫采购小麦、燕麦和其他必需食品的人，基哈达1个月内不停地在信中，要求巴斯克斯将皇帝预留下的养老费中的第3部分（一共4部分）运来，而这笔钱直到9月18日才被从塞维利亚送到尤斯特。另外皇帝的力气也不足以让他参加这样的仪式了。他的身体也不像教士们所说的那样比以前更好。他在8月15日被抬到教堂，并且坐着领了圣餐；他的痛风在8月24日好转，但是接踵而来的是他小腿发炎，无法在8月29日去祭坛，也无法在接下来的几个早上都保持站立。而他根本不会有这种奇怪的、别人臆想出来的无聊念头，他非常认真地操心着国家需要和家族利益，他需要对他女儿的咨询进行决策，要说服他的妹妹下定决心，要跟他儿子派来的使者举行会谈，他要听取其中几个的汇报还要等着另外几位的到来；直到他病入膏肓的前夕，他还在下达命令，忙着写信，而他的病弱和缠身的事务也不会让他有足够的休息和自由。他身体虚弱且思虑繁重更使得他无法在8月29、30、31日去参加他妻子、父亲、母亲以及他自己的葬礼仪式了。并且他已经在他妻子皇后忌日那天，即5月1日为她举行了丧事，8月31日即提到的皇帝为她举行葬礼仪式的日子，皇帝已经因为疾病，而在卧室中24小时没有出门了。如果这些不大可能或者说是根本不可能发生的事情一直在发生，那么就需要解释为什么查理五世的管家、秘书、医生之前在他们的信中经常提到他宗教生活中的普通事件，尤其当它们与皇帝的身体状况相关的时候，而这一次关于这件不同寻常的事情却都没有提及；他们提到了5月1日皇后葬礼，又为什么没有提到皇帝已经下令为他自己预备的葬礼呢？为什么他们叙述了他曾经在8月15日被抬到教堂，并在那里坐着领了圣餐的事情，却对31日这些他们主人托付给他们去办的离奇葬礼完全闭口不言,而葬礼之后很快皇帝就去世了?但是他们不仅仅是对此保持了缄默,还间接地揭穿了这些谎言。他们的记录与这些修士们的说法完全不符。出现在这些修士们的叙述中的马特仕医生,已于8月30日时离开了修道院,在这一天查理五世派他去哈兰迪利亚的奥罗佩萨伯爵身边,而8月31日查理五世在他房间病倒时他也不在。马特仕医生和基哈达的记述中,皇帝生病是在其他日期,因为别的原因。关于皇帝生病的事情,马特仕在9月1日是如此对巴斯克斯说的:

> 就在不久前我写给您的信中,提到非常杰出的皇帝陛下,身体状况尚可,但是腿部发炎的状况又卷土重来,大约在晚上的时候,陛下有些头痛并且借助于强烈刺激来对付发炎瘙痒。现在我不得不告诉您,在上周二也就是8月30日的时候,陛下曾在阳光照射非常强烈的露台吃饭。皇帝吃的很少并且没有什么胃口,因为晚上当我从哈兰迪利亚回来的时候,他曾经跟我说过此事,我曾经遵照他的命令去哈兰迪利亚看望身体不适的奥罗佩萨伯爵。当皇帝吃饭的时候,他开始头痛,接下来的一整天他都头痛不止。夜里他也睡得不好,并且整整一个半小时都无法入睡;他觉得很热,于是饮了酒。周三早上,他感觉疼痛缓解,但是却感觉疲惫并且非常口渴。他起床吃了一点东西,他更想喝酒而不是吃饭。从那时大约到2点的时候,他感觉发冷并且只勉强睡了1个小时。醒来时他感觉有点发冷,这种凉意从肩部、脊背、两肋一直延伸到头部,并且一直持续到晚上7点。接着皇帝还是发烧并且伴随着头痛和巨热,这次发热非常严重并且一直延续到今天也就是9月1日的早上6点,使得这天夜里陛下也非常烦躁,头部发热几乎使他发狂。陛下起床之后,吃得非常少并且仍然在发热,但是已经稍有好转。这令我担心的是因为发热一直不退,加之陛下因为头一次的疾病暴发身体极度虚弱。

如果上午皇帝还在发热，我决定对他进行放血治疗。

他还请求巴斯克斯将这些不幸的消息告诉胡安娜公主，马特仕还在信末附言中补充道："我们觉得陛下也心存忧虑，因为对他来说这是从来没有过的发热腐烂病症。于是他立刻想到要进行立遗嘱的事宜。到目前为止，发热还没有要退却的意思，而他已经发热了整整24个小时了。"

基哈达并没有马特仕那样担忧，在同一天试图使得公主安心，对她说皇帝已经有些好转。他对公主说皇帝下床听了弥撒，在他写信的时候，大约晚上8点，皇帝吃了点心和玫瑰糖，而且在他看来，皇帝要求立遗嘱也并不意味着什么，只是因为他想要在他身体健康的时候来做此事。9月1日他也写信给巴斯克斯："我担心发热是因为前天陛下在封闭露台吃饭引起的。阳光炽热，光照强烈。皇帝在那里一直待到下午4点，当他离开那里的时候他有些头痛。那一晚，他睡得不好，很有可能这让他着凉并且发烧。"

9月1日这天，查理五世同他的管家和忏悔神父谈论了他遗嘱的最后几个安排。他感觉已经病入膏肓。30年来，他从来没有痛风不发作而只是发烧的情况。他希望1554年6月6日在布鲁塞尔立下的遗嘱的基础上，增加一个追加遗嘱。为了能使这个追加遗嘱同样具有效力，基哈达遵照皇帝的命令，要求巴斯克斯尽快给予卡斯特鲁作为公证人的权力，并且卡斯特鲁告诉巴斯克斯，让邮局总长官在帝都巴利亚多利德去尤斯特修道院的路上，设立几个驿夫和信使以便能让皇帝住所和宫廷之间的通信更加快捷。每天都有几封信从修道院或者夸克斯发出，给皇帝的女儿胡安娜公主和皇帝的儿子腓力二世国王带去关于皇帝的消息。

查理五世的病情不断恶化。9月2日，从9点开始皇帝浑身发冷并且极度口渴。疾病的发作如此强烈以至于他已经没有了意识，并且当疾病发作暂停的时候，查理五世无法记起这一天曾经发生的事情。这次发病之后,他吐了胆汁和痰液。人们问他是否需要叫别的医生过来,他回答说不用,于是人们只是叫来了科内利斯·拜尔斯托夫(Coreneille Baersdorp),他曾经在锡加莱斯,皇帝妹妹匈牙利王后的身边,一直以来都了解他的身体情况。9月2日和3日的夜里,皇帝都疼痛不止;然而,因为他已经非常疲惫,他睡着了。但是,从凌晨2点起,他半个小时之内都会醒来。早上,烧稍微退了一些,查理五世对疾病的可怕攻势非常意外,并且担心它会卷土重来,于是做了忏悔并且领了圣餐。他希望做好死亡的准备,并且在他还没有因为昏厥而失去意识和意志,自己还可以做主的时候,完成他的宗教义务。

大约8点30分的时候,马特仕给他进行了正中静脉放血治疗;给查理五世抽出了9～10盎司黑色腐败的血液。这次放血治疗使得皇帝好了一些也让他舒服了一些,他不再发热并且在大约11点的时候吃了饭,虽然只吃了一点但是已经有了胃口,喝了啤酒和掺了红葡萄酒的水,又接着平静地睡了2个小时。因为他的头还是有些发热,马特仕又用手在他的头部静脉上开了口给他进行放血治疗,这让皇帝非常高兴,因为他的脖子只是稍微有点儿痛了,并且希望能多给他抽出点儿血,因为他说:"他感觉浑身充血。"

9月3日晚上8点—9点,他吃了一点甜面包并喝了啤酒之后,他在接近10点的时候感觉剧痛;他脉搏不稳并且又开始发热一直到凌晨1点。两次的放血治疗并没有阻止4日凌晨大约3点钟左右的发作,这次发作并不像之前一样严重,因为这没有让他产生幻觉,但是却让他非常口渴以及发热难挨,他接连喝了8盎司的掺了葡萄汁的水和9盎司的啤酒,他脱掉了礼服、上衣以及线织袜子,只是穿了他的衬衣,胸膛上盖了一条丝质的遮布。这场发作结束之后,就像之前一样,他又排泄并且呕吐了很多腐臭的东西。

直到这时,他还关心着需要被加入追加遗嘱中的条款。他告诉了基哈达和卡斯特鲁他最后的心愿,并且他希望给陪伴他到退隐之所的每一个仆人,一些作为念想和感谢的纪念品。他曾经同基哈达讨论过他葬礼的地点。在他立于布鲁塞尔的遗嘱中,他下令将他的遗体放在皇后的旁边,也就是格拉纳达皇家教堂中,在那里还安息着他的外祖父费尔南多和他的外祖母伊莎贝拉、他的父亲美男子菲利普和他的母亲疯女胡安娜。他带着虔诚,柔情地说:"我希望我的遗体能安放在我最亲爱和深爱的妻子,已经安息在上帝荣光中的皇后遗体旁边。"此时他却改变了想法,他希望他生命的最后时光能够得到永远的安息。但是他不想跟皇后离得太远,也不想去格拉纳达同她相聚,于是他要求人们将皇后的遗体运到尤斯特修道院,他的身边。基哈达反对这个计划。他对皇帝说这个地方并不具备接待并且安放两位伟大贵胄的条件,他坚持说格拉纳达更加合适,因为天主教的国王们在那里修建了他们以及他们子孙的陵寝。查理五世并没有完全听得进他忠诚的管家的反对意见,但也因此动摇了:基哈达写给腓力二世的信中说:"皇帝反驳了我一些您不久后会知道的事情。最后这使得陛下决定,将此事交给您,并按照您认为合适的方式来安排。但是,在您到达西班牙之前的这段时间,他希望他的遗体能够安置在此处并且埋葬在大祭坛下,一半在坛内,一半在坛外,这样当神父讲弥撒的时候,可以把他的脚放在他的肚子和头上。"

这就是查理五世所希望的葬礼安排。他一直在完善他遗嘱中的条款,其中规定 3 万杜卡托用于赎回基督教俘虏,给贫穷的妇女作为嫁资,给那些隐藏的穷人作为施舍,还有一部分,他规定在他死后,用来在所有西班牙的修道院和教区教堂里给他举行安魂礼拜,并且进行永久的唱诗弥撒,同时请求教皇能够允许进行全民大赦,以吸引更多的人到他的陵寝旁来祷告。在 9 月 5 日用甘露蜜和大黄催泄之后,他在 6 日又经历了一次难以忍受的发作,这次发作持续了 13~14 个小时,他已经被疾病折腾得精疲力尽,基哈达不再与他多说话。他已经开始极端谵妄,然而将卡斯特鲁任命为公证员的授权还没有到达。9 月 6 日到 7 日的夜里,授权终于由从帝都巴利亚多利德派出的加急信使送到了,他还带来了胡安娜公主和王室以及国会主要人员的信。皇帝病重垂危的消息使他们非常忧虑,并且他的女儿公主殿下要求,允许她来到她父亲的身边看望和服侍他。

9月7日过得还好;脉搏也正常了,皇帝晚上吃了鸡蛋,喝了掺了红葡萄酒的水。然而他身体内部发炎情况已经蔓延到了口腔,引起了他的口干和口腔疼痛。9月8日的高烧发作尽管没有持续很久但是仍然凶险;皇帝退了烧但是诱发严重的谵妄并且面如死灰。于是人们告诉他加尔西拉索和科内利斯·拜尔斯托夫医生从锡加莱斯来了:一位带来了匈牙利王后肯定回复,另一个则可以根据他资深但其实无效的经验给他提供(治疗)援助。

首要的事是查理五世完成了他的追加遗嘱,他令人在9月9日将其读给他听,并签字封好。9月10日,他将加尔西拉索召到他的房间内,此人向他汇报了皇帝曾经交给他的,去他妹妹身边要做的任务。腓力二世曾经恳求匈牙利王后重新掌管低地国家的政权,并且派托莱多大主教去向她言明,然而她并没有因为她侄子这个迫切要求而让步。她回复说她年事已高,身体病弱,已经下定决心要清静地度过她所剩不多的时光,此意已决,如果她着手管理和保卫这个棘手困难、供应短缺并且将要被入侵的地方,尤其是她曾经在上帝面前发下,不再掌管世间事务的、不可违背的愿望,如有违背,将使她的荣誉和名声遭到损害,这让她不能接受这个她不久前刚刚卸下的重担。她仅限于给他的侄子提供建议,并且对他宣布她不会脱离退隐状态,同时为了给她尊严以及维护她的尊严,他必须将阿尔莫纳西城(Almonacid)、索里塔城(Zorita)、阿尔瓦拉特城(Albalate)和伊利亚纳城(Illana)连同他们的收入和司法权交给她。

但是她强硬拒绝的态度在她听过了加尔西拉索的话,读过了查理五世写的试图说服她的信和腓力二世新的快报后就软化了。她写信说她一生中从来没有如此纠结过:她尽一切可能让皇帝满意,对皇帝无尽的忠诚、尊敬、服从和顺服,这让她舍弃了自己的意愿,完全不去顾及她自己的年纪和意愿,也顾不得危难,但是她曾向上帝许诺不再管理任何政府,她不仅违背了她的心愿,也使自己良心有愧,灵魂不安。于是她决定以折中的方式参与此事,她提议在一定的条件下,她只去低地国家待有限的时间,并且在国王在场的情况下,协助他们管理国事,但是仍然主要是通过她的建议而不是亲自参与行动。她因为哥哥的病而惊慌不已,但是并未预想到这次病如此危险。她给腓力二世写了一封比通常来说更简短的信,对他说:"我写这封信的时候非常痛苦,因为我听说了陛下的病。尽管医生心怀希望并且认为他并无生命危险,尽管我也对此深信不疑,但是当我们对一个人深怀爱意的时候,总是会担心不已。我只有当得知陛下已经完全康复的时候才能不再为此忧虑。当我得知他正经历巨大危机而无法正常生活的时候,我就会一直很担心。"

查理五世当听到匈牙利王后之前不可动摇的决心已经被软化,并且已经一定程度让步了的时候,非常开心,这是他生命中最后几件令他开心的事情之一。他希望当她到达低地国家的时候,可以同意在他儿子腓力二世不在的情况下掌管全部的政务。他接着派加尔西拉索去帝都巴利亚多利德,给科内利斯博士和 10~12 个人送去安全通行证,让他们先匈牙利王后一步去佛兰德。他为了完成追加遗嘱而高度集中精力,与加尔西拉索交谈所带来的兴奋,都使他更加疲惫,令他更加虚弱。人们小心地向他隐瞒了老阿尔考德特伯爵的失利和战死的消息,而这个结局可能会对西班牙的非洲领地产生灾难性的后果,这个消息是 9 月 9 日送到尤斯特修道院的。冒险的奥兰总督曾经与非斯台伊(le dey de Fez)①联合,他带领着一支 1.04 万人组成的军队和 9 艘装载弹药和食物应该去支援军队的双桅横帆船,加入了反对阿尔及尔的战役。他沿着海岸向穆斯塔加奈姆(Mostaganem)进发,

---

① 台伊指奥斯曼帝国在阿尔及尔的统治者。台伊是土耳其语音译,原意为舅父,引申为对长者的尊称。奥斯曼帝国统治时期,突尼斯(1594—1705)和阿尔及利亚(1671—1830)以此作为统治者的称号。——译注

并且打算奇袭夺取那里。但是,他被盟友出卖,撞上了正在等待着他们的敌人,他的盟友和敌人已经沉瀣一气,他的进攻计划失败只能抵抗后撤。在马扎格朗(Mazagran)被侯赛因帕夏(Hussan-Pacha),也就是著名的巴巴罗萨的儿子袭击,这在西班牙队伍中引发了混乱,最终使得撤退变成了溃逃。

这次远征的灾难性结局中,西班牙军队几乎全军覆没,阿尔考德特伯爵也被杀死,他的儿子唐·佩德罗·卡尔内多(don Pedro Cardone)被擒,并累及了奥兰的安定,如果皇帝知道此事,他一定会因此而感到深深地心绪不宁。人们没有告诉他这个消息并且他自己也躲避着情感波动。他没有让他的妹妹或者他的女儿来到他身边,尽管她们都想来,却又不敢来。基哈达曾经告诉他如果他感觉更加不好,匈牙利王后会来尤斯特修道院侍奉他,他回复说他已经让人告诉她,不让她来。基哈达又补充说胡安娜公主非常担心,已经准备妥当,只等陛下许可就动身来看他,他拒绝了这个请求。基哈达信中说:"他摇着头对我说不要,便不再说话,因为他嘴里的疼痛,他什么都说不出来,或者只能说几句话。"

从9月11日开始,三日疟发热已经变为了间日疟,也是在这一天阿尔坎塔拉骑士团长从普拉森西亚来到了尤斯特修道院,并且一直陪着他最尊敬最辉煌的主人走完他生命的尽头。马特仕和科内利斯两位医生用药丸和大黄为皇帝催泄。他已经奄奄一息,尽管人们时不时地喂他几勺山羊奶或者几盎司的肉汁维持他的体力,以使他可以抵抗疾病,但是他已经衰弱的胃却无法存留这些东西,他几乎一直在呕吐。然而,9月16日他病情稍有好转,这时从里斯本来的卡特琳娜王后的信到达了修道院,王后非常关心地询问他哥哥的消息,以便再次组织她已经下令在葡萄牙所有的教堂中为他进行的公开祷告。大领主用这些措辞给巴斯克斯通报了这个有利的变化:"今天陛下的状况同前几天相比,真是活人跟死人的区别!"

但是这个回光返照后,紧接着疾病卷土重来。在同一天的夜里,查理五世在2个小时的躁动不安和入骨疼痛之后，身体接着就发生了从来没有过的发冷状况。他接着就呕吐出了黑色浓稠灼烧的胆汁，并且他又开始发热，这次发热如此的强烈持久，他整整22个小时一言不发且一动不动。这是个可怕的状况，在此期间，医生们两次在他口中注入了2次几盎司的甜麦饮料，就这样17日整一天他都无法挪动的头和手，直到9月18日凌晨3点这种情况才停止。医生们担心他没有力气再经受再一次的疾病发作了。然而9月18日皇帝完全清醒了过来，但是他说："他已经不记得前一晚发生过什么了。"

9月19日凌晨5点的时候疾病第11次发作。夜里，查理五世睡着了，循照惯例，他吃了一点清淡的点心，这个习惯就算在他生病最严重的时候都没有放弃，但是他吃完紧接着就吐了，于是又喝了一些镇静饮品。他经受了从未有过的发冷，这一症状一直从凌晨5点持续到第二天11点。当皇帝又开始发烧的时候，医生认为已经筋疲力尽的陛下会像前一晚一样无法说话和动弹，在发作中归天，于是他们要求给他进行临终涂油礼。基哈达出于对主人的敬爱关心，对他们的提议反对了很长时间，他大约晚上8点的时候写信给巴斯克斯说："医生们对我说陛下病情加重，而且他们看诊之后说他已气力全无。但是我觉得皇帝不会这么快撒手人寰；因为今天他不像上次发病的时候那么毫无意识……从今天中午开始，我阻止他们给他进行临终涂油礼，因为我担心虽然他不说话，可是会因此情绪激动。医生们回到我身边对我说，他们觉得是时候了；我回答他们说我已经准备妥当，让他们一直测着皇帝的脉搏，等待他大限时刻的到来。他们已经3次宣布他病危了，而这令我痛彻心扉，肝肠寸断。"

大约9点钟的时候，医生们惊慌起来，恳切地催促基哈达，他最终让步了。忏悔神父胡安·雷格拉给查理五世做了临终涂油礼，查理五世在完全清醒的状态下接受了涂油礼，他并没有心烦意乱而是带着巨大的诚心。基哈达因为这个临终仪式而哀痛不已，他补充了下面这些令人动容的话语："请您想象一个仆人看着自己服侍了37

年的主人这样死去的时候的情状。如果上帝非要他离开人世,希望上帝能让他升上天堂;但是我坚持认为他今天晚上不会去世。希望上帝与他及我们同在!"

查理五世实际上撑过了9月19日到9月20日的夜里,并且抵抗着疾病带来的剧痛和重负。他几乎没有了脉搏,早上的时候他被告知已经在准备给他归天的祷告了。就在这时他又神志清醒了,也许直到他断气时,他都还因为最后的意志力,保存着头脑最清醒的理智和内心最虔诚的宁静。他再一次忏悔并且希望再领一次圣餐;但是他担心如果他的临终圣餐要等着胡安·雷格拉在他的房间里,一边做着弥撒,一边为圣体饼祝圣,会来不及。他于是命令去教堂的大祭台上找来圣餐圣体。基哈达并不觉得皇帝还有足够的力气来完成这个天主教徒临终前的最后仪式,于是他对皇帝说:"陛下觉得如果您不能领圣餐,就省略这个环节。""我可以。"皇帝简洁但是坚定地回答说。胡安·雷格拉身后跟着修道院所有的修士们,他们带来了临终圣餐仪式所需的全套东西,查理五世非常虔诚地领了圣餐并且说:"上帝,救赎我们的唯一真神,我将我的灵魂交到您的手上。"他接着听了弥撒,神父讲述着基督教救赎中最让人安心的话语:上帝的羔羊除去了世人的罪孽,他满怀喜悦、态度谦卑地将他的颤抖的手按在了胸口。

在完成这些宗教义务之前,他还花了时间处理了一些尘世琐事:大约8点他让所有人都离开他的房间,只留下了基哈达一个人。基哈达跪着来记录他的最后遗言,查理五世对他说:"路易斯·基哈达,我知道我身体渐衰,将不久于人世;我感谢上帝,因为这是他的旨意。您告诉我的儿子腓力二世国王,让他关照这些一直服侍我直到我去世的所有人……并且禁止让别人住进这所房子。"半个小时里,他轻声慢语却语气坚定地说到了他的私生子胡安,他的女儿波西米亚王后,他希望她能在马克西米利安身边过得更加幸福,还提到了所有这个世界上他深爱又关心的人,但是他将要离他们而去。他还委派基哈达给腓力二世带去他的最后建议。这些事情完成之后,他只等大限之时了。

在9月20日的一整天里,胡安·雷格拉、弗朗西斯科·比利亚尔瓦和其他几位修道院的修士为他祷告,并且给他读了教会给垂死之人的劝导:他亲自指定了他想要听的诗篇和祷文。他也让人读圣经中的路加福音,耶稣受难,在聆听的过程中他双手合十,深刻静思。他几次闭眼祷告,但是当他听到上帝的名讳的时候就立刻睁开眼睛。

他曾经强烈期盼托莱多大主教的到来,因为他的儿子腓力二世曾经委派他前来完成任务,最后主教大约在中午的时候来到了尤斯特修道院。卡兰萨很晚才动身去尤斯特,仅用了短短几天就到了。他曾经是查理五世的神甫和讲道者,查理五世因为他的学识、虔诚、美德而对他器重有加:他曾经派他作为去特伦托大公会议的主要神学家,这位多明我会修士的机智和口才,使得他在会议上的神父们中赢得了巨大的声誉。查理五世希望能够报答他的宗教贡献,并且充分发挥他的虔心,曾经两次指派他为主教,但是卡兰萨出于谦虚没有同意接受这个职位。在1554年,当腓力二世与玛丽·都铎结婚,整个英格兰被强迫重新改回信奉天主教的时候,皇帝将他安排在了他儿子身边。卡兰萨曾经在这次重建旧时信仰的过程中,发挥了积极的作用,他发挥了他的天赋,也取得了成功,这让他的新主人对他非常看重,他因此成了英格兰和佛兰德的宗教首脑,并且在唐·胡安·马丁内斯·西里塞奥(Juan Martinez de Siliceo)去世后,他被国王和教皇联名任命为托莱多大主教,尽管他不愿意,甚至起初他并没有同意。尽管并非他愿,西班牙首席主教却成了他的头衔,卡兰萨引来了宗教裁判所总法官巴尔德斯的嫉妒和仇恨,并且也让查理五世对他心生怀疑。

皇帝对于他接受了职位深感震惊;他认为卡兰萨的谦虚和美德足以让他拒绝常任主教的职位,却在西班牙第一大主教的位置前面折了腰。这些不良的印象再加上了巴尔德斯对他的严重指控,而不久之后这位不幸的大主教就屈服在了这些指控之下。宗教裁判所总法官向皇帝汇报说,他通过讲课的方式,鼓励那些在帝都巴利亚多利德和塞维利亚发现的西班牙异端分子。事实是他仍然信仰正统教会,但并没有将它跟异端学说作任何区分;他接近宗教改革家的基本教义,并且使用他们的论证方法,并将其引入他的著作《基督教教义评论》,还在其他几本著作中使用了"因信称义,信仰得救"的原则,该信仰原则借助于《圣经》无可争辩的权威,而不是仅仅借助于传统的罗马教会的威信。[1]

查理五世于是对他也是有戒备之心的。当基哈达将他同两个陪他一起来的多明我会教士唐·佩德罗·德·索托马约尔(Pedro de Sotomayor)和唐·迭戈·希梅内斯(Diego Xiganaient)领进皇帝的房间的时候,大主教跪倒在皇帝的床边,并且亲吻他的手。皇帝已经奄奄一息,看了他一会儿,并没有对他说任何话,接着问了他一些关于他儿子腓力国王的消息之后,皇帝便请他去休息了。傍晚时分,他命令基哈达准备好,从蒙特塞拉特圣母修道院的圣殿里拿来祝圣过的蜡烛,还有皇后去世时所握的十字架和圣母像,他曾经说过他去世的时候也要用这些东西。不久之后,他更加虚弱,基哈达叫来了托莱多大主教,以便他可以见证皇帝的生命的最后时刻。大主教恭敬地同他谈论着死亡,在场的还有皇帝的忏悔神父胡安·雷格拉、讲道士弗朗西斯科·比利亚尔瓦、尤斯特修道院院长弗朗西斯科·德·安古洛、格拉纳达修道院前院长奥罗佩萨伯爵和他兄弟弗朗西斯科·德·托莱多(don Francisco de Tolède)以及他叔伯迭戈·德·托莱多(Diego de Tolèdo)、阿尔坎塔拉骑士团团长路易·阿维拉·祖尼加、基哈达,他们所有人都在皇帝房间里,围在他床边。根据弥留之际的皇帝的要求,大主教读着:"耶和华啊,我从深处向你求告"。并且每一段经文之后都跟着关于葬礼情形的描述;接着,他跪下并且向

---

[1] 参见这些著作和 adolfo de castro 的西班牙新教教徒史,第3卷,第191—199页

皇帝呈上十字架,大主教对他说着让他安心的话,但不久之后就因为此事而被宗教裁判所定罪:"这就是对所有人的回答;再也没有罪孽,所有的罪都被赦免了!"在皇帝房间的几位教士以及阿尔坎塔拉骑士团长都对这番话非常震惊,因为这话中表达了,基督通过被钉在十字架上,就给人类带来了完全的救赎,而人类甚至不用通过他们行为的功德来实现得救。同时,当大主教说完之后,路易·阿维拉让弗朗西斯科·德·比利亚尔瓦教士在他这边,用更加天主教的劝勉方式来给皇帝表达死亡和救赎。

这位圣哲罗姆派讲道者实际上并没有用高贵的事例,来给濒死的查理五世安慰与希望。他并没有从基督救赎中汲取话语,而是提到了圣人们的特别援助。他对皇帝说:"陛下应该很高兴,因为今天是圣马太日。陛下生日那天是圣马蒂亚斯日;而您将在圣马太日这天离世。圣马太和圣马蒂亚斯是两位使徒,两个兄弟,并且有着相近的名字,也是耶稣基督的两个门徒。有这样的两位说情人,陛下就没有什么好怕的了。陛下可以放心将您的心交给上帝,今天他会将它保守在他的荣光之中。"这两种使得该世纪大分裂的教义,在皇帝临终前又被呈现到了他的面前。他在宁静的喜悦中聆听了这两位的话语,他虚弱的面孔上也散发着安详,很可能也没有分辨出,其中一个更注重上帝的救赎,而另一个则是要求人类的行为符合道义。他被同时托付给了基督献身的救赎和圣人有益的代祷,托莱多大主教说:"他表现出巨大的心安和内心的喜悦,这让我们在场所有人都非常感动和安慰。"

9月21日周三,大约凌晨2点的时候,皇帝感觉他已经气数尽散,即将离世。他自己摸了自己的脉搏,摇了摇头好像在说:"一切都结束了。"他于是要求修士们为他进行临终连祷和祷告,并且让基哈达点燃祝圣蜡烛。大主教递给他皇后在离世前所使用的十字架,将其放在他的嘴边并且两次紧贴他的胸口。接着,他右手中握着祝圣蜡烛,由基哈达帮他托着,左手伸向十字架,十字架由大主教重新拿起并且呈在他的面前,他说:"时候到了。"在他说出耶稣的名字之后很快,他就吐出了最后两三口气,撒手人寰。基哈达在痛苦和敬仰之情中写道:"就这样,这位最伟大的人物结束了他的一生。"

这位伤心欲绝的管家悲伤地补充道:"我不能相信他已经去世了。"每次进入他主人皇帝的卧室时,他都不禁要跪在他的床前,哭吻着他冰冷的手。他在查理五世死后几个小时写信给胡安娜公主:"今天凌晨两点半的时候,上帝将陛下召离人世了,皇帝去世时仍然可以说话,意识清醒。尽管我能体会殿下作为陛下如此珍爱的女儿的感受,但对他的一生和结局,我们除了悲悯,更多的应该是羡慕。"在交给腓力二世他父亲的追加遗嘱后,其中皇帝表达了他最后的愿望,他说:"我目睹了法兰西王后的离世,她以非常虔诚的基督徒的态度,度过了她生命中的最后几天;但是皇帝却完全超越了她,因为我从来没有见到他有一刻惧怕过死亡,也没有在意过这件事,尽管他肯定有时也会对此有些担心。"

所有亲眼看他离世的人都被深深地感动了。托莱多大主教、奥罗佩萨伯爵、阿尔坎塔拉骑士团长都给皇帝的女儿胡安娜公主写信,表达他们的悲伤并且给他转达了他们的慰问之情。路易·阿维拉说:"我无法让自己平静下来,当我想到没有了皇帝,我就会无法控制地失魂落魄,尤其是当我想到,他直到去世前还清楚地认得我。但是我确定,他已经去往我们信仰和希望的应许之地了。"当得知他如此轻如鸿毛般地离世之后,曾担任过西西里岛总督,并且在皇帝大部分的征战中勇敢地为其鞍前马后的卡斯蒂利亚国会议长胡安·德·韦加,满怀震惊和崇敬地,洋洋洒洒写下了下面的话:"皇帝在尤斯特修道院中去世了,却没有在大军中引起任何反应,而这支军队是他曾经海里、陆上指挥过的,他带领着这支军队曾经几次撼动了世界,他对这支尚武军队和飘扬战旗记忆很浅,好像他是在那个偏僻的地方度过了一生一样。诚然,我们可以通过他的例子,通过评价他,来判断世界的意义,因为我们可以看到几个世纪以来,出现的最伟大的人物是如此的疲惫和沮丧，在他的生命结束以前，他就已经无法忍受作为伟人的存在和荣耀伟绩所带来的痛苦。并且在荣耀伟绩中，他只是发现了对他的救赎无用，甚至是危险的东西，他转而寻求上帝的宽恕，并且将信任寄托在他手中用来祝圣临终时刻的十字架上。"

9月21日星期三这一天，皇帝的遗体由4位修士看管，被最终放在了他的丧床上。他被换上了他的睡袍。黑色的塔夫绸盖在他胸前；皇后和他临终时所用的十字架放在他的心口；圣母像被悬挂在他头的正上方，他苍白宁静的脸庞透露出安详。第二天，医生们贴在他的胸口听心跳，用镜子查看了口腔之后，他被确认真的死亡了，之后他被放了一个铅棺里，然后这个棺材被放入第二个栗子木的棺材里，人们将他抬到了修道院的大教堂里，这里被全部装扮成黑色。在教堂的正中间，从前一天晚上起就已经立起了灵柩台，在上面可以看到他过去伟大成就的画像和徽章。丧礼由托莱多大主教主持，还有夸克斯的教士以及附近修道院的修士们来协助他，并且在隆重肃穆的气氛中持续了几天。尤斯特修道院的圣哲罗姆派修士、圣卡特琳娜修道院的多明我会修士们以及哈兰迪利亚的方济各派修士轮番唱着圣教会的圣歌，弗朗西斯科·德·比利亚尔瓦神父满怀深情，富有感染力地为皇帝致了悼词，使得听众深为感动，他也因此声名远扬，腓力二世选他作为自己主要的讲道者。查理五世的仆人扈从身穿丧服，以及那些曾经见证他生命终结的高官贵胄，都在深深的哀思中参加了所有的丧礼仪式。在他们当中，基哈达头戴黑纱，在他身边的是年轻悲伤的唐·胡安。这位严格的管家直到葬礼结束，都一直在他尊敬的主人的遗体前，保持着最严格的皇家礼节。当他看到在教堂的祭坛中放了一个座位，这是为一个重要参与者准备的，此人因为身体残疾病弱而无法长时间地站立，他让一位年轻侍从将这个座位拿走，并说不允许任何人在皇帝面前坐着，无论他生前死后都必须对他保持同样的尊重。

在为期3天的隆重的葬礼仪式结束之前，接下来的是一直持续到第9天的规模稍小的仪式,查理五世的遗体按照他生前指示,被放在主祭坛的下面。9月23日星期五,他的追加遗嘱被普拉森西亚市长萨帕塔·奥索里奥打开,他是同他的官员们一起来到尤斯特修道院的,并且根据他的司法裁判,打算主持完成查理五世最后的心愿。他在场并且根据必须服从的皇帝命令,棺材的上面被打开,露出了皇帝的脸,并且经过了以下人员的辨认:遗嘱的执行人路易斯·基哈达和胡安·雷格拉;作为证人的亨利·马特仕、查理·普雷沃斯特(Charles Prevost)、奥吉尔·博达尔;作为整个修道院代表的马丁·德·安古洛修士、洛伦佐·德尔·洛扎尔修士(fray Lorenzo del Lozar)、埃尔南多·德尔·科拉尔修士(fray Hernando del Coral);作为公证员的卡斯特鲁起草了,将遗体埋葬在祭坛空腔当中,并交由修士们看管的证明。根据查理五世表达的愿望,每天都要举行众多弥撒为他安魂,而其中不得遗忘证明他的特别虔诚而进行的弥撒。曾经陪伴他孤独生活的尤斯特修道院的修士们,成了他的守墓人。

所有为服侍皇帝生活或者为他治丧而来到尤斯特的人,陆陆续续都离开了这里。9月25日,丧礼过后第二天,托莱多大主教第一个离开了修道院,接着查理五世的仆人扈从在领到了皇帝给他们的遗赠、工资和退休金之后,在10月5日—10月10日,离开了修道院。曾经为小教堂唱诗或者为了满足皇帝虔诚的需求,从西班牙各个地方召来的很多圣哲罗姆派修士们,带着给他们的报酬回到了他们之前的修道院。路易·阿维拉骑士团长已经心怀哀悼回到了普拉森西亚,唐·胡安跟着玛格达莱娜·德·乌路亚已经回到了韦拉-加西亚的城堡,她曾经去瓜达卢佩的圣母院朝圣,在圣母的脚下送上她的祈祷,查理五世也曾经常拜服在圣母的面前,13年之后,在勒班陀大获全胜的基督徒大舰队中,唐·胡安也戴着圣母像。基哈达和卡斯特鲁是最后几个待到11月底才离开尤斯特修道院的人,他们草拟了所有属于查理五世的财产的清单。根据他最后的意愿,储备的大量小麦和燕麦都留给修道院,留给修道院的还有主祭坛上面提香的《最后审判》，装饰祭坛的黑色天鹅绒华盖和皇上住所的哀悼帷幔，皇帝住所在很长时间没有接待过任何人，在修道院的教堂里，也不停地为他祷告。基哈达继承了最后一匹服侍过查理五世的老马。皇帝曾经使用过的所有其他物品都通过骡子，运到了帝都巴利亚多利德，胡安娜公主将它们作为一位父亲和家族伟大君主的宝贵遗产，恭敬地将它们保存起来。

　　查理五世的离去给很多人留下了巨大的失落和深深的痛苦。腓力二世写道："我感觉皇帝的去世让我（悲伤到）无法言语，除了出于一个亏欠他甚多的儿子对他真正的爱，还有很多其他的原因，他个人的权威和他自身的影响力都对我的事业非常有益并让我获益匪浅。"但是匈牙利王后的痛苦更加强烈。她的心脏病恶化了，其中她接连经历了两次心脏病发作，状况非常严重，以至于人们认为她会因此死去。为了完成她皇帝哥哥的心愿，她已经决定动身去低地国家。但是当她通知腓力二世的时候，却对他说："自从陛下去世后，我的身体不适就加重了，以至于几次已至弥留，就像我最近 8 天经历的一样，我还是免了这次奔波吧。"她并没有撒谎：在又一次新的发作之后，她在 10 月 18 日夜里去世了，她终于在她哥哥归天 27 天之后追随她的哥哥而去。

　　查理五世的死又一次让他成了世界共同的焦点，而他离开世人视野已经有两年之久了。人们回忆着他曾经手握重权却又急流勇退，人们颂扬他在位时的所有政治奇观以及他退位的基督教奇迹。在很多奥地利王室统治下的领地都举行了悼念。所有的教堂都回响着虔诚的祷告和哀乐。在帝都巴利亚多利德，胡安娜摄政官、卡洛斯王子和整个西班牙王室聆听了弗朗西斯科·波吉亚神父的悼词。他回顾了这位伟人在退隐中结束的一生，用"先知-国王"的话语来描述这位权倾一时的皇帝，他放弃了所有王冠，而以基督徒的身份预备成就永恒，这番话像是为他量身而作："我必远游，宿在旷野。"大主教巴托洛梅·德·卡兰萨在托莱多，斐迪南一世皇帝在维也纳，卡特琳娜王后在里斯本、西班牙人在罗马,还有腓力二世国王在布鲁塞尔,都举行了纪念查理五世的活动,这份荣耀无人能及。在这最后盛大的声势之后,他的名字便被世纪的尘埃掩埋入历史,就如同他曾经在围绕着他的陵寝的埃斯特雷马杜拉群山中,度过的孤独岁月时一样无人提及。

在12月的时候,路易斯·基哈达和马丁·德·卡斯特鲁离开了这个地方,他们曾光荣地在这里陪伴他们的主人,并且令他非常开心地度过了2年时光。因为皇帝曾经在此居住过,尤斯特修道院成了圣地,第二年,阿尔瓦公爵和帕切科枢机主教到访这里,他们在这里的3天时间中,经常站着为皇帝唱诗,并且充满敬意地脱帽参观了皇帝曾经住过的每间房子,腓力二世则在瓜达拉马山脉的一片南部山谷中,为查理五世准备了一个与他身份相称的陵寝,并于1570年参观了皇帝度过生命最后时光的住所,他还跪拜在埋葬着查理五世的祭坛脚下。他在修道院度过了两晚,出于尊敬,他并不希望睡在他父皇的卧室中,于是他睡在了靠近卧室的一个狭窄的小屋子里。皇帝的遗体在尤斯特修道院又暂时停柩了4年。直到1574年埃斯科里亚尔修道院已经完备可以迎接皇帝遗体,腓力二世才命人将他的遗体运到这个雄伟却朴素的建筑中,宫殿与修道院一道成了父亲(查理五世)备受敬仰的墓地,这里也是儿子(腓力二世)最中意的住所,也是在这里,腓力二世像查理五世一样,在圣哲罗姆派修士们中间结束了他的一生。

埃斯科里亚尔修道院这个宏伟建筑的拱形是为了纪念基督教徒圣老楞佐[①]的殉道而建,同时也为了纪念圣康坦大捷,因为正是在他

---

① 罗马的圣老楞佐是早期罗马教会教宗西斯笃二世在位期间七位执事之一,负责管理教会的财产,周济穷人。老楞佐在公元258年罗马皇帝瓦勒良针对基督徒的迫害中殉道而死。老楞佐是被放置在烤架上熏烤致死的,他的殉道故事非常有名。修道院被一座用灰色花岗岩建成的4层楼房所环绕。长方形的四角上,各耸立了一座55米高、尖顶上竖立着一个金属球体的7层角楼。据说这种灰色长方体的整体外观,不仅增加了庄严肃穆之感,而且还有纪念基督教徒圣洛伦索的象征意义。因为当年基督教徒是被罗马国王装入一个灰色长方形铁罐,用熊熊的炭火活烤死的。——译注

的纪念日——8月10日这天取得了圣康坦胜利。腓力二世希望他最爱的人都能围绕在他的身边。同一年,查理五世的灵柩,查理五世母亲"疯女"胡安娜的灵柩,他的妻子葡萄牙的伊丽莎白的灵柩以及他的孩子唐·费迪南和唐·胡安的灵柩,他的儿媳唐娜玛丽亚的灵柩和他姐妹们的灵柩,(其中埃莉诺王后的灵柩比他提前8个月)进入了墓地,玛丽王后的灵柩紧接着到达,这些人的灵柩从尤斯特、格拉纳达、梅里达、锡加莱斯出发,陆续到达埃斯科里亚尔修道院。

此时忠诚的路易斯·基哈达也已经不在了。4年前,他在哈拉斯山打击叛乱的摩尔人的斗争中被火枪击中而死,查理五世交给他的英勇孤儿也陪他参加了这次战斗,腓力二世在1559年就已经知道了这个孩子是他的弟弟,在1569年,他交给了这个孩子西班牙军队的指挥权,这样他不仅给了这个孩子荣耀还给了他权力。成了腓力二世秘书的卡斯特鲁,此时还在世:正是他去埃斯特雷马杜拉接来了他主人的灵柩,并且陪伴着他穿过拜倒的人群,到达埃斯科里亚尔修道院的门口。查理五世曾经将他陵寝的选择,交给了他的儿子国王来做,他曾经说:"因为我们在世时曾经相互许诺过此事,务必使我和皇后葬在一起。"这个心愿被实现了,并且5年之后,皇帝的儿子唐胡安,这个继承了皇帝战争中光荣传统的儿子,这个在地中海成功继续他父亲梦想的孩子,也来到了这里,葬在了他的身边。

查理五世生命最后两年的历史长期以来不为人所知,或是被人歪曲,当关于这两年的历史写作行将结束时,我担心可能其中内容牵涉过广。但是关于这位伟人的任何事情都是至关重要的。我们仍然希望知道,他退位时的想法以及退隐之后的生活。此外,他私人生活的内部细节,有助于解释他政治生涯的独特结局;他本人疾病缠身,饮食无度,他已经疲惫的灵魂,与日俱增的信仰热情,都促使他走下皇位,进入僻静孤独之所,并且很快也让他进入了坟墓。

查理五世曾经是16世纪最有权势,最伟大的君主。他有4个王室的血统:阿拉贡、卡斯蒂利亚、奥地利和勃艮第,他从很多方面都表现出了这些王室家族各异,甚至相悖的品质,就像他所统治的多样广袤的领地一样。他像他外祖父天主教徒费尔南多一样,永远是一位政治家,并且总是机智精明;他有着他外祖母卡斯蒂利亚的伊丽莎白的高贵气质,但是其中却掺杂了他母亲疯女胡安娜悲伤忧郁的情绪;他有着他外曾祖父勇士查理(Charles le Téméraire)的骑士精神和进取心,他的长相、勤勉的抱负、艺术品位、机械科学的天赋则来源于他的祖父马克西米利安皇帝,这些祖先将他们的统治、他们的政治蓝图,连同他们的遗产传给他。他并没有在作为君主的重压下退却。机缘巧合下他继承了很多王位,并成为几位君主心中暗许的继承者人选,如此一来,重大责任和齐天洪福都降临到他身上,他也将这些事业带上了高峰。长期以来,他如此不同又鲜明的品质,使他能够成功地满足不同角色和各种事业的多样性需要。然而这些任务对于一个人来说还是过于繁重了。

他作为阿拉贡国王,在意大利维护了前辈们的事业,他的前辈们留给他撒丁岛、西西里岛、那不勒斯王国,而他则完成了自己的伟绩:成了米兰公国的主人,以便能够从本可以夺走意大利北部地区的强敌手中,夺回亚平宁半岛南部;作为卡斯蒂利亚国王,他继续在美洲的征服和殖民;作为低地国家的元首,他使得勃艮第家族的领土不受法兰西王室的进犯;作为德意志的皇帝,他是政治首脑,保护此地免受土耳其的入侵,并且最大程度地实现了他们的实力和野心能达到的目标;作为天主教首领,他阻止了新教教义的发展和成功。他依次实现了这些丰功伟绩。在伟大的将军们和精明的政治家们的帮助下,这些人物都是他巧妙地挑选出来的,并且量能授官,他一直卓越高明且坚韧不拔地处理着总是非常复杂的政事,以及不停燃起的战火。他多次奔波在各个领地国家之间,面对所有的敌人,自己处理所有的事务,在大部分的远征中亲自出马。他从来没有逃避过因为位高权重和虔诚信仰而承受的任何责任。但是却不停地,从推进一个计划到底的过程中,抽身去做另一件迫不得已的事情,这样他总是既不能打速度战，也无法打持久战。

　　然而他还是成功完成了几个创举。他成功扩大了在意大利的领土，成功在这个纷争不断的美丽国度保留住了一部分区域，并且建立了另一个新的符合他利益的领地，尽管遇到法兰西国王弗朗索瓦一世和亨利二世的阻挠，他还是成功做到了这些，他为此付出了 34 年的努力并且经历了 5 次长时间的战争，其中几乎 5 次战争都获得了胜利，他让法兰西国王和教皇成了俘虏。他不仅成功地保卫了低地国家，而且还扩大了它的领土：北方新增了海尔德兰公国（le duché de Gueldre）、乌得勒支主教区（l'évêché d'Utrecht）、聚特芬伯爵领地（le comté de Zutphen）；南方则有康布雷大主教区（l'archevêchhé de Cambrai），并且使得这些地方的宗主权从法兰西手中，转交给佛兰德和阿图瓦（Artois）。那么，怎样防范匈牙利不受土耳其的入侵，西班牙海岸、地中海各岛和意大利沿海不被柏柏尔人进犯？他仍然作了尝试。1532 年他亲自在维也纳击退了不可一世的苏莱曼二世；1535 年他从强悍的劫掠者手中，夺回了拉古莱特和突尼斯；他希望在 1541 年成为阿尔及尔的主人，但是却被那里的暴风雨击退。如果他没有不断地因为其他危险，转而去处理其他事务，他本可以在陆上海上完成这些保卫基督教领地的任务，甚至可以比他的私生子、勒班陀英勇的胜利者抢先一步，成为地中海的守护神。关于使德意志重新归信曾经的天主教信仰的计划，因为为时已晚，他已经无能为力。查理五世必须在新教仍然力量单薄的时候就破坏它，在它开始变强的时候打击它，以防它更加强大，我没有说是摧毁它，只是克制它。在 30 年间，新教信仰的树苗已经在整个德意志的土壤里深深地扎了根，并且它坚不可摧的分支机构遍布全境。怎样才能对它斩草除根呢？作为西班牙天主教徒、意大利的统治者、神圣罗马帝国的皇帝，他对信仰的狂热同他的政治角色都决定了他不能接受新教，他只是暂时容忍，并以为在 1546 年的时候可以通过武力抑制它，通过大公会议来让他们改宗。在加强了意大利的地位，再一次取得了对法兰西的胜利，扩大了在非洲的征服范围后,皇帝向德意志进军了。在两次战役中,它都战胜了新教军队;但是,卸下了敌人武器之后,他却无法抑制他们的信仰。他对德意志自由的新教教徒取得的宗教和军事胜利,并没有实现让他们改宗或者压制他们的目标,却成了从易北河到多瑙河之间领土上的无法压制的起义信号,并且让所有欧洲其他地区的,查理五世曾经的敌人们卷土重来,在这些地区曾经对他有利的决定都受到了质疑。他还是受到了命运的青睐,成功逃过此劫;但是他已经筋疲力尽,行将就木。他不堪疾病重负,他为最后蓝图遭受的如此巨大且不可避免的失利而震惊,他无法继续行动,只能勉强支撑,却再也不能统治或是扩大如此辽阔的疆域了,在他死后这些领土都被分散了,他没有料到会在德意志同胜利的异端分子和解,但是他使得他的儿子在英格兰扩大了领土,还支持腓力二世同法兰西进行了一次战斗,并且达成了并不吃亏的停战协议,他完成了他已经酝酿了很多年的退位计划,他以身体疾病,君王辛劳和基督徒情感为由,强调了退位的必要性。

但是退位并没有改变什么;在清修中,他还是表现出深藏的政治家头脑,尽管退位了,他的领导习惯还是在他身上存留。如果说他已经毫不在意自己的利益了,他仍然对他的儿子抱有雄心。1557年从他所在的修道院向教皇保禄四世宣战,就像他在1527年他在位时反对教皇克莱芒七世一样;并且他建议腓力二世要像他当年追击法兰西国王弗朗索瓦一世那样,激烈地追击亨利二世;不停地想着要保卫基督教领地不受土耳其的劫掠,他曾经在德意志成功击退了他们,在非洲打败了他们;维护天主教教义不受新教的侵蚀,就算没有了更多的信心,至少他怀着更多的热情,因为那从来都与行为无关,而只是简单的信仰问题,即使行为通常可以矫正,但是思想却是难以改变的;他是家族中常受咨询的仲裁人和人人服从的家长,他一直深受家人敬爱,并且说一不二;人们说他退隐修道院与他在位时并无二般。在信仰上他是一个决不让步的西班牙人,从决断上来说他是一个坚定的政治家,在各种情况下他都是始终如一,尽管他是在基督徒谦卑的教徒生活中结束了他的一生,但是直到最后,他还带着一位伟人不屈不挠的高尚精神思考。

图书在版编目(CIP)数据

退而不休的皇帝：查理五世最后的岁月 /(法)米涅著；尚慧译. —上海：上海社会科学院出版社，2019
(克里奥丛书)
ISBN 978 - 7 - 5520 - 2896 - 6

Ⅰ.①退… Ⅱ.①米…②尚… Ⅲ.①查理五世－人物研究 Ⅳ.①K835.517＝331

中国版本图书馆 CIP 数据核字(2019)第 180515 号

退而不休的皇帝：查理五世最后的岁月

[法]米涅著，尚慧译
责任编辑：章斯睿
封面设计：黄婧昉
出版发行：上海社会科学院出版社
　　　　　上海顺昌路 622 号　邮编 200025
　　　　　电话总机 021 - 63315947　销售热线 021 - 53063735
　　　　　http://www.sassp.org.cn　E-mail：sassp@sassp.cn
照　排：南京前锦排版服务有限公司
印　刷：上海盛通时代印刷有限公司
开　本：890×1240 毫米　1/32 开
印　张：7.375
插　页：6
字　数：192 千字
版　次：2020 年 1 月第 1 版　2020 年 1 月第 1 次印刷

ISBN 978 - 7 - 5520 - 2896 - 6/K・527　　定价：58.00 元

版权所有　翻印必究